W0188242

Inhalt

Vorwort zur deutschen Ausgabe

Vor einigen Jahren wurde ich von einem Freund, Leiter eines Schulinternats, um Rat gefragt: Mehrmals waren Schülerinnen auf dem Heimweg in einem Park vor den Eingangstoren des Instituts von Männern belästigt worden. In mindestens einem Fall war eine Vergewaltigung versucht worden. Zu welchen Maßnahmen sollte sich die Internatsleitung entschließen? Sollte man einen Judokurs im Rahmen der Freizeitgestaltung anbieten? Karate, Taek-wan-do? Oder sollten gar Sprühdosen beschafft werden, mit denen man dann die nächtlichen Heimkehrer ausstatten könnte? Würden Trillerpfeifen helfen oder etwa Omas Pfefferdose?

Wenn schon damals dieses Buch auf dem deutschen Markt erhältlich gewesen wäre, hätte man dem Leiter und den Mädchen jenes Internats leichter einen Ratschlag geben können. Ich hätte ihnen ganz einfach dieses Buch in die Hand gedrückt. So aber mußte ich ihnen umständlich erklären, daß kaum ein mechanisches Hilfsmittel, ein Judokurs oder Karatelehrgang ein wirksamer Garant für die sichere Heimkehr einer Heranwachsenden sein würde. Es ging ja nicht um eine Sparringsrunde nach Punkten und festen Regeln, sondern um eine plötzlich und unerwartet auftretende Verteidigungssituation, um die wirksame Abwehr eines Roheitstäters. Am Ende helfen keine sorgfältig in der Turnhalle eingeübten Kniffe und Tritte, sondern nur einige wenige, absolut einfache und wirkungsvolle Maßnahmen, die mir vor Jahren einmal in der Nahkampfausbildung einer Kommandotruppe beigebracht wurden.

Dr. Conroy und Dr. Ritvo haben hier Ratschläge für ein Selbstverteidigungssystem erstellt, das sich sehr von den bisherigen Ratgeber-Büchern dieser Art unterscheidet. In erster Linie wird die Leserin nicht durch das Erlernen komplizierter Grundstellungen und Schlagfolgen verwirrt, sondern auf einige wenige taktische Grundmuster, die einfach zu erlernen sind, eindringlich hingewiesen. Keine der in diesem Buch gezeigten Methoden ist

9

abhängig von Körpergröße und -beherrschung, von Stärke oder Bewegungs-koordination. Die Conroy-Methode wendet ganz einfach Handgriffe an, die jede Frau nachvollziehen kann.

Das Buch geht aber noch weiter: Sein wirklicher Wert liegt nicht nur in der Darstellung körperlicher Maßnahmen zur Selbstverteidigung, sondern in der grundsätzlichen Behandlung der persönlichen Sicherheitsproblematik für Frauen. Sie setzt da an, wo andere Selbstschutzpublikationen aufhören – bei der psychologischen Vorbereitung auf die Möglichkeiten der Gefahr. Ohne diese Bewußtseinserweiterung ist keine wirksame Abwehr eines Angreifers möglich. Selbstverteidigung beginnt nicht beim ersten Schlag, sondern bereits im Vorfeld eines möglichen Überfalls – bei der Sicherung des eigenen Wohnbereichs, in der bewußten Beachtung von Vorsichtsre-geln im Alltag.

Die meisten Frauen verschließen die Augen vor der Tatsache, daß sie jeden Tag und überall potentielle Opfer sein können. Die Autoren zwingen deshalb die Leserin geradezu, durch Beispiele aus der Verbrechenspraxis ihre Augen zu öffnen und der Gefahr ins Auge zu schauen.

Einige dieser Fallbeispiele aus den USA erscheinen uns fast unglaublich, aber auch in Europa ereignen sich jeden Tag zahlreiche Morde, Vergewalti-gungen und Überfälle – in einigen Verbrechenssparten steht die Bundesre-publik Nordamerika in nichts nach –, und auch hierzulande wächst die Gleichgültigkeit gegenüber dem Verbrechen. Es lassen sich bei uns für jedes amerikanische Beispiel vergleichbare Fälle zitieren. Aber es gibt Möglich-keiten, nicht zum Opfer zu werden! Dieses informative Handbuch zur Selbstverteidigung erklärt Ihnen wie! Jan Boger

Vorwort

Liebe Leserin,

herzlichen Glückwunsch! Mit der Wahl dieses Buches haben Sie eine möglicherweise lebensrettende Entscheidung getroffen, die Entscheidung nämlich, die IHR Leben retten kann. Die Glückwünsche sind deshalb angebracht und berechtigt, weil Sie bereit sind ein Buch zu lesen, das ein erschreckendes Problem anpackt. Wie kann man sich als Frau auf das wachsende Risiko einstellen, das sich in den rapide gestiegenen statistischen Zahlenangaben über Gewalttaten und Sexualdelikte zeigt? Was Sie als Frau hier tun können, ist Thema dieses Buches.

Die Erfahrung und die Ergebnisse unserer fünfzehnjährigen Forschungsarbeiten haben gezeigt, daß die Unfähigkeit der meisten Frauen, sich mit diesen Gefahren realistisch auseinanderzusetzen davon herrührt, daß sie diese Gefahren verdrängen und sich in eine Scheinwelt flüchten. Wenn Titel und Aufmachung dieses Buches Ihre Aufmerksamkeit erregten, gehören Sie schon zu den wenigen Frauen, die sich diesem Thema nicht verschließen, sondern im Gegenteil sich der Existenz dieser Bedrohungen stellen. Unglücklicherweise reagieren die meisten Frauen immer noch mit einer Art psychologischer Lähmung, wenn von Gewalt die Rede ist. Es ist traurige Tatsache, daß die gebräuchlichste Art von »Selbstverteidigung« Tabuisierung ist, man verschließt die Augen vor angsterregenden Themen und will bestimmte Gefahren nicht zur Kenntnis nehmen. Wir wollen den drohenden Atomkrieg einfach nicht wahrhaben aus der Überzeugung heraus, es gäbe keine realistischen Maßnahmen zu unserer Sicherheit. Dieses Buch soll Sie bestärken und überzeugen, daß Sie selbst durch einfache und wirksame Mittel durchaus etwas ausrichten können. Schritt für Schritt wollen wir Ihnen die Kenntnisse vermitteln, die für ein sicheres Leben notwendig sind. Sie werden sich durch das Studium dieses Buches vorbeugende und lebensrettende Fähigkeiten aneignen. Wenn Sie dieses Buch in sich aufgenommen haben, dann werden Sie die Selbstsicherheit besitzen, im Bedarfsfall die erlernten Fähigkeiten und Fertigkeiten zu Ihrem Nutzen einsetzen zu können.

An dieser Stelle und von vornherein wollen wir klarstellen, daß wir hier keine der wohlbekannten spektakulären Selbstverteidigungs-Sportarten von Judo über Karate bis hin zu Kung Fu und Aikido behandeln, wie man sie in stereotypen Hollywood-Filmen findet, – der schwarze Gürtel bleibt Ihrem »Kleinen Schwarzen« vorbehalten.

Die Conroy-Methode zur Selbstverteidigung ist keine Kampfsportkunst. Die Frauen, die sich an diesem Programm beteiligt haben, stellten immer wieder angenehm überrascht fest, daß sie weder ungewöhnliche Techniken noch jahrelanges Studium, weder ständige Übung noch große physische Kraft benötigen. Die Conroy-Methode läßt sich von allen Frauen leicht meistern, gleichgültig, ob sie jung oder alt sind, beweglich oder schwerfällig, groß oder klein, stark oder schwach. Die einfache Grundtechnik der Conroy-Methode ist in wenigen Stunden erlernt und hat sich als wirkungsvoller erwiesen als die exotischen, viel kriegerischer anmutenden Verteidigungstechniken. Wir wollen Ihnen hier nicht vorschlagen, Ihr Vertrauen in Handfeuerwaffen oder in einfache Waffen wie Tränengas zu setzen. Alle diese Waffen kann man verlieren, vergessen oder sie können sogar gegen Sie selbst eingesetzt werden. Bei jeder dieser Waffen setzen Sie Ihr Vertrauen in einen Gegenstand und nicht in sich selbst. Wenn Sie die Fertigkeiten gelernt haben, die wir mit unserem Programm anbieten, dann verfügen Sie über eine Waffe, die Ihnen in jeder Situation zur Verfügung steht und stets zu Ihrer Verteidigung bereit ist, – Ihren eigenen Körper.

Viel Glück!   Mary Conroy
                                                              Edward Ritvo

KAPITEL 1

Einige grundlegende Gedanken zur Selbstverteidigung

Warten Sie nicht, bis es Sie selbst trifft

ES kann Dir passieren. ES könnte Dir tatsächlich passieren und das Beste ist, daß du Dir vorstellst, daß ES Dir passieren könnte. Dann bist Du vorbereitet und reagierst richtig, wenn ES passiert. ES, was ist das überhaupt? ES kann ein Mann sein, der in Dein Auto springt, Dir ein Messer an die Kehle setzt und Dich zwingt, an einen einsamen Ort zu fahren. ES kann der Griff nach Deiner Handtasche im Straßengewühl sein. ES kann aber auch der Handwerker in Deiner Wohnung sein, der Dich plötzlich bedrängt und Dir befiehlt »ins Schlafzimmer und die Kleider runter«. ES kann der »Nette von Nebenan« sein, der Dich zu Boden wirft und Dir unter den Rock greift. ES kann vieles sein, – schließlich finden jede Stunde, jeden Tag, jede Nacht Tausende von Überfällen auf Frauen statt, und wenn Sie diese Zeilen lesen, dann sind die Überfälle, die sich in diesen Minuten ereignen die Schlagzeilen von morgen. ES umfaßt auch die Angst, die körperlichen Verletzungen und die lebenslangen psychischen Narben der Frauen, die unvorbereitet in die Hände brutaler Angreifer gefallen sind.

Wieviele Angriffe werden jede Minute, jeden Tag, jede Woche verübt? Die Bundeskriminalstatistik weist auf, daß sich die Zahl der Gewaltdelikte seit 1963 von 45 218 Fälle auf 100 736 Fälle im Jahr 1984 mehr als verdoppelt hat. Bei den Raubdelikten ist die Zahl der Fälle in diesem Zeitraum von 6721 auf über 28 000 angestiegen. Aber wie Sie wissen, geben Statistiken keinen genauen Aufschluß über tatsächlich stattgefundene Verbrechen, denn viele Überfälle werden überhaupt nicht bekannt, weil die Opfer nicht zur Polizei gehen und Meldung erstatten aus Angst, zu allem Schaden auch noch ins Scheinwerferlicht zu kommen. Wenn eine Frau nicht schwer verletzt wird, oder wenn ihr bei einem Diebstahl keine Wertgegenstände

13

abhanden kommen, neigt sie schnell zu der Haltung vieler, die sagen »ich will die ganze Sache lieber schnell vergessen«. Von vielen Überfällen wird verspätet Meldung erstattet. So glänzte zum Beispiel kürzlich eine Tageszeitung in Los Angeles mit folgenden Schlagzeilen: »Frauenschänder von Wilshire greift drittes Opfer in einer Woche an«. Der nachfolgende Bericht schilderte, wie der Frauenschänder, der »ca. 1,68 m groß und von schmächtigem Körperbau war, vier Nächte zuvor ein 27jähriges Mannequin am Wilshire Boulevard überfiel.« Die Frau erzählte später der Polizei, daß sie den Vorfall deshalb so spät zur Anzeige brachte, weil »sie total verstört und durcheinander« gewesen sei.

Dies ist ein Beispiel dafür, warum Überfälle nie am nächsten Tag in der Zeitung stehen und warum entsprechende Statistiken ungenau sind und bleiben. Aber selbst wenn die vorhandenen Statistiken korrekt wären, was würde es dem einzelnen nützen, wenn er wüßte, daß in Deutschland im Jahr 1984 110 359 Personen Opfer eines bekanntgewordenen Delikts der Gewaltkriminalität geworden sind, daß 5468 Fälle von Handtaschenraub (15 pro Tag!), 2722 Tötungen, davon 78 Sexualmorde durchgeführt wurden? Nichts, gar nichts, denn diese Zahlen würden Sie nicht motivieren, sich um Ihrer Sicherheit willen psychologisch vorzubereiten oder Selbstverteidigungstechniken zu erlernen. Was sagt schon irgendeine Wahrscheinlichkeit aus; wenn es Sie trifft, dann trifft es Sie hundertprozentig. Sobald Sie, Ihre Mutter, Ihre Schwester oder Ihre Freundin angegriffen werden; dann ist es nicht länger irgendeine statistische Zahl, sondern es trifft Sie hundertprozentig.

Sorgen Sie nicht für die Schlagzeilen von morgen

Keine logisch denkende Frau würde die Tatsache leugnen, daß ihr tägliches Leben Gefahren birgt. Wenn sie auf solche Gefahren geistig und körperlich vorbereitet sein soll, muß sie deshalb:

1. Durch richtiges Planen gefährliche Situationen ausschließen.
2. Mit wachem Blick mögliche Gefahren erkennen und ihnen aus dem Weg gehen.
3. Bei ernsthafter Gefahr energisch Widerstand leisten, um die Möglichkeit zu verringern, getötet zu werden oder körperlichen und seelischen Schaden zu nehmen.

Angesichts des Wissens um mögliche Gefahren fragt man sich, warum die Frauen nicht mehr und besser für ihre Sicherheit sorgen. Sind sie unlogisch?

Ja! (An dieser Stelle wollen wir Männer nicht ausschließen!) Um diese Behauptung zu beweisen, sei auf die Tatsache verwiesen, daß Frauen auf die Frage, warum sie sich nicht in Selbstverteidigung üben, meist zur Antwort geben, daß sie sich körperlich nicht stark genug fühlen. Das ist natürlich eine unlogische Antwort, weil die beiden ersten Prinzipien unserer früher vorgestellten »Anti-Gefahren-Strategie« mit körperlicher Kraft oder Geschicklichkeit nichts zu tun haben. Erst das dritte Prinzip, das auffordert, energischen Widerstand zu leisten, verlangt einige Übung. Die Fähigkeiten, die hier verlangt werden, sind wie Sie sehen werden, leicht zu erwerben.

Der eigentliche Grund, warum Frauen Selbstverteidigungstechniken nicht annehmen wollen, liegt im psychologischen Bereich. Alle Menschen sträuben sich einfach gegen Gedanken an Situationen, die unangenehm sind oder Angst machen. Die Möglichkeit eines Überfalls ist ja eine solch unangenehme, ja beängstigende Vorstellung. Eines der Ziele dieses Buches ist es, diese psychologischen Faktoren zu analysieren. Denken Sie manchmal an die schaurigen Schatten an der Wand, die Sie als Sechsjährige nachts ängstigten? Sie verschwanden immer sofort, wenn Mutter das Licht im Korridor brennen ließ. So wird Ihre Furcht vor einem Überfall im Licht der Vernunft schwinden. Nehmen Sie beispielsweise die gerade erwähnte irrige Vorstellung, daß man Kraft braucht, um sich erfolgreich zu schützen. Die meisten Frauen glauben, es erfordere große physische Kraft, um einem stämmigen Angreifer zu entkommen. Wir werden Ihnen beweisen, daß es jede Frau mit Hilfe der Conroy-Methode, der Anti-Gefahren-Strategie, schafft. Jede Frau, die ohne fremde Hilfe morgens aus dem Bett kommt, besitzt genügend Kraft und Beweglichkeit, um diese Methode beherrschen zu lernen. So komplizierte Tätigkeiten wie Autofahren oder das Auftragen von Lidschatten erfordern weit mehr motorische Koordinationsfähigkeiten als gegen einen Möchtegern-Angreifer vorzugehen.

Einer der schwierigsten Brocken dabei ist die psychologische Vorbereitung. Wenn wir jetzt die Hintergründe der psychologischen Widerstandsfähigkeit beleuchten, dann wird klar, daß man sich mit Gedanken befassen muß, die durchaus Angst hervorrufen. Sie können sogar so schreckerregend sein, daß man Alpträume bekommt. Es kann aber auch zu unangenehmen, ja peinlichen Reaktionen im Verwandten- oder Bekanntenkreis kommen. Eine Frau, die unser Buch gelesen hatte, fühlte sich durch den Ausspruch ihrer Wohnungspartnerin tief verletzt, die sie eine »paranoide Gans« nannte, als sie an ihrer Apartmenttür neue Schlösser anbringen ließ. Der Nutzen wog für sie trotzdem schwerer als der damit verbundene Ärger.

In diesem Zusammenhang sei das alte Sprichwort zitiert, wonach jede Sache von Wert im gleichen Maße ihren Preis und ihren Gewinn hat. Der

Preis, den wir von Ihnen fordern, besteht in geistiger Aufgeschlossenheit, in der Bereitschaft, einige einfache Vorsichtsmaßregeln zu treffen und darin, sich ein paar simple Fertigkeiten anzueignen. Dieser Einsatz wird durch wachsendes Selbstvertrauen und durch die Gewißheit mehr als wettgemacht, nicht als Opfer in die Schlagzeilen von morgen zu gelangen.

Worüber Ihre Mutter nie mit Ihnen sprach

Wahrscheinlich hat Ihre Mutter nie ein solches Buch gelesen. Tatsächlich ist es noch nicht lange her, daß Themen, die in diesem Buch behandelt werden, in der feinen Gesellschaft und zu Hause einfach nicht aufgegriffen werden durften und man solche Dinge im Flüsterton vielleicht gerade noch unter Freundinnen besprechen konnte. Die Worte »Vergewaltigung« und »Notzucht« waren tabu. Ebenso galt es als tabu, sich solche Situationen vorzustellen, um vorsorglich darauf vorbereitet zu sein. Nur ein »lasterhaftes Mädchen« hatte es gewagt, Fragen in dieser Richtung zu stellen. Dieses Nicht-darüber-sprechen-, Nicht-darüber-nachdenken-Verhalten, das man von einem »anständigen Mädchen« erwartete, hatte negative Folgen. Zum einen stand so ein Mädchen den Realitäten des Lebens völlig ahnungslos gegenüber. Zum andern wurde dadurch der Boden gefährlich bereitet für die zum Teil auch heute noch bestehende Meinung, wonach bei einer Vergewaltigung die Frau diese entweder »verdiente« oder sie sich selbst »herbeiwünschte.«

Dieses Vermächtnis aus prüderen Zeiten, das aber durchaus auch heute noch seine Anhänger hat, wollen wir endgültig aus der Welt schaffen. Das naive »Nichtssagen-Nichtsdenken«-Verhalten kann durch Aufklärung am besten widerlegt werden. Dieses Buch will aufklären und Selbstsicherheit vermitteln. Was nun die angeblich verdiente oder herbeigeführte Vergewaltigung betrifft, so wollen wir Sie vor unnötigem Schuldgefühl bewahren, das das Leben so vieler Frauen zerstört hat, die einer Vergewaltigung zum Opfer gefallen sind. Diese Denkweise aus viktorianischen, bzw. wilhelminischen Zeiten muß schleunigst abgeschüttelt werden wie das Laub von den Bäumen im Herbst. Wir gehören einer neuen Generation an und profitieren von neuem Wissen.

Die wilhelminische Verhaltensweise, unangenehme aber für die Selbstverteidigung wichtige Themen zu vermeiden und die Unterstellung von Willfährigkeit, die Vergewaltigungsopfer ihr Leben lang verfolgt, entstanden ja nicht zufällig. Wie jede in der Gesellschaft weit verbreitete Meinung haben auch diese psychologische Wurzeln im Unbewußten und Rechtferti-

gungen im Bereich der Vorurteile. Der Mensch braucht solche tiefverwur-
zelten psychologischen Abwehrmechanismen, um Angst- und Panikgefühle
zu unterdrücken. Die beste Art zum Beispiel, sich nicht vor einem alles
zerstörenden Nuklearkrieg zu fürchten besteht darin, einfach nicht an die
Möglichkeit eines dritten Weltkriegs zu denken. Ebenso kann man die
Furcht, die beim Gedanken an Vergewaltigung aufkommen würde, gar
nicht erst keimen lassen, indem man einfach nicht an eine solche Möglichkeit denkt. Es wird Sie vielleicht seltsam anmuten, wenn wir an dieser Stelle
das Motto der Pfadfinderschaft zitieren. Wir tun dies nicht *obwohl,* sondern
weil Frauen nie dieser der Männerwelt vorbehaltenen Bewegungen angehört
haben. Dieses Motto lautet »Allzeit bereit«. Allzeit bereit heißt hier, auf
alles gefaßt zu sein, heißt, Situationen im voraus durchzudenken, die noch
gar nicht stattgefunden haben. Um das aber zu tun, muß man die Angst
meistern, ja in gewisser Weise akzeptieren, die aufkommt, wenn man sich
gefährliche und beängstigende Situationen vorstellt.

Hier liegen die Gründe, warum sich Frauen erst in allerjüngster Zeit auf
breiter Front mit dem Problem der Selbstverteidigung beschäftigen. Man
braucht Mut, um sich zu sagen »es kann Dir selbst passieren«, und sich
Situationen vorzustellen, die einem Alpträume verursachen. Dazu kommt,
daß Ihre Freunde und Freundinnen Sie und Ihre Auseinandersetzung mit
diesem Problem lächerlich finden könnten und Ihre Familie möglicherweise
glaubt, Sie würden Ihre Zeit und Ihre Energie damit vergeuden.

Man braucht schon ein dickes Fell, um die Sticheleien der Freunde und
Freundinnen zu ertragen und um mit dem Angstgefühl zu leben, das
natürlich immer da ist, wenn man sich mit dem Thema Selbstverteidigung
beschäftigt. Wenn Sie dieses Buch aber durchgearbeitet haben, werden Sie
besser darauf vorbereitet sein, in unserer gefährlichen Gesellschaft in Frie-
den und Sicherheit zu leben und Ihr Mut und Ihr Einsatz werden reich
belohnt werden.

Als Sie dieses Buch zur Hand nahmen, waren Sie wahrscheinlich nicht
darauf gefaßt, daß Ihre Gefühle bei diesem Thema eine so wichtige Rolle
spielen würden. Sie meinten sicher, wir würden Ihre ganze Aufmerksamkeit
auf die zu lernenden Techniken und Fertigkeiten lenken. Uns ging es zu
Beginn unserer Lehrtätigkeit ebenso. Zu unserer Überraschung bat eine
unserer ersten Studentinnen, die die ersten drei Seminarsitzungen mit
gutem Erfolg absolviert hatte, nach der Vorlesung um ein privates
Gespräch. Sie gestand, daß sie plötzlich auf dem Weg von der Bushaltestelle
zu ihrer Wohnung Ängste entwickelte. Wir hielten sie damals für überemp-
findlich. Nachdem wir ihre Angst durchgesprochen und analysiert hatten,
konnte sie den Kurs fortsetzen. Im darauffolgenden Semester »beichteten«

gleich mehrere Frauen ihre durch uns geweckte Angst vor einem Überfall. Das machte uns stutzig, und so befragten wir weitere Studentinnen. Unsere Befragung zeigte, daß viele von ihnen ähnlich angstvoll reagierten. In der zweiten oder dritten Sitzung wurden sie sich der Gefahren und ihrer eigenen Verletzbarkeit bewußt. Eine der Kursteilnehmerinnen gab ein plastisches Bild ihrer Gefühle: »Es ist, als ob mir in diesem Moment klar wird, daß ich mich in einem gefährlichen Dschungel mit Löwen und Tigern verlaufen habe. In dieser gefahrvollen Umgebung verfüge ich über ein Gewehr mit nur einer Kugel, – eine entsetzliche Vorstellung.«

Weitere Analysen brachten zutage, daß unsere anfänglichen Versuche, die Frauen zu motivieren, indem wieder und immer wieder die beiden ersten Strategien der Selbstverteidigung wiederholt wurden, nämlich Gefahr beseitigen und Gefahr erkennen und vermeiden, sich als Bumerang erwiesen. Sie erzeugten neue Ängste auf der Ebene des Unterbewußtseins, indem sie bis dahin verdrängte Angst voll ins Bewußtsein holten. Das Anerkennen der Existenz möglicher Gefahren ist jedoch ein wesentlicher Teil des Lernprozesses. Mit anderen Worten, lassen Sie sich durch Ihre Angstgefühle nicht abhalten. Das Gefühl, verfolgt zu werden oder Alpträume, die von Überfällen handeln oder plötzlich auftretender Argwohn in vertrauter Umgebung sind ganz normal. Ja, sie signalisieren nur, daß man tiefer in die Materie eindringt. Diese argwöhnischen Gedanken werden zum Positiven umschlagen. Mit wachsendem Selbstvertrauen und zunehmender Fertigkeit in Selbstverteidigung werden Angstgefühle schwinden.

Ein typisches Beispiel von wachsendem Selbstvertrauen kam von einer unserer Leserinnen. Zu Beginn ihrer Buchstudien hatte sie einen Alptraum, in dem sie von zwei Männern überfallen wurde. Sie wachte schreiend auf. Nachdem sie das Buch durchgearbeitet und Verteidigungsfertigkeiten erlernt hatte, erschien ihr derselbe Traum wieder. Dieses Mal aber verteidigte sie sich erfolgreich und wachte mit dem Gefühl von Sicherheit auf.

Auch auf die Gefahr hin, doppelt und dreifach zu wiederholen, wollen wir festhalten:

1. Richten Sie sich darauf ein, daß Sie eine Phase mit quasi paranoiden Reaktionen durchlaufen werden.
2. Rechnen Sie mit Augenblicken der Angst in Situationen, die Ihnen früher nie unangenehm waren.
3. Rechnen Sie damit, daß die Leute sich über Ihr Selbstverteidigungs-Studium lustig machen.
4. Rechnen Sie damit, daß es bei Ihnen Augenblicke geben wird, in denen Sie bedauern, sich mit Selbstverteidigung zu befassen.

5. Rechnen Sie damit, daß diese negativen Gedanken abklingen werden, und daß Sie sich mit wachsender Fertigkeit und zunehmendem Wissen äußerlich und innerlich sicherer fühlen werden.

Die Probe aufs Exempel

Wir wollen nicht einfach voraussetzen, daß Sie uns Glauben schenken, wenn wir behaupten, Sie würden nach dem Studium dieses Buches mehr als überreich für die Schwierigkeiten und Unannehmlichkeiten entschädigt werden, die dieses Buch Ihnen bereitet haben mag. Nachfolgend finden Sie zwei Zeitungsberichte, die diese Woche in einem lokalen Blatt erschienen sind und mit deren Hilfe wir die Probe aufs Exempel machen wollen.

Die Überschrift lautete »Zwei Frauen wehren erfolgreich Vergewaltigungsversuch ab«. Der erste Bericht handelte von einer 21jährigen Vietnamesin, die um 7.30 Uhr zum Bus ging, als ein Mann sie plötzlich anfiel, sie ins Gesicht schlug und zu Boden riß. Als er versuchte, ihr die Kleidung vom Körper zu zerren, bekam die Frau ein Bein frei und versetzte ihm einen Tritt in die Leistengegend. Ihr Schreien machte einen Anwohner aufmerksam, der sofort die Polizei anrief. Der Angreifer wurde wenig später wegen versuchter Vergewaltigung verhaftet.

Im zweiten Fall leerte eine 32jährige Frau im Hof ihres Apartmenthauses den Mülleimer, als sie von einem Zweizentnermann gepackt wurde. Als er ihr die Bluse aufriß, konnte sie ihm einen Tritt in den Unterleib versetzen. Schmerzgepeinigt suchte der Mann das Weite.

Zur Jugendzeit unserer Mütter wären solche Berichte nirgends gedruckt worden. Da man von Frauen nicht erwartete, daß sie sich einmal selbst würden verteidigen müssen, unterwies man sie nie in irgendwelchen Techniken der Selbstverteidigung. Heute ist das glücklicherweise anders. Heute haben die Frauen das Recht, den Männern gleichgestellt ihr Leben in der realen Umwelt zu leben. Dieses Recht verpflichtet auch. Eine der Pflichten besteht darin, sich das notwendige Wissen anzueignen, wie man sich in dieser neuen Welt zurechtfindet. Sie werden erstaunt feststellen, wie Ihr Selbstwertgefühl und Ihre innere Sicherheit aufgewertet werden, wenn Sie wissen, Sie können selbst auf sich achtgeben und sich schützen.

Zur Frage, wann man sich körperlich wehren soll und wann nicht

Es ist ebenso wichtig zu wissen, ob und wann man seine körperliche Kraft zur Selbstverteidigung einsetzen soll wie die Kenntnis darüber, wie das überhaupt geschieht. Das Messer in der Hand des Chirurgen kann Leben retten; das Messer in der Hand eines Verbrechers kann Leben beenden. Selbstverteidigung in lebensbedrohender Situation kann Ihr Leben retten. Selbstverteidigung im falschen Moment auf falsche Weise kann fatale Folgen haben. Ihr persönliches Verteidigungsspektrum wird angereichert durch so simple Dinge wie einen klaren Kopf, ein ruhiges Entscheidungsvermögen und gesunden Menschenverstand.

Eine beträchtliche Zahl unreifer und naiver Frauen, die sich über den eigentlichen Sinn des Studiums der Selbstverteidigung nicht im klaren waren, kamen mit völlig falscher Zielsetzung zu uns. Dies sei mit folgenden Zitaten belegt:

> »Ich will lernen, wie man einen Mann möglichst schmerzhaft in den Unterleib tritt. Mein Mann schlägt mich immer, und ich will es ihm endlich einmal heimzahlen.«
> »Ich will einen Karate-Schlag lernen, damit ich meinem Bruder eins auf die Nase geben kann, wenn er sie wieder mal in meine Angelegenheiten steckt.«
> »Ich kann es nicht leiden, daß mich die Männer dauernd belästigen, wenn ich allein zu Fuß unterwegs bin. Wenn ich mich körperlich wehren könnte, müßte ich mir ihr Pfeifen und Grapschen nicht mehr gefallen lassen.«

Wenn Sie Selbstverteidigung aus ähnlichen Gründen heraus lernen wollen, folgen Sie bitte unserem Ratschlag und eignen Sie sich etwas mehr Reife an, bevor Sie unser Buch lesen. Uns würde ganz und gar nicht wohl sein, wenn wir Kindern geladene Pistolen in die Hand drücken würden. Wir würden uns regelrecht verantwortungslos vorkommen, wenn wir Leuten Techniken beibringen würden, die zu unreif sind, diese richtig einzusetzen und anzuwenden. Wir erwarten von Ihnen, daß Sie sich mitverantwortlich fühlen und sich mit der Zeit Gespür und Wissen aneignen, wann Sie wirklich ernsthaft bedroht oder attackiert werden, um dann und erst dann die gelernten Fertigkeiten und Techniken anzuwenden.

Die juristische Seite der Selbstverteidigung

Welche Verantwortung legt Ihnen das Gesetz bei der Selbstverteidigung auf? Der Gesetzgeber räumt jedem Bürger ausdrücklich das Recht zur eigenen Abwehr von Angriffen ein und befaßt sich auch mit anderen Aspekten des Selbstschutzes, wie z. B. der Verteidigung von Eigentum oder der Notwehrüberschreitung. Das bundesdeutsche Strafgesetzbuch beruht dabei auf dem Grundsatz, daß das Recht dem Unrecht nicht zu weichen braucht. Die entsprechenden Paragraphen haben in jüngster Zeit eine verbesserte Fassung erhalten, die sich an die des Bürgerlichen Gesetzbuches angleicht:

Notwehr, § 32:
(I) Wer eine Tat begeht, die durch Notwehr geboten ist, handelt nicht rechtswidrig.
(II) Notwehr ist die Verteidigung, die erforderlich ist, um einen gegenwärtigen rechtswidrigen Angriff von sich oder einem anderen abzuwenden.

Überschreitung der Notwehr, § 33:
Überschreitet der Täter die Grenzen der Notwehr aus Verwirrung, Furcht oder Schrecken, so wird er nicht bestraft.

Rechtfertigender Notstand, § 34:
Wer in einer gegenwärtigen, nicht anders abwendbaren Gefahr für Leben, Leib, Freiheit, Ehre, Eigentum oder ein anderes Rechtsgut eine Tat begeht, um die Gefahr von sich oder einem anderen abzuwenden, handelt nicht rechtswidrig, wenn bei Abwägung der widerstreitenden Interessen, namentlich der betroffenen Rechtsgüter und des Grades der ihnen drohenden Gefahren das geschützte Interesse das beeinträchtigte wesentlich überwiegt. Dies gilt jedoch nur, soweit die Tat ein angemessenes Mittel ist, die Gefahr abzuwenden.

Im großen und ganzen stimmen diese Paragraphen mit den entsprechenden Gesetzen der meisten zivilisierten westlichen Staaten überein. Kern ist, daß sonst strafbare Handlungen, wie z. B. der tätliche Angriff auf eine Person, die Körperverletzung usw., straffrei bleiben, wenn sie zur Abwehr eines rechtswidrigen und gegenwärtigen Angriffs auf Leben und Gesundheit, Eigentum und Freiheit der eigenen Person oder Dritter erfolgen. Dieser Tatbestand ist bei der Abwehr eines Vergewaltigungsversuches, eines Einbrechers oder Straßenräubers gegeben, wobei der Gesetzgeber mit der Formulierung »gegenwärtig« sowohl den in der Ausführung begriffenen als auch den unmittelbar bevorstehenden Angriff einbezieht. Das heißt, daß auch die tätliche Bedrohung, besonders mit einer Waffe oder einem waffenähnlichen Gegenstand, die Notwehr rechtfertigt. Die Überschreitung der Notwehr, bzw. die Verhältnismäßigkeit der Maßnahmen, wie sie in § 33 und § 34 angesprochen werdne, ist ein heikles Gebiet und läßt sich am besten in einem Beispiel erläutern:
Sie werden in der Nähe einer Polizeistation von einem Mann überfallen. Wenn Sie ihn schnell bewegungsunfähig machen und sich in Sicherheit bringen können, wäre es falsch, wenn Sie ihn weiter mit Fußtritten traktierten bis er ohnmächtig werden würde. Als Gegenbeispiel: Sie befinden sich

mit einem Mann in einer einsamen Gegend und dieser hat die Absicht, Sie zu töten. Sie haben eine Autopanne und müssen kilometerweit laufen, bis Sie in Sicherheit sind. In dieser Situation dürfen Sie von Rechts wegen weiterkämpfen bis Sie wirklich sicher sind, daß der Angreifer ohnmächtig ist und nicht wieder zu sich kommt, bevor Sie nicht in Sicherheit sind.

Viele Frauen fürchten, von ihren Angreifern selbst deswegen verklagt zu werden, weil sie sie außer Gefecht gesetzt haben. Wir fragten deshalb einen Richter ob solche Befürchtungen wirklich angebracht seien. Zunächst quittierte er diese Frage mit einem herzhaften Lachen bevor er antwortete: »Glauben Sie denn, daß ein bulliger Zweizentnermann nach einem erfolglosen Vergewaltigungsversuch eine zierliche, zerbrechlich wirkende Frau deshalb verklagen würde, weil sie sich bei seinem Überfall gewehrt hatte?«

»Wenn man weiß, daß man sich in Gefahr befindet«, fuhr der Richter fort, »gibt es nichts anderes als kämpfen! Wenn Sie an dieser Stelle zögern, weil Sie sich Gedanken darüber machen, was gerichtlich auf Sie zukommen könnte, dann kann es schon zu spät sein.«

Strategie bzw. Taktik

Wenn Sie sich für das Erlernen unserer Selbstverteidigungsmethode entscheiden, müssen Sie einige allgemeine Verhaltensmaßregeln und Zielsetzungen übernehmen. Diese wollen wir »Strategie« nennen. Dazu gehören wesentlich eine Art innerer Bereitschaft und geistige Auseinandersetzung mit dem Problem. Spezifische Dinge, die in einer gegebenen gefährlichen Situation zu tun sind wie beispielsweise Laufen, Schreien, Stoßen und Treten – das sind »Taktiken«. Eine Taktik, die sich gut in einer bestimmten Situation anwenden ließe, kann in einer anderen Situation völlig unbrauchbar, ja sogar gefährlich sein. Wenn man also die verschiedenen Taktiken zur Selbstverteidigung lernt, darf man das nicht auf Kosten der Flexibilität tun, d. h. Sie dürfen diese Taktiken nur dann anwenden, wenn Ihre allgemeine Strategie dies für nötig erachten läßt.

Hier ein Beispiel aus einer lebensbedrohenden Situation, das den wichtigen Unterschied zwischen Strategie und Taktik bei der Selbstverteidigung erklären soll. Stellen Sie sich vor, es ist abends spät und Sie kommen zu Ihrem Auto in der menschenleeren Tiefgarage. Sie sind mit Paketen beladen. In dem Moment, in dem Sie sich Ihrem Auto nähern, baut sich plötzlich ein Mann vor Ihnen auf, greift nach Ihnen und umarmt Sie wie ein Grizzly-Bär. Seine Augen stieren glasig und er stößt obszöne Bemerkungen aus. In dieser Situation liegt Ihre Strategie klar auf der Hand: Sie müssen sich wehren und versuchen, sich aus der Umklammerung dieses Irren zu lösen, um die Flucht ergreifen zu können. Ihre Taktiken bestehen nun in den folgenden Tätigkeiten: schreien Sie so laut Sie können, lassen Sie Ihre Pakete fallen und zielen Sie nach dem Unterleib. Am Hodensack getroffen, werden die starken Schmerzen ihn zwingen, seine Umarmung zu lösen. Dann setzen Sie den Doppelhandschlag gegen sein Genick ein. Sobald er zu Boden gegangen ist, setzen Sie gezielte Fußtritte ein, um ihn vollends kampfunfähig zu machen, bevor Sie flüchten, um sich in Sicherheit zu bringen.

Wenn Sie über die adäquaten Strategien des geistigen und körperlichen Vorbereitetseins zur Selbstverteidigung verfügen, können Sie diese einfachen Taktiken mit Erfolg einsetzen und sich schnellstmöglich in Sicherheit bringen. Ohne diese Vorbereitung stünde Ihnen in dieser schrecklichen Situation keine Strategie zur Verfügung und Sie hätten nicht die Fähigkeit, solche taktischen Manöver durchzuführen. Sie könnten nur noch beten, daß Ihr Angreifer noch einen Rest von Menschlichkeit in seiner mordlüsternen Seele empfinden würde, um Ihr Leben zu schonen. Wenn Sie sich aber die Strategien und Taktiken aus diesem Buch angeeignet hätten, würden Sie in dieser schrecklichen Situation nur noch Glauben an sich selbst benötigen. Die notwendigen Strategien wären Ihnen klar und Ihre Taktiken zur Verfolgung dieser Strategien lägen auf der Hand.

KAPITEL 2

Strategien zur Selbstverteidigung

In diesem Kapitel wollen wir Sie mit den Selbstverteidigungsstrategien bekanntmachen, die Sie lernen sollen, damit Sie in Ruhe und Sicherheit leben können. Viele Frauen meinen, daß zur Selbstverteidigung große physische Kraft und ein athletischer Körperbau erforderlich sind. Wir wollen Ihnen das Gegenteil beweisen, Ihnen zeigen, daß nur eine der drei Strategien zur Selbstverteidigung körperliches Geschick verlangt. Diese Strategie ist leicht zu lernen, sie erfordert praktisch keine athletischen Voraussetzungen und kann von alt und jung, von beweglichen und unbeholfenen Menschen, von Starken und Schwachen gleichermaßen gemeistert werden. Unsere drei Strategien der Selbstverteidigung sind:

1. Mögliche Gefahren aus dem Weg räumen
2. Gefährliche Situationen erkennen und vermeiden
3. Kämpfen – aber nur, wo es notwendig ist.

Weil moderne Frauen ein sehr persönliches, nicht stereotypes Leben leben, ist es uns unmöglich, Strategien und Techniken zu beschreiben, die genau zum Lebensstil einer jeden Leserin passen. Aus diesem Grund haben wir auf Seite 41 Raum für Sie gelassen, wo Sie die fünf gefährlichsten Situationen, in die Sie in Ihrem Leben geraten könnten, eintragen können. Beziehen Sie Ihr Alter, die Nachbarschaft, in der Sie wohnen und arbeiten oder zur Schule gehen, mit ein, Ihre Art zu reisen, die Menschen, mit denen Sie regelmäßig zusammenkommen und alle für Sie typischen Situationen, die Gefahrenmomente bergen könnten. Diese Liste wirkt eindrucksvoller, wenn Sie sie in der ersten Person im Präsens schreiben. Ein Beispiel dazu, »ich fahre aus tiefem Schlaf hoch, weil ein Mann durch mein Schlafzimmerfenster kriecht«, oder »mein Benzin geht in einer gefährlichen Gegend aus und eine Rockerbande kreist mein Auto ein«.

Wenn Sie dieses Buch weiterlesen, versuchen Sie, Ihre persönlichen Erlebnisse einzubeziehen. Wir hoffen, die zitierten Beispiele machen es Ihnen möglich, sich weitere gefährliche Situationen vorzustellen, in die Sie geraten könnten. Stellen Sie sich ganz einfach vor, Sie würden sich wirklich in den verschiedenen Situationen befinden. Dann versuchen Sie, die Angstgefühle zu verarbeiten, die von solchen Vorstellungen hervorgerufen werden. Mit der weiteren Lektüre dieses Buches werden Sie auf Möglichkeiten stoßen, wie Sie sich entsprechend schützen können. Hierbei heißt das Motto »Eigeninitiative und Aktion« – im Gegensatz zur Vogel-Strauß-Taktik.

Mögliche Gefahren ausschalten

Mit dem Begriff »mögliche Gefahren« meinen wir jene gefährlichen Situationen, die noch nicht eingetreten sind und die bei entsprechender Planung und Vorsorge höchstwahrscheinlich auch nie eintreten werden. Man kann potentielle Gefahren aus dem Weg räumen, indem man sich die psychologisch richtigen Gewohnheiten aneignet. Lassen Sie den Begriff »Sicherheit« zur Richtschnur Ihres Denkens werden. Schlechte psychologische Gewohnheiten können Sie in falscher Sicherheit wiegen.

Wollen wir mit unseren Ratschlägen erreichen, daß Sie ein mißtrauischer Mensch werden? Ja! In Kapitel 1 erläuterten wir einige der Gründe, warum Frauen in mancher Hinsicht eine – zumindest in unserem Zusammenhang – schlechte geistige Einstellung haben. Diese umfaßt Verdrängungsmechanismen und die zitierte wilhelminisch-viktorianische Denkweise. Wie wir schon gezeigt haben, entspricht es der menschlichen Psychologie, mit Hilfe solcher Verdrängungsmechanismen sich selbst etwas vorzugaukeln. Daher muß diese Einstellung bewußt zielgerichtet und ständig ausgeschaltet werden. Wir wollen nicht, daß Sie zu der Kategorie von Opfern gehören, die sagen, »wenn ich das nur vorher bedacht hätte, wäre das nicht passiert!«

Wollen wir einige Komponenten dieser schlechten Einstellung doch näher unter die Lupe nehmen. Hatten Sie beim Lesen bis zu dieser Stelle des Buches nicht manchmal gedacht, »ich muß nicht weiterlesen, weil nichts davon mir passieren bzw. auf mich zutreffen würde?« Solch ein Gedanke ist das Produkt der schlechten Angewohnheit »Verdrängung«. Er entsteht aus dem Wunsch heraus, das quälende Angstgefühl zu verdrängen, das einen beschleicht, wenn man sich z. B. vorstellt überfallen zu werden. Um diesen Verdrängungsmechanismus auszuschalten muß man seine eigene Angst akzeptieren als etwas, was unweigerlich mit dem Gedanken verbunden ist, »das könnte auch mir passieren«. Es kann einem auch wirklich passieren und mit um so größerer Wahrscheinlichkeit wird es auch passieren, je weniger man dieser Tatsache Rechnung tragen will oder kann und entsprechende Schritte unternimmt.

Wenden Sie sich für einen Augenblick wieder der Liste mit Ihren fünf gefährlichen Situationen zu. Versuchen Sie sich vorzustellen, wie Sie gegen solche Vorkommnisse Vorkehrungen treffen könnten. In unserem ersten angeführten Beispiel hätten geeignete Fenstersicherungen eingebaut werden müssen. Für den Sommer gibt es eine Vorrichtung, die es erlaubt, die Fenster nur zentimerterweit zu öffnen, damit wohl frische Luft eindringen kann, nicht aber unliebsamer Besuch. Bei unserem zweiten Beispiel hätte man die Gefahr bannen können, wenn man dafür gesorgt hätte, daß der Wagen immer tiptop fahrbereit ist. Das schließt das Prinzip mit ein, daß der Tank niemals weniger als 1/4 voll sein darf, das bedeutet regelmäßige Wartung und das sofortige Beheben irgendwelcher Mängel.

Viele Gefahrenquellen können schon ausgeschaltet werden, indem man möglichen Angreifern »signalisiert«, daß man seiner selbst sicher und auf der Hut ist. Das geschieht, indem man sich einen selbstsicheren, zielstrebigen Gang aneignet und auf diese Weise deutlich macht, daß man ein Ziel hat. Das kann durchaus einen potentiellen Angreifer von einem Angriff abschrecken. So kann eine mögliche Gefahr im Keim erstickt werden, bevor sie konkret wird. Dieses von uns empfohlene positive und selbstsichere Verhalten kann man im Gehen, Stehen und sogar im Sitzen ausdrücken. Die Art wie Sie gehen, aufrecht und selbstsicher oder eher in sich gekehrt, Ihr aufmerksamer oder desinteressierter Blick, die entschlossene Art, mit der Sie Ihre Tasche oder Ihre Einkaufstüten halten, – all das sind Signale der Körpersprache, die von jedem Menschen, auch von einem potentiellen Angreifer wahrgenommen und verstanden werden.

Kürzlich war in einem Fernsehinterview mit einem Triebtäter diese Körpersprache das zentrale Thema. Der Interviewer fragte den Täter, wie er sich seine Opfer aussuchte. Prompt gab dieser zur Antowrt, »ich bevorzuge Typen, die ich leicht beherrschen kann, also suche ich mir eine Frau, an deren langsamem Gang ich sehe, daß sie ganz offensichtlich kein Ziel hat, einen Typ einfach, der nach leichter Beute aussieht, – Sie wissen, wie ich das meine?«

Und tatsächlich wissen wir, wie er das meint. Denken Sie einmal daran, wie Sie auf Passanten im Vorbeigehen auf der Straße wirken. Versuchen Sie dann einmal den Eindruck einer selbstsicheren, zielstrebigen Persönlichkeit zu geben. Sie werden staunen, wie schnell die Körpersprache verstanden werden wird, die von Ihnen ausgeht. Ganz allgemein gilt: es ist erstaunlich, wieviele gefährliche Situationen Sie allein dadurch verhindern können, daß

Sie ausreichend vorausdenken. Ein einziges Mal ernsthafte Gedanken investiert und tatkräftig etwas unternommen verhindert, daß man sich immer und immer wieder Sorgen macht. Dies ist also die erste Strategie – unternehmen Sie etwas gegen mögliche Gefahren!

Gefahren erkennen und vermeiden

Selbst mit der besten psychologischen Einstellung und selbst wenn Sie alle denkbaren Gefahrenquellen Ihres täglichen Lebens gebannt haben, können Gelegenheiten auftauchen, bei denen Ihre persönliche Sicherheit bedroht ist. Je früher man eine mögliche Gefahr erkennt, desto schneller kann man natürlich auch etwas dagegen unternehmen. Als wachsamer Mensch kann man oft verhindern, daß eine schwelende Gefahr ausbricht und es zur Tragödie kommt. Deshalb noch einmal der eindringliche Hinweis: mit der richtigen Einstellung hat man den Schlüssel zu dieser Strategie. Es ist erstaunlich, wie oft wir von beraubten oder mißbrauchten Frauen hören, die die Gefahr, in der sie sich ganz offensichtlich befanden, gar nicht als solche erkennen wollten, nicht einmal dann, wenn aus Gefahr direkte Bedrohung wurde. Ja, vielleicht ist es sogar leichter, das Herannahen realer Gefahr sich selbst nicht einzugestehen bis es zu spät ist. Das geschieht immer dann, wenn erste Panikgefühle, die Sie eigentlich in Alarmbereitschaft versetzen sollten, erst recht zu Verdrängungsreaktionen führen. Es mag zunächst seltsam klingen, aber Angstgefühle können nützlich sein, wenn man sie als Signal für aufkommende Gefahr deutet.

Hier ein Beispiel dafür, wie die Strategie des frühen Erkennens und anschließenden Vermeidens von Gefahr wirkt: zwei junge Frauen, die sich nicht kennen, gehen die Straße entlang. Die eine denkt an das Einstellungsgespräch, dem sie entgegeneilt, »wird mich der Chef sympathisch finden? Was wird er mich fragen? Bin ich passend angezogen?« Derart in Gedanken vertieft, beachtet sie folgendes nicht. Die Gegend, die sie inzwischen durcheilt, ist, nachdem sie die Hauptstraße überquert hat, schlechter geworden. Enge Gassen zweigen von der Straße ab, der Gehweg ist schmal, die junge Frau geht sehr dicht an den Häusern entlang, Autoverkehr gibt es nicht. Aber noch schlimmer, sie hat nicht bemerkt, daß ihr zwei kräftig aussehende Männer auf dem Fuße folgen. Wie verhielt sich inzwischen die zweite junge Frau? Sie registrierte auf ihrem Weg, daß die Gegend schlechter geworden war. Sie spürte die mögliche Gefahr, die von den Sträßchen und den schmalen Gehwegen ausging und ging deshalb an der Straßenkante. Als sie die beiden Männer bemerkte, beschleunigte sich ihr Puls und sie schaltete sofort, »das kann gefährlich für mich werden, ich muß etwas unternehmen«. In Alarmbereitschaft hielt sie nach einem Zufluchtsort Ausschau. Auf der anderen Straßenseite erblickte sie ein Geschäft. Sie überquerte sofort die Straße und betrat den Laden, um dort solange zu warten, bis die beiden Männer verschwunden waren. Während sie wartete, hörte sie einen angsterfüllten Schrei. Durch das Schaufenster hindurch sah sie, wie einer der Männer die erste junge Frau zu Boden warf und der andere blitzschnell nach ihrer Handtasche griff. Dann hörte sie noch, wie sich die Schritte der flüchtenden Männer in einer Seitenstraße entfernten.

Die Frau, die die Gefahr kommen sah und etwas dagegen unternahm, half dem Opfer auf die Füße und gab der Überfallenen eine Münze, um die Polizei anzurufen. Sie konnte damit die Früchte ernten, die sie mit Erlernen der Selbstverteidigungsstrategien gesät hatte. Die andere Frau – unwissend – mußte Schmerzen und den Verlust ihrer Tasche erleiden.

Ein anderes Beispiel zeigt, wie die Strategie »Gefahr erkennen – Gefahr vermeiden« einer unserer Leserinnen zugute kam. Die Frau, eine Studentin, gab folgenden Bericht: sie teilt eine Wohnung in unmittelbarer Nähe der Universität mit einer anderen Studentin. Ihre Umgebung gilt als sicher; das Gebäude ist neu, hat eine gut beleuchtete Eingangshalle und die Tür ist gegen die Straße abgeschlossen. Nachdem sie den ersten Grundsatz der Selbstverteidigung berücksichtigt und ihre Wohnung gründlich auf Schwachstellen hin untersucht hatte, fühlte sie sich sicher, weil sie keinen möglichen Gefahrenpunkt mehr entdecken konnte. Eines Abends, ihre Freundin zog sich gerade zum Ausgehen um, entschloß sie sich noch einkaufen zu gehen. Als sie eine Stunde später zurückkehrte, überfiel sie ein starkes Angstgefühl als sie erkannte, daß die Wohnungstür offen stand. Ihre erste Vermutung war, ihre Freundin habe vergessen, beim Weggehen die Tür zu schließen. Dies war jedoch noch niemals vorgekommen, da auch ihre Wohnungsgefährtin sehr sicherheitsbewußt lebte. So führten Beobachtung und Überlegung zu dem einzig möglichen Schluß, – es könnte sich ein Einbrecher in der Wohnung befinden.

Lautlos flüchtete sie sich in eine Nachbarwohnung und rief von dort die Polizei an. Der Beamte am anderen Ende der Leitung war entgegenkommend und verständnisvoll und innerhalb weniger Minuten fuhr ein Polizeiwagen vor dem Apartmenthaus vor. Von zwei Beamten begleitet, ging die Studentin zu ihrer Wohnung zurück, wo die Eingangstür immer noch weit offen stand. Die Beamten forderten sie auf, im Treppenhaus zu warten. Nachdem die Beamten ihre Wohnung betreten hatten, hörte sie Geräusche, die von einem Handgemenge herrührten. Wenige Minuten später verließen drei Männer ihre Wohnung, einer davon in Handschellen.

Die Studentin war zum ersten Mal in ihrem Leben Zeuge einer Festnahme geworden. Bei der Gerichtsverhandlung stellte sich heraus, daß der Freund der zweiten Studentin versäumt hatte, die Wohnungstür doppelt zu sichern. Dadurch gelang es dem Einbrecher, eine Plastikkarte zwischen Tür und Türrahmen zu stecken und sich so leichten Zugang zu der Wohnung zu verschaffen.

Gefährliche Situationen lassen sich auch erkennen und vermeiden, wenn man keine Unterhaltungen mit Fremden eingeht. Vergewaltigungstäter, die wir befragt haben, gaben zu, daß sie folgendermaßen vorgingen, um die Aufmerksamkeit möglicher Opfer auf sich zu lenken: sie fragen nach der Uhrzeit, erkundigen sich umständlich nach dem Weg, lassen einen Gegenstand vor dem späteren Opfer fallen und greifen nach der Frau, wenn diese sich bückt, um den Gegenstand aufzuheben. Auch Autoprobleme sind eine beliebte »Masche«. Dabei steht der Täter bei seinem Auto und gibt Zeichen, daß er Hilfe braucht. Ein Opfer, das wir interviewten, berichtete, daß sie überfallen wurde, als sie in einer Tiefgarage ihr Auto besteigen wollte. Ein Mann fragte sie, ob er sein Anlasserkabel mit ihrer Batterie verbinden könne, sein Auto springe nicht an. Die Frau sagte völlig überrumpelt »ja«. Später meinte sie uns gegenüber, sie habe nicht unhöflich sein wollen. Wenn man mögliche Gefahr wittert, dann sollte Höflichkeit einem wirklich die letzte Sorge sein. Diese Frau hätte statt dessen antworten sollen: »Ich bin sehr in Eile, aber ich werde Ihnen von der Werkstatt unten an der Straße jemanden kommen lassen.« Man kann durchaus höflich sein und gleichzeitig Gefahr erkennen und vermeiden. Wenn Sie die Straße entlanggehen und ein Mann Sie beispielsweise nach der Uhrzeit fragt, schauen Sie kurz auf Ihre Uhr, sagen Sie ihm die Zeit und gehen Sie grußlos weiter. Oder wenn jemand nach dem Weg fragt, geben Sie kurz Auskunft oder sagen Sie, »tut mir leid, weiß ich nicht«, aber gehen Sie dabei weiter. Lassen Sie sich nicht in ein Gespräch verwickeln.

Der Auftrag, Gefahr zu erkennen und zu vermeiden, läßt sich nie bis ins letzte erfüllen. Man muß immer darauf gefaßt sein, daß neue Gefahren auftauchen können. Denken Sie daran, – wenn es Sie trifft, dann trifft es Sie hundertprozentig.

Gedanken wie »hätte ich nur gesehen, was da passierte, dann hätte ich entwischen können« sind wenig tröstlich, wenn Wertsachen fehlen, und bei Verletzungen ist damit auch keine Krankenhausrechnung gezahlt.

Ich, Mary Conroy, werde oft gefragt, ob ich mich schon einmal gegen einen Angreifer handgreiflich habe zur Wehr setzen müssen. Nein, das mußte ich nicht, aber während meiner Doktorarbeit an der Columbia Universität in New York wurde ich unter Bedrohung mit blankem Messer beraubt. Seit damals bin ich Weltmeister im Erkennen und Vermeiden von Gefahr. Zum Beispiel hatte ich kürzlich bei einem neuen Zahnarzt einen Termin. Seine Praxis lag im obersten Stock des Gebäudes. Als ich den vollen Fahrstuhl betrat, drückte ich den Knopf für den 12. Stock, wobei ich registrierte, daß dieser Stock noch von keinem anderen betätigt worden war. Im 11. Stock verließen alle den Fahrstuhl bis auf einen seltsam aussehenden Mann, der nervös in einer Ecke lehnte. Meinem Instinkt folgend, verließ ich den Fahrstuhl in dem Moment, als sich die Türen schlossen und benutzte die Treppe. Ich betrat die Praxis und machte die Bekanntschaft meines neuen Zahnarztes, des seltsam aussehenden nervösen Herren aus dem Fahrstuhl von vorhin. Wir waren beide etwas verlegen, aber das macht nichts! Lieber einen Augenblick befangen sein, als körperlich Schaden zu nehmen.

Selbst bei drohender Gefahr, wenn man einem Angreifer Auge in Auge gegenübersteht, gibt es viele Möglichkeiten, körperlichen Kontakt zu vermeiden. Nachfolgend wollen wir Taktiken beschreiben, die Sie einsetzen können, um nicht in einen Kampf verwickelt zu werden.

Taktiken zur Vermeidung des direkten Kampfes

Laufen Sie weg und schreien Sie! Sobald Sie die Gefahr ausgemacht haben, überprüfen Sie, ob Sie Ihrem Angreifer entwischen und vor ihm einen sicheren Platz erreichen können. Da die meisten Frauen nicht schneller rennen können als Männer, halten Sie nach einer sicheren Stelle in der Nähe

Abb. 2–1: Rennen Sie weg, schreien Sie und bereiten Sie sich auf einen Kampf vor

Abb. 2–1a

2–1b

Abb. 2–1c

2–1d

2–1e

2–1g

Ausschau. Wenn Sie wegrennen, rufen Sie laut »Feuer, Feuer«, um möglichst schnell Leute auf Ihre Notlage aufmerksam zu machen. Selbst wenn Ihr Rufen von niemandem gehört wird, Ihr Angreifer wird dadurch verunsichert und möglicherweise von einer Verfolgung abgehalten. Schauen Sie immer wieder zurück, um festzustellen, ob er Ihren Vorsprung verringern kann oder nicht. Wenn es Ihnen nicht gelingt, Ihren Vorsprung zu vergrößern, müssen Sie anhalten, sich ihm entgegenwenden und selbst angreifen *(Bildfolge 2–1)*.

Laufen Sie immer dorthin, wo Sie andere Leute zu finden hoffen. Wenn es Ihnen gelingt, eine belebte Straße zu erreichen, mischen Sie sich möglichst schnell unter die Passanten bis Sie sicher sind, nicht mehr verfolgt zu werden. Erwarten Sie keine Hilfe von Fremden. Es ist bedauerlich, aber es kommt nur allzu häufig vor und die Zeitungen berichten immer wieder darüber, daß Frauen unter den Augen von Passanten angegriffen werden und daß ihnen trotzdem niemand zu Hilfe eilt. Wenn keine anderen Menschen in der Nähe sind, rennen Sie auf offene Plätze. Vermeiden Sie abgelegene Gegenden. Bei Nacht gelten dieselben Ratschläge, zusätzlich jedoch sollten Sie in die Helligkeit fliehen. Die Möglichkeit gesehen zu werden, ist Ihr bester Verbündeter.

Sprechen Sie! Stellen Sie sich vor, Sie stehen einem Kriminellen Auge in Auge gegenüber und können nicht wegrennen. Sie sitzen in der Falle, Ihr Herz schlägt wie wild, Sie sind starr vor Angst. In dieser Situation ist Sprechen Ihre beste Verteidigung. Sagen Sie »Was wollen Sie von mir?«. Vielleicht ist Ihr Angreifer ein Dieb. Wenn er das ist, leisten Sie keinen Widerstand und geben Sie ihm Ihre Wertsachen. Die meisten Diebe wollen ihren Opfern keinen körperlichen Schaden antun, sie wollen sie ausrauben und verschwinden. Wenn Sie feststellen, daß er Sie vergewaltigen will, können Sie ihn vielleicht von seinem Vorhaben abbringen. Wir kennen eine Frau, die sich aus einer Vergewaltigung im wahrsten Sinne des Wortes »herausredete«, indem sie ihrem Angreifer sagte, sie habe Scheidenkrebs. Wenn Sie mit Ihrem Angreifer sprechen, gewinnen Sie zudem Zeit, um sich zu fangen und zu beruhigen, um Ihre Lage kurz zu überdenken und um Ihren Angriff zu planen. Dazu kommt, daß Sie durch das Sprechen Ihre wertvollste Waffe für einen Angriff Ihrerseits nicht aus der Hand geben, – die Überraschung für Ihre Überrumpelungsattacke.

Noch ein Hinweis zum Sprechen: Handeln Sie geistesgegenwärtig, reden Sie auf den Angreifer ein, aber lassen Sie sich nicht durch ihre eigene Angst zu aggressiven Äußerungen oder zu Beleidigungen hinreißen, die ihn nur noch mehr reizen würden.

Wenn erforderlich, greifen Sie an

Die dritte Strategie zur Selbstverteidigung ist der körperliche Angriff. Wie man angreifen muß ist dabei nur ebenso wichtig zu wissen wie wann man angreifen muß. Wie wir bereits erwähnt haben, gibt es viele Möglichkeiten, einer richtigen Attacke aus dem Weg zu gehen, wenn man es mit einem Kriminellen zu tun hat. Der körperliche Angriff ist nur dann notwendig oder gerechtfertigt, wenn alle anderen Methoden versagen.

Von den drei aufgeführten Selbstverteidigungsstrategien erfordert nur die dritte, der körperliche Angriff, Geschicklichkeit und Training. Die Techniken, die wir dazu vorschlagen, sind leicht zu lernen, erfordern wenig Kraft und lassen Ihnen den Weg zur Flucht. Sie sind auf individuelle Einzelsituationen zugeschnitten und reichen von der Abwehr eines kräftigen Eindringlings bis zur Außergefechtsetzung eines potentiellen Mörders. Die Taktik, auf die Sie in der jeweiligen Situation zurückgreifen, muß im Verhältnis zu der Gefahr stehen, in der Sie sich befinden! Wenn Sie sich für körperlichen Angriff entschieden haben, so läuft dieser über die folgenden Stationen ab.

Planen Sie Ihren körperlichen Angriff

Wenn sie den körperlichen Angriff planen, so gehört dazu die Wahl Ihrer geeignetsten Waffen und das Erkennen und Bestimmen der verwundbarsten, empfindlichsten Körperstellen Ihres Angreifers. Das ist keineswegs so kompliziert wie es klingen mag, weil es insgesamt nur fünf Waffen gibt, die wir empfehlen *(Abbildung 2–2),* und auch nur vier verwundbare, empfindliche Körperstellen, die wir als Ziele für Ihren Abwehrangriff für geeignet halten.

IHRE FÜNF WAFFEN

Stimme. Schreien Sie jedesmal, wenn Sie zu einem körperlichen Gegenangriff ansetzen. Bei allen Selbstverteidigungstaktiken, die wir durchsprechen, spielt dieser Punkt eine dominierende Rolle. Man muß sich immer vergegenwärtigen, daß ein durchdringender Schrei einen Angreifer ablenkt und nervös macht. Ebenso kann dadurch die Aufmerksamkeit anderer geweckt werden. Dies gilt, obwohl wir nicht zu dem Ruf »Hilfe« raten wollen. Vielmehr raten wir zu einer Art Kampfruf, zu aggressiven, einschüchternden, lauten und langandauernden Schreien.

Finger und Daumen. Ihre Finger und Ihre Daumen sind bei richtigem Gebrauch Ihre stärksten Waffen, da sie einen Angreifer ernsthaft verletzen können. In Kapitel 4 werden wir diskutieren, ob, wann und wie man mit den Daumen die Augen in ihre Höhlen drückt oder die Finger in die Augen bohrt – zwei Selbstverteidigungstechniken, die einen Gegner kampfunfähig machen und daher Ihr Leben retten können. Die im Fernsehen und im Film stereotyp auftretende Szene, in der eine Frau einem Angreifer das Gesicht zerkratzt, mag helfen, einen Film zum Kassenschlager zu machen oder die Fernseheinschaltquote zu erhöhen, aber sie beschreibt keinesfalls die beste Methode, wie Sie die Waffen »Finger und Daumen« wirkungsvoll einsetzen können.

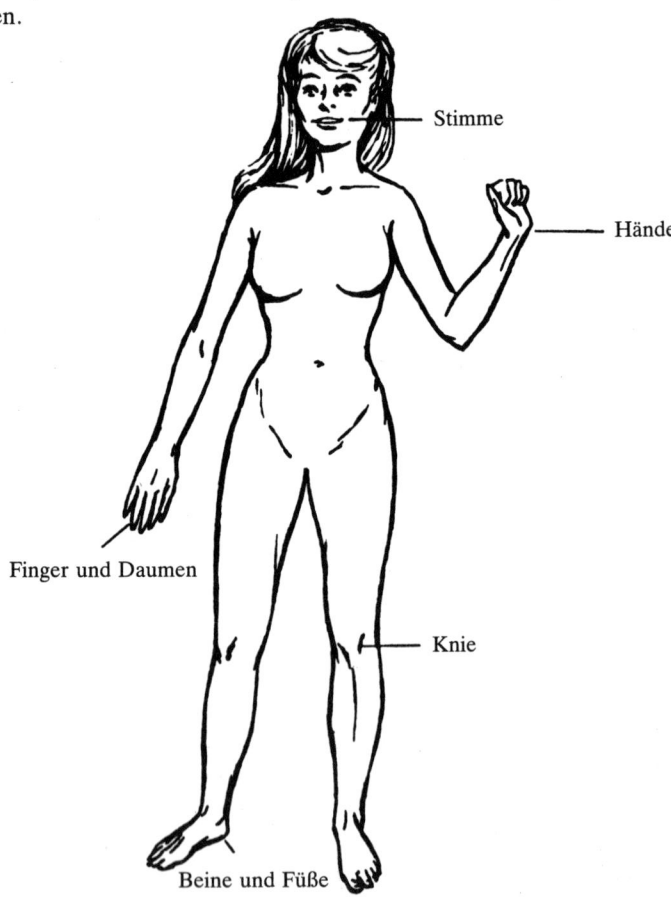

Stimme

Hände

Finger und Daumen

Knie

Beine und Füße

Abb. 2–2: Ihre fünf Waffen

Hände. Bei unserer Selbstverteidigung kommen Ihre Hände bei der Ausführung von zwei Techniken zum Einsatz. Die erste betrifft den Quetschgriff nach den Hoden, die zweite den Doppelhandschlag ins Genick. Für diesen Doppelhandschlag und seine wirkungsvolle Ausführung ist die richtige Haltung der Hände ausschlaggebend. Szenen in Film oder Fernsehen, in denen eine Frau eine Faust ballt und damit einen Mann niederschlägt, sind bloße Phantasiegebilde. Werden die Hände jedoch richtig geführt, dann gelingt es auch in der Wirklichkeit.

Knie. Ein harter Schlag mit dem Knie gegen die Hoden gehört zu den wirkungsvollsten Mitteln, einen Angreifer bewegungsunfähig zu machen. Wenn Sie lernen, Ihr Knie entsprechend einzusetzen, gewinnen Sie damit eine wichtige zusätzliche Waffen zu Ihrer Selbstverteidigung.

Beine und Füße. Ihre Beine stellen den kräftigsten Teil Ihres Körpers dar. Sie besitzen die größte Länge und die stärkste Hebelwirkung, ihre Muskelmasse ist am größten und sie können die wirkungsvollsten Schläge ausführen. Darüber hinaus spricht die Wahrscheinlichkeit dafür, daß Sie mit einem Fußtritt am ehesten einen Überraschungsangriff einleiten können. Zudem hat Ihr Angreifer nur eine relativ geringe Chance, einen solchen Angriff abzuwehren. Schläge mit den Beinen und Fußtritte sind jedoch die schwierigsten Techniken, die wir Ihnen empfehlen wollen, und sie verlangen Übung, bis sie perfekt ausgeführt werden können.

IHRE VIER ZIELE

Wie wir bereits erwähnten, hat der männliche Körper vier Zonen, die sich für Ihren Verteidigungsangriff besonders eignen *(Abbildung 2–3)*. Unsere Erfahrung lehrt, daß ein richtig ausgeführter Angriff gegen eine dieser vier empfindlichsten Zonen zu einer ernsthaften Verletzung Ihres Angreifers führt.

Natürlich bietet der Körper weit mehr Ziele für Attacken, die bei richtiger Ausführung einen Angreifer ebenfalls weitgehend kampfunfähig machen können. Wir werden deshalb oft gefragt, warum wir diese Körperzonen nicht empfehlen. Die Antwort ist einfach: Sie sollen Ihrem Angreifer nicht wehtun, Sie sollen ihn ernsthaft verletzen. Wenn Ihre Attacke den Angreifer nicht völlig bewegungsunfähig macht, wird er gereizt reagieren und zu einem schlimmeren Gegenangriff ansetzen als zuvor. An dieser Stelle sei erwähnt, daß viele Selbstverteidigungs-»Experten« empfehlen, einem Angreifer auf den Rist zu treten oder ihm einen Tritt gegen das Schienbein zu versetzen. Auch wenn Rist oder Schienbein direkt getroffen werden, als Frau schafft man es jedoch nur selten, den Angreifer damit zu verletzen. Die meisten Frauen können so nur momentane Schmerzen verursachen, die jedoch den Angreifer im allgemeinen nur noch mehr reizen. Man darf nicht vergessen, daß ein Mann in dem Moment, in dem er eine Frau körperlich angreift, eine aggressive, feindlich gesinnte, haßerfüllte Person ist, die nur eins im Sinn hat, ihre ureigene Befriedigung. Wenn Sie ihn also nur leicht treffen, um ihm zu verstehen zu geben, daß mit Ihnen nicht zu spaßen ist,

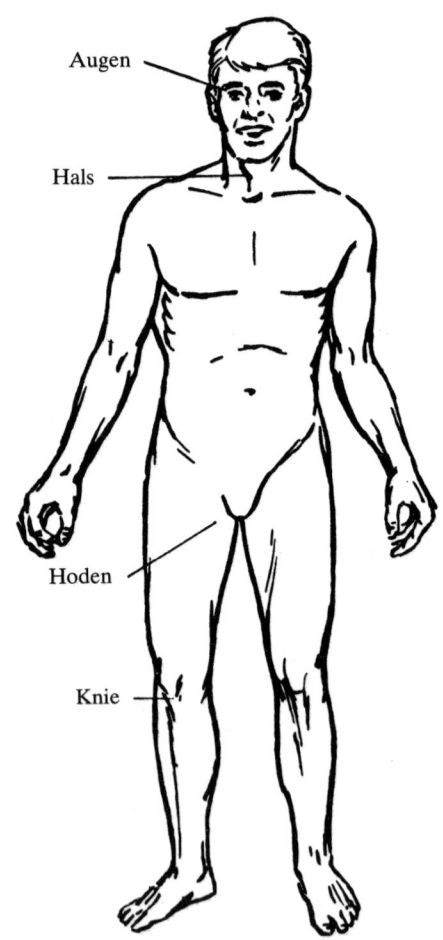

Augen

Hals

Hoden

Knie

Abbildung 2–3: Ihre vier Ziele

dann besteht durchaus die Möglichkeit, daß er Sie töten wird. Wir haben
eine ganze Reihe solcher Angreifer interviewt und folgende Frage gestellt:
»Was würden Sie tun, wenn eine Frau, die Sie gerade angreifen, Ihnen
gegen das Schienbein treten oder auf Ihrem Rist herumtrampeln würde?«
Jeder der Befragten versicherte, daß er die Frau zu Boden schleudern oder
sie zusammenschlagen würde.

Wir können nicht oft genug wiederholen, daß Sie einen Angreifer ja nur
in lebensbedrohender Situation attackieren werden und daß Sie in dieser
Lage entschlossen sein müssen, ihn ernsthaft zu verletzen und außer
Gefecht zu setzen, damit Ihnen die Flucht gelingt. Je einfacher und direkter
Ihr Angriff, desto erfolgreicher und effektiver. Wir sind überzeugt von
dieser Philosophie und empfehlen deshalb nur die folgenden vier Angriffs-
zonen.

Augen. Die verwundbarste Stelle des Körpers Ihres Angreifers sind die
Augen. Dabei spielt es keine Rolle, ob der Angreifer ein Mann, eine Frau,
ein Kind oder ein bösartiges Tier ist. Wenn Sie um Ihr Leben kämpfen,
sollten Sie keine Gewissensbisse haben, Ihren Angriff auf die Augen Ihres
Gegners zu konzentrieren. Wenn wir Frauen dazu auffordern, schrecken
Sie normalerweise zurück und finden unsere Aufforderung bösartig und
gemein. Das ist sie auch, aber Sie müssen einfach bösartig und gemein sein,
um Ihr Leben zu retten. Der Angriff auf die Augen verursacht sofort
wahnsinnige Schmerzen, die das Opfer bewegungsunfähig machen. Er
bedeutet eine mögliche Schädigung, die vorübergehender Natur oder von
Dauer sein kann. Die Tatsache, daß diese Schädigung von bleibender Dauer
sein kann, darf Sie nicht beeindrucken, wenn es darum geht, Ihr Leben zu
retten. Das Blenden eines Angreifers hat darüber hinaus den Vorteil, daß
Sie sich besser in Sicherheit bringen können.

Hoden. Die zweite der verwundbarsten Zonen für einen Angriff sind die
Hoden. Die männlichen Geschlechtsteile liegen außerhalb des Körpers und
sind so für eine Attacke denkbar günstig. Der Schmerz, den ein Mann
empfindet, wenn er in den Hodensack getreten wird, nimmt ihm den Atem,
läßt ihn nicht länger aufrecht stehen und kann ihn total bewegungsunfähig
machen. Im Gegensatz zu einer Attacke auf die Augen dürfte er kaum einen
bleibenden Schaden davontragen, wenn man ihn am Hodensack zerrt.

Knie. Das Knie ist eine sehr komplizierte und diffizile anatomische Kon-
struktion. Obwohl das Knie beim Rennen oder bei Sportaktivitäten große
Belastungen aushalten kann, ist es ein Gelenk, das so konstruiert ist, daß es

sich nur in eine Richtung abwinkeln läßt. Schon leichte Kraftanwendung von vorne oder von der Seite kann zu einem Sehnenriß führen oder zu einem Bruch der Kniescheibe oder sie kann verrenkte Knochen zur Folge haben. Zur besseren Veranschaulichung sei erklärt, daß sich Ihr Knie von gestreckter Position bis auf fast 180° nach hinten abwinkeln läßt. Die Patella, die Kniescheibe, vermag das Knie nur wenig gegen Schläge von vorne und gar nicht gegen Einwirkungen von der Seite zu schützen. Schon bei einer Kraft von nur ca. 20 Kilopond wird sich das Knie ausrenken. 20 Kilopond sind nicht gerade viel und es wird Ihnen leichtfallen, diese Kraft aufzubringen, wenn Sie daran denken, daß Ihre Beine Ihren Körper tragen müssen und daß Sie als Frau im Durchschnitt 60 Kilopond wiegen. Unsere Kursteilnehmer fragen uns oft, ob man einen Angreifer auch barfuß verletzen kann. Unsere Antwort ist, es spielt keine Rolle, ob Sie ihm einen Tritt mit oder ohne Schuhe versetzen.

Hals und Genick. Ein Schlag gegen Hals oder Genick eines Angreifers kann zu einer vorübergehenden Bewegungsunfähigkeit oder Bewußtlosigkeit führen. Ein Schlag ins Genick vermag die Wirbelsäule zu verletzen, was zu einer Ohnmacht bei Ihrem Angreifer führt. Deshalb empfehlen wir den Genickschlag als zweites Ziel. Dies bedeutet zum Beispiel, daß Sie auf einfache Art und Weise einen Doppelhandschlag gegen dieses zweite Ziel anbringen können, nachdem Sie zuerst durch einen Kniestoß gegen die Hoden Ihren Angreifer dazu gezwungen haben, sich vornüber zu krümmen und dabei die Genickpartie Ihrem Angriff auszusetzen.

Es gibt über diese vier Ziele der Conroy-Ritvo Methode einige andere Möglichkeiten der Abwehr, die besonders im Nahbereich von Bedeutung sind: Neben den Augen sind Nase und Kehlkopf hervorragende Ziele für den einleitenden Handstoß. Ein Schlag von unten nach oben, mit den Fingerknöcheln ausgeführt, kann besonders für Frauen eine Alternative darstellen, die es einfach nicht über sich bringen können, in die Augen des Angreifers zu stoßen. Für beide Zielgebiete wird wenig Kraft benötigt, um den Angreifer zu schädigen: Der Schlag mit der Faust oder den abgeknickten Fingern von unten gegen die Nase treibt das Nasenbein nach oben und führt zu einer sofort schmerzenden, stark blutenden Verletzung, bei dem der Getroffene im wahren Sinne des Wortes Sterne sieht. Noch wirksamer ist der Schlag gegen den Kehlkopf, mit Fingerknöcheln, Handkante oder sogar der ganzen Faust ausgeführt: Ein Treffer auf den Adamsapfel beendet in der Regel jeden Kampf. Der Getroffene hat stechende Schmerzen, er ringt nach Luft und wird ohnmächtig. Unter Umständen kann ein solcher Schlag auch den Tod zur Folge haben!

Kaum eine Frau ist in der Lage, eine entschlossen zugreifende Männerhand von ihrem Hals oder ihrem Arm abzuziehen. Selbst mit beiden Händen wird es ihr schwer gelingen, auch nur eine Hand eines Klammergriffs zu lösen! Jede Frau aber hat mehr Kraft in ihrer Hand als ein Mann in *einem* seiner Finger: Anstatt an einer Hand zu zerren, wird ein Finger, möglichst der kleine, gepackt und *ruckartig* rückwärts gerissen. Ein aus dem Gelenk gerenkter Finger ist nicht nur sehr schmerzhaft, sondern wird auch den Klammergriff sofort öffnen. Diesen Angriffen müssen sofort und ohne Verzug Nachfolgeschläge folgen im Sinne der Conroy-Ritvo-Methode, bevor der Angreifer zur Besinnung kommen kann.

In ähnlicher Weise kann man durch Ergreifen eines Ohrs und ruckartiges Verdrehen oder durch Packen und Verdrehen der Haare (nicht nur einfach ziehen!) den Kopf eines Angreifers soweit vom eigenen Gesicht entfernen, um überhaupt erst Luft und Abstand für die Einleitung der weiteren Schläge gegen Augen, Nase oder Kehlkopf gewinnen.

Wie Sie Ihren Angriff ausführen

Schnelligkeit, Genauigkeit, Kraft und konsequentes Fortführen sind unbedingt notwendige Bestandteile einer erfolgreichen Angriffsaktion. Lassen Sie uns jeden dieser Faktoren für sich alleine betrachten.

Schnelligkeit. Von dem Moment an, wo Sie sich in Lebensgefahr fühlen und Sie daraus den Schluß ziehen, daß Sie kämpfen müssen, von dem Moment an kommt es entscheidend auf die Schnelligkeit an, mit der Sie Ihren Angriff durchführen. Schnelle Bewegungen sichern Ihren größten Vorteil, das Überraschungsmoment. Mehr noch, je schneller Sie Ihre Schläge ausführen, desto mehr Schlagkraft und Wirkung erzeugen sie. Ihr Angreifer hat um so weniger eine Chance, Ihre Schläge abzublocken, je schneller Sie sind.

Genauigkeit. Ein entscheidendes, ja lebenswichtiges Moment besteht darin, daß Sie Ihr gewähltes Ziel exakt treffen. Es bedarf einiger Übung, wenn Sie lernen wollen, wie man zielgerichtet mit den Daumen quetscht, mit den Fingern zusticht, Schläge austeilt oder Fußtritte versetzt. Diese Übung erfordert Zeit, Geduld und häufiges Wiederholen. Bringen Sie sich immer wieder in Erinnerung, daß ein Fußtritt, der einige Zentimeter über oder unter dem Knie landet, zwar Schmerzen verursacht, aber Ihren Angreifer nicht bewegungsunfähig macht. In Kapitel 10 empfehlen wir Ihnen einige Methoden, die Ihnen helfen sollen, Ihre Zielgenauigkeit ständig zu steigern.

Kraft. Nach physikalischen Grundgesetzen besitzt die Geschwindigkeit eines Objekts einen größeren Einfluß auf die Kraft, die es ausüben kann, als seine Masse. In Alltagssprache übersetzt bedeutet dies, daß eine schnelle Fingerstechbewegung gegen die Augen von der Hand einer Frau mehr Wirkung erzeugen kann als ein langsam geführter Schlag einer großen Männerfaust.

Konsequentes Fortführen. Jeder erfolgreiche Angriff muß eine konsequente Fortführung erfahren. Dies bedeutet, daß Sie Ihren Angriff so lange fortführen müssen, bis Ihr Angreifer völlig bewegungsunfähig ist und Sie sich in Sicherheit bringen können. Diese konsequente Kampffortführung sollte bei jedem Training mitgeübt werden, bis es allmählich zur zweiten Natur wird.

Die folgende wahre Begebenheit soll die Wichtigkeit dieser These unterstreichen, nach der »ein Angriff so lange konsequent fortgeführt werden muß, bis der Angreifer völlig bewegungsunfähig ist«. Bei Nachforschungen für die Polizei von Los Angeles mußte ich (Mary Conroy) Polizistinnen im ganzen Land nach Selbstverteidigungstechniken befragen. Eine Polizistin in New York erzählte, wie sie in ihrer Wohnung von einem Mann belästigt worden war, der durch das Badezimmerfenster eingedrungen war. Sie war eine wehrhafte, durchtrainierte Frau und versetzte ihm einen Ein-Hand-schlag gegen die Gurgel. Der Mann fiel rücklings auf ihr Bett und sie rannte sofort zur Tür ihres Apartments, die jedoch mit vier Schlössern gesichert war. Es gelang ihr zwar, drei Schlösser zu öffnen, dann aber hatte sich der Angreifer erholt und stürzte sich wutentbrannt auf sie. Da sie das Überraschungsmoment aus der Hand gegeben hatte, wurde sie nun schwer zusammengeschlagen, der Angreifer verließ sie erst, als er glaubte, sie sei tot. Ihre Empfehlung: »Beenden Sie Ihren Abwehrangriff niemals nach dem ersten Schlag. Solange Ihr Angreifer noch überrumpelt ist und Ihren ersten Schlag noch nicht weggesteckt hat, schlagen Sie ein zweites Mal zu und attackieren so lange, bis Sie sicher sind, daß er Ihnen nicht mehr gefährlich werden kann. Ich habe dies auf die harte Tour lernen müssen.«

Zusammenfassung

In diesem Kapitel haben wir Ihre drei Strategien zur Selbstverteidigung beschrieben. Wir möchten noch einmal betonen, daß Sie erstens mögliche Gefahren dadurch gar nicht erst entstehen lassen, daß Sie vorausschauend denken und geeignete Maßnahmen ergreifen. Zweitens sollten Sie sich selbst immer in Beziehung zu Ihrer unmittelbaren Umgebung sehen, sodaß Sie schnell aktuelle Gefahrenmomente erkennen und umgehen können. Drittens müssen Sie lernen, wann und wie Sie sich körperlich verteidigen müssen. Wir haben Ihnen nur fünf als Waffen einsetzbare Körperzonen vorgestellt und empfohlen, daß Sie gegen nur vier Ziele am Körper Ihres Angreifers eingesetzt werden. Einfachheit und zielgerichtete Aktionen sind die Schlüsselstellen der Conroy-Methode zur Selbstverteidigung. (Spezifische Taktiken folgen in Kapitel 4.)

Meine fünf gefährlichen Situationen

1.

2.

3.

4.

5.

KAPITEL 3

Die goldenen Regeln für persönliche Sicherheit

Um weitgehend sicher und behütet leben zu können, bedarf es Voraussicht und Planung. In diesem Kapitel wollen wir eine Reihe von Regeln vorstellen, die zusammengenommen die goldenen Regeln für persönliche Sicherheit darstellen. Auch wenn Ihnen die eine oder andere Maßregel übertrieben sicherheitsbewußt und übervorsichtig vorkommen mag, denken Sie an das alte Sprichwort, das sagt: »Vorbeugen ist besser als heilen«. Die Materialsuche für dieses Kapitel schloß Interviews mit Dieben und Einbrechern ein. Viele unserer Ratschläge basieren auf dem, was wir von ihnen erfuhren.

Was die Sicherheitsvorkehrungen für Ihren Wohnbereich betrifft, so können Sie sich meist bei Ihrer zuständigen Polizeidienststelle kostenlos fachmännischen Rat holen. Beamte, die sich mit der Verbrechensverhütung befassen und sich in der Verbrechensszene in Ihrem Umkreis gut auskennen, können hier wertvolle Hilfe geben. Genau genommen, ist das auch ihr Job, – sie sollen ihre Mitbürger erziehen und unterstützen. Wir ermutigen unsere Kursteilnehmer immer, mit der Polizei Kontakt aufzunehmen, »bevor sie wirklich gebraucht wird«.

Häusliche Vorsichtsmaßnahmen

INSTALLIEREN SIE SICHERHEITSSYSTEME

Geeignete Tür- und Fenstersicherungen. Wenn Sie in ein anderes Haus oder in eine andere Wohnung umziehen, lassen Sie sich von einem zuverlässigen Schlosser an den Außentüren alle Schlösser wechseln. Das ist deshalb notwendig, weil ein früherer Mieter mit den alten Schlüsseln jederzeit in die Wohnung gelangen kann.

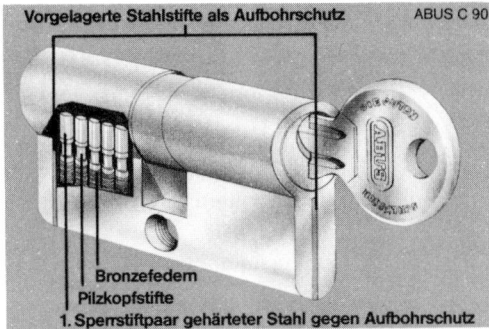

Vorgelagerte Stahlstifte als Aufbohrschutz   ABUS C 90

Bronzefedern
Pilzkopfstifte
1. Sperrstiftpaar gehärteter Stahl gegen Aufbohrschutz

Ein Abus-Zylinderschloß mit gehärteten Sperrstiften, um das Aufbohren des Schlosses zu erschweren.

Abdeckbleche gibt es in jeder Form und Größe. Sie werden vom Schlosser zumeist mit dem neuen Sicherheitsschloß angebracht.

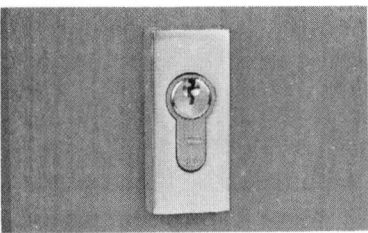

Besser als die herkömmlichen Sicherheitsketten sind diese Sperr-Riegelschlösser, die es als Zusatzschloß mit Außenschlüssel aber auch gekoppelt mit einer einfachen, aber wirksamen Alarmakustik gibt (Fa. Abus)

Für Fenster gibt es abschließbare Fenstergriffe, Sicherheitsketten, aber auch Sperr-Riegelschlösser ähnlich den Türmodellen.

Abbildung 3–1: Moderne Tür- und Fensterschlösser

Die meisten Haus- und Wohnungstüren haben Spring- oder Schnappschlösser. Diese Art von Türschloß läßt sich mit einer Plastikkarte oder einem Lineal leicht herausdrücken. Wenn Sie so ein untaugliches Schloß selbst haben, ersetzen Sie es umgehend durch ein Einriegelschloß zur größtmöglichen Sicherheit *(siehe Abbildung 3–1)*. Um die Wichtigkeit dieser Vorkehrung hervorzuheben, wollen wir von einem Polizeibeamten berichten, der einen unserer Lehrgänge besucht hat. Er hatte die Beobachtung gemacht, daß er Türen mit seiner Kreditkarte schneller öffnen konnte als jeder andere mit einem Schlüssel. Die Kursteilnehmner bezweifelten diese Fähigkeit, bis sie sich selbst davon überzeugen konnten.

Machen Sie es sich zur Gewohnheit, ihre Wohnungstür nicht nur einfach ins Schloß fallen zu lassen, sondern abzuschließen – auch wenn sie nur ganz kurz das Haus verlassen. In der Bundesrepublik wird in jeder zweiten Minute irgendwo ein Einbruch begangen und 70 Prozent aller Täter gelangen dabei durch die Eingangstür in die Wohnung oder ins Haus. Dies besonders, weil trotz aller Beratungsarbeit in Broschüren, Ausstellungen und im Fernsehen, gut die Hälfte aller deutschen Wohnungstüren so schlecht gesichert sind, daß sie mit einem einfachen Tritt, mit einem Brecheisen, Dietrich oder durch Abdrehen des Schloßzylinders innerhalb weniger Sekunden aufgebrochen werden können.

Die persönliche Sicherheit fängt an der Wohnungstür an und sie sollte einem Einbrecher mehr Widerstand entgegen setzen, als dies in der Mehrzahl der Neubauten der Fall ist, wo die Tür aus dünnem Sperrholz mit Hohlraum oder Kartonfüllung besteht! Werfen Sie deshalb einen kritischen Blick auf die Sicherheitssysteme an Tür und Fenstern:

☐ Die herkömmlichen Schlösser mit Bartschlüsseln, wie sie noch in vielen Altbauten Verwendung finden, sollten endgültig der Vergangenheit angehören. Diese Museumsstücke gilt es schnellstens gegen ein Profilzylinderschloß mit Aufbohrschutz (wie es z. B. von der Fa. Abus angeboten wird) auszutauschen. Aber das beste Sicherheitsschloß nützt nichts, wenn der Zylinder so weit aus der Türfläche heraussteht, daß er mit einer »Schloßnut«, das ist ein Spezialwerkzeug, abgedreht werden kann. Es reicht bereits, daß der Schloßzylinder 5–7 mm aus dem Beschlagblech herausragt, um ihn so abzubrechen.

☐ Zum richtigen Sicherheitsschloß gehört daher auch ein von innen verschraubter Türbeschlag, der nicht von außen abgebaut werden kann und den Zylinder völlig abdeckt.

☐ In gleichem Maße sollten Schließbleche und Türscharniere besonders gesichert sein und durch den Rahmen ins Mauerwerk eingelassen werden.

Im Fachhandel sind darüber hinaus Riegelschlösser und Türverstärkungen erhältlich, sowie Zusatzschlösser, mit denen die Eingangstür von innen verstärkt werden kann. Für weniger als DM 500,– kann man eine Tür soweit befestigen, daß selbst berufsmäßige Einsteigediebe sie als eine »zu harte Nuß« erachten und sich nach einem einfacheren Ziel umsehen! An der Türinnenseite sollte man als zusätzlichen Schutz Kettenschlösser montieren lassen. Achten Sie aber darauf, die Kette so kurz einzustellen, daß ein Eindringling seine Hand nicht durchschieben und sie entfernen kann. Seien Sie sich auch stets klar darüber, daß eine Kettensicherung von einem zur Tat entschlossenen Einbrecher mit Gewalt geöffnet werden kann. Das Geräusch, das verursacht wird, wenn die Kette reißt, wird Sie auf die drohende Gefahr aufmerksam machen. Bedenken Sie auch, daß ein Schloß immer nur so robust ist wie die Tür, die es sichert. Außentüren sollten aus stabilem Kernguß oder aus Metall sein und man sollte zur Sicherung der Türen und Fensterrahmen mindestens 5,5–7 cm lange Schrauben verwenden.

Durch Fenster verschaffen sich Einbrecher besonders gerne Zutritt in fremde Wohnungen. Es gibt eine ganze Reihe von Fenstersicherungen, durch die sich ein Fenster nur bis zu einem bestimmten Grad öffnen läßt. Eine solche Sicherung sollte an jedem Fenster angebracht werden, das für einen Einbrecher erreichbar ist. Weiter gibt es unaufwendige Alarmanlagen mit Doppelfunktion, – sie warnen und dienen zur Lüftung. Die akustischen Alarmanlagen können so eingestellt werden, daß sie auslösen, wenn ein Fenster weiter als bis zu einem gewissen Punkt geöffnet wird. Die meisten Eisenwarengeschäfte führen Alarmanlagen oder können zumindest Auskunft darüber geben, wo man sie kaufen kann. Die Typen, die wir kennen, sind alle selbst einzubauen und sind nicht mit baulichen Änderungen an Ihrem Haus oder Ihrer Wohnung verbunden.

Glas-Schiebetüren und -Schiebefenster kann man sichern, indem man einen Besenstiel in die Fahrschiene auf den Boden legt. Mit einiger Kraftanwendung läßt sich der Besenstiel aber verschieben. Deshalb raten wir zu besserem Schutz zum Einbau eines Gleitschlosses mit Schlüssel.

Wenn Sie Außentüren haben mit außenliegenden Scharnierstangen, kann man diese durch »Pinnen« sichern. Um ein Scharnier durch dieses Pinnen zu sichern, müssen Sie zwei einander gegenüberliegende Schrauben entfernen. Durch das Scharnierloch der beweglichen Türseite schlagen Sie einen kräftigen Nagel so, daß ein Rest von ca. 1,5 cm herausragt. In das Loch auf der gegenüberliegenden festsitzenden Rahmen- bzw. Hauswandseite bringen Sie eine Bohrung von ca. 2,5 cm Tiefe an. Auf diese Weise wird der Nagel in dieses Loch eindringen, wenn die Tür geschlossen wird. Dadurch läßt sich verhindern, daß ein Einbrecher die Tür aus den Angeln hebt nachdem er die Scharnierstange herausgezogen hat.

Wenn Sie im Erdgeschoß eines Hauses in einer als gefährlich geltenden Wohngegend leben, kommen Fenstergitter für Sie in Betracht. Diese müßten aber im Wohnungsinneren montiert werden, wo sie für den Einbrecher nicht erreichbar sind. Weiterhin müßten die Gitter Schnappschlösser haben, damit sie sich im Falle eines Feuers durchs Fenster in Sicherheit bringen könnten.

Elektronische Warnanlage. In den letzten zehn Jahren sind für die häusliche Sicherheit viele elektronische Warnsysteme entwickelt worden. Wenn Sie in einer hochkriminellen Gegend wohnen, wenn Ihr Haus versteckt liegt und nicht einzusehen ist oder wenn Sie viele wertvolle Einrichtungsgegenstände haben, die Sie schützen möchten, dann ist eine solche Anlage ihren Preis sicher wert. Sie finden die entsprechenden Firmen, die solche Warnsysteme liefern und einbauen, über die »Gelben Seiten« Ihres Telefonbuches unter der Spalte »Diebstahl- bzw. Einbruch-Alarmanlagen«.

Türspione. Viele Einbrecher und Angreifer verschaffen sich Zutritt zu Wohnungen, indem sie ganz einfach lügen. Sie geben vor, Kundendienstleute zu sein, oder versuchen als »Gasmann« oder »Nachbar« ihr Glück. Um solchen Täuschungsmanövern nicht aufzusitzen, sollten Sie einen Türspion einbauen, damit Sie sehen können, wer vor der Tür steht. Diese Spione kosten nicht viel und sind leicht installiert. Machen Sie es sich zur Regel durch den Spion zu schauen, bevor Sie die Tür öffnen. Lassen Sie sich nicht durch Uniformen oder Berufskleidung mit Firmenaufschriften täuschen. Wenn Sie Ihren Besucher nicht kennen, müssen Sie folgendermaßen vorgehen: Wenn er behauptet, von einer Firma oder einem Reperaturdienst zu kommen, lassen Sie sich seinen Firmenausweis zeigen. Wenn Sie dann immer noch Zweifel haben, rufen Sie die betreffende Firma an und lassen Sie sich bestätigen, daß ein Monteur zu Ihnen unterwegs ist. Ein gewissenhafter Angestellter wird sich deshalb nicht beleidigt fühlen. Rufen Sie nicht die Telefonnummer an, die Ihnen Ihr Besucher sagt. Suchen Sie sich die Firmennummer selbst aus Ihrem Telefonbuch. Wenn der Besucher nicht bei der betreffenden Firma arbeitet oder nicht für irgendwelche Arbeiten zu Ihnen geschickt worden ist, rufen Sie sofort die Polizei an.

Als zusätzliche Vorsichtsmaßregel ist es angezeigt, Termine für Reparatur- oder Installationsarbeiten so abzusprechen, daß Sie zum vereinbarten Zeitpunkt nicht allein sind, daß nach Möglichkeit männlicher Schutz in Ihrer Nähe ist.

Vielleicht ist es ganz nützlich, wenn Sie einige der Tricks kennen, mit denen sich Kriminelle gern Zutritt in Wohnungen oder Häuser verschaffen:

»Ich bin Polizeibeamter in Zivil und ermittle in einer Raubsache in diesem Gebäude. Ich möchte Ihnen ein paar Fragen stellen.«
»Ich gehöre zu den Straßenbauarbeitern da unten. Kann ich ein Glas Wasser haben.«
»Ich bin mit meinem Wagen genau vor Ihrem Haus liegengeblieben. Kann ich schnell mal Ihr Telefon benutzen.«
»Ich stelle Ihnen Blumen zu, Sie müssen den Erhalt quittieren.«

Wenn Fremde bei Ihnen Pakete abzugeben haben, die Sie nicht erwarten, seien Sie mißtrauisch. Wir empfehlen, daß Sie den Überbringer auffordern, das Paket vor der Haustür abzustellen. Warten Sie dann, bis Sie ganz sicher sind, daß der Überbringer fortgegangen bzw. abgefahren ist, bevor Sie Ihr Paket hereinholen. Wenn Sie aufgefordert werden, eine Empfangsbestätigung zu quittieren, lassen Sie sich diese unter der Tür durchschieben oder durch den Postschlitz geben. Wenn das nicht möglich ist, vergewissern Sie sich durch ein Telefongespräch mit seiner Firma, daß der Bote auch wirklich zu Ihnen geschickt worden ist. Und noch einmal, – suchen Sie sich die Nummer der angegebenen Firma selbst aus dem Telefonbuch und rufen Sie nicht die Nummer an, die Ihnen der Bote nennt, – es könnte die Nummer eines Komplizen sein.

Wir kennen eine alleinstehende Frau, die es sich zur Gewohnheit gemacht hat laut zu rufen »Ich geh zur Tür, Rocky«, wenn es an ihrer Haustür klingelte. Das erweckte bei jedem Besucher den Eindruck, daß sie nicht allein war.

Viele Kursteilnehmer meinen, daß sie die Regel, niemanden ins Haus oder in die Wohnung hereinzulassen, dann nicht einhalten würden, wenn ein Notfall einträte und jemand die Polizei anrufen müsse. Auch hier kann es sich um einen raffinierten Trick handeln, vor dem wir Sie warnen möchten. Sie können sich statt dessen den Vorfall durch die Tür schildern lassen und rufen dann selbst die Polizei an. Ein dramatisches Beispiel dazu aus Kalifornien: aus Polizeiberichten zum Fall Patricia Hearst geht hervor, daß ihre Entführer zuerst an der Tür klopften und baten, das Telefon benutzen zu dürfen – in einer dringenden Angelegenheit. Kaum ins Haus eingelassen, nahm das Entführungsdrama seinen Lauf.

Manche Frauen lassen in ihrer Dummheit die Haustür offen, wenn sie eine Lieferung erwarten. Damit laden sie nicht nur Einbrecher ein, sich zu bedienen, sondern Sie ermuntern auch an sich vertrauenswürdige Handwerker, Dinge mitlaufen zu lassen oder sich ihnen mit sexuellen Absichten zu nähern.

Manche Einbrecher informieren sich aus den Gesellschaftspalten der Zeitungen und benützen Todesanzeigen, um nach lohnenden Zielen Ausschau zu halten. Andere schicken ihren Opfern unter einem Vorwand Theaterkarten zu, um dann die Abwesenheit zum »Bruch« zu nutzen.

Überlassen Sie Ihre Schlüssel niemals Handwerkern, die im Haus zu tun haben wie Malern, Kundendienstleuten oder Installateuren. Auch wenn Sie den jeweiligen Firmeninhaber als zuverlässig und vertrauenswürdig kennen, kann er Angestellte haben, die Nachschlüssel von Ihren Schlüsseln anfertigen und diese dann selbst benutzen oder weiterverkaufen.

Vermeiden Sie es nach Möglichkeit auch, Ihren Schlüssel beim Hausverwalter zu deponieren. Wenn Ihr Mietvertrag das aber ausdrücklich verlangt, treffen Sie die folgende Sicherheitsvorkehrungen: stecken Sie den Schlüssel in einen Briefumschlag und verkleben Sie den Umschlag so, daß sie sofort feststellen können, ob jemand den Umschlag geöffnet hat oder nicht. Wenn Sie Ihren Namen über die Klebestelle hinwegschreiben, darüber noch durchscheinendes Klebeband kleben oder Kerzenwachs tropfen, dann tun Sie ein übriges für Ihre Sicherheit. Machen Sie dem Hausverwalter klar, daß er Sie informiert, wenn er Ihren Schlüssel benutzt. Ihr Hausbesitzer müßte eigentlich gerne auf diese Forderungen eingehen, denn wenn Ihre Wohnung von Einbrechern heimgesucht werden sollte, hat er selbst ein ausgezeichnetes Alibi, wenn er Ihren unversehrten Umschlag vorweisen kann.

Kommen Sie Einbrechern auch nicht dadurch entgegen, daß Sie Leitern an Ihrem Haus stehenlassen oder Werkzeug gut sichtbar abstellen. Einige der Schweren Jungs, die wir in dieser Sache interviewten, erinnerten sich vergnügt an aus Leichtsinn oder Vergeßlichkeit heraus geborene Situationen, die sie einfach nicht ungenutzt lassen konnten.

Es ist ebenso wichtig, den Umkreis Ihres Hauses zu schützen, wie alle Haustüren abzuschließen. Gartentore, Durchgänge zwischen Häusern, Tiefgaragen und Kriech- und Schleichwege unter Gebäuden hindurch müssen genau daraufhin untersucht werden, ob sie »Schwachstellen« aufweisen, die Ihnen gefährlich werden könnten. Garagentore können durch automatische Türöffner, Doppelverriegelung oder gehärtete Stahl-Vorhängeschlösser gesichert werden.

Achten Sie darauf, daß Ihre Schlösser keine Fabrikationsnummern aufweisen, damit Einbrecher nicht einfach Nachschlüssel anfertigen lassen.

Neuentwicklungen im Elektronikbereich und Großserienfertigung machen den Zugang zu Hitze- und Rauchdetektoren leicht. Nachdem sich für Ihren Verwendungszweck mehrere Modelle eignen, empfehlen wir Ihnen, mit Ihrer zuständigen Feuerwehr Kontakt aufzunehmen und sich beraten zu lassen. In vielen Städten kommt auf Anfrage ein Brandverhü-

tungs-Experte ins Haus. Er wird Sie kostenlos beraten, wo Ihre Brand-
schutzeinrichtung am wirkungsvollsten installiert werden könnte. Außerdem informiert jede Versicherung bereitwillig ihre Klienten über Vorsichtsmaßnahmen.

Sachgemäße und sichere Verwahrung von Schlüsseln und Wertgegenständen

Schlüssel. Unabsichtlich unterlaufen viele Frauen ihre eigenen Bemühungen
um sicheren Verschluß ihres Heimes. Um zu verhindern, sich einmal selbst
auszuschließen, verstecken sie beispielsweise einen Schlüssel an einem
»geheimen« Platz. Das stellt insofern ein Problem dar, als es kaum geheime
Plätze gibt, um einen Schlüssel zu verstecken. Die Türmatte, der Briefka-
sten, die Fensterbank, – das sind so die üblichen Verstecke, die Ihnen und
jedem Einbrecher geläufig sind. Wenn Sie Angst haben, sich selbst auszuschließen, dann ist es am besten, wenn Sie einen Schlüssel bei zuverlässigen
Freunden oder Nachbarn deponieren.

Noch ein Wort zur Sicherheit im Zusammenhang mit Hausschlüsseln.
Tragen Sie sie nie am gleichen Schlüsselring wie Ihre Autoschlüssel. Viele
erfolgreiche Einbrecher lassen sich nämlich über Parkplatzwächter Duplikate
von Hausschlüsseln machen, solange der Wagen auf dem Parkplatz abge-
stellt ist. Manche Frauen machen es Einbrechern noch leichter, indem sie
Namensschilder mit voller Adresse an ihrem Schlüsselbund tragen. Wenn
Sie Ihre Personalien unbedingt am Schlüsselbund haben wollen, dann geben
Sie Büroadressen oder Straßennamen an, die nicht identisch sein dürfen mit
Ihrer Wohnungsadresse. Wenn Ihre Tasche mit Schlüsseln und Kennkarte
oder Ausweispapieren gestohlen wird oder Sie sie verlieren oder liegenlas-
sen, lassen Sie umgehend Ihr Türschloß ändern.

Bargeld. Die meisten Leute sind sich darüber klar, daß es unklug ist, große
Beträge Bargeld zuhause aufzubewahren. Wenn Sie Wertsachen haben,
verstecken Sie diese nicht in Keksdosen, Schubladen oder unter der
Matratze. Das sind die Plätze, wo Einbrecher ihre Suche beginnen. Wenn es
die Umstände jedoch erfordern, daß Sie über Nacht einen großen Geldbetrag im Hause haben müssen, dann raten wir Ihnen folgendes: Stecken Sie
das Geld in einen Umschlag, legen Sie den Umschlag unter den Aufkleber
auf einem Paket Tiefkühlkost oder ins Eiscremefach und bringen Sie dieses
Paket oder diese Dose dann ganz hinten in Ihrem Gefrierfach unter. Sollte
bei Ihnen eingebrochen werden oder sollte ein Feuer ausbrechen, dann ist

Ihr Geld sicher untergebracht, vorausgesetzt natürlich, der Dieb hat dieses Buch nicht gelesen oder ist nicht zufällig ein Vielfraß, der sich durch Ihre Kühltruhe futtert.

Wichtige Unterlagen. Aktien, Geburtsurkunden, Testamente, die Kopien wichtiger Papiere, die Zahlen von Kreditkarten etc. sollten in einem Bank-Safe aufbewahrt werden. Es ist auch empfehlenswert, vollständige Listen zu führen mit Angaben über die in Ihrem Haushalt vorhandenen Geräte (z. B. Staubsauger, Küchengeräte), Fernseh- und Radioapparate, über die in der Familie vorhandenen Autos, Motorräder und Fahrräder, sowie über alle anderen wertvollen Gegenstände. Notieren Sie sich die Herstellerfirma, die Seriennummern und weitere Eigenschaften der Gegenstände, etwa entsprechend der Liste auf Seite 69, die im Eventualfall der Polizei Hinweise zur Identifizierung geben könnte, wenn die Gegenstände gestohlen wurden. Eine weitere Identifizierungsmöglichkeit besteht in einer dauerhaften Markierung mit Hilfe eines elektrischen Metallmarkierungsgeräts, das man im Do-it-yourself-Handel als Handgraviergerät (Mini-Bohrer) bekommt. Wenn Sie damit z. B. die Nummer Ihres Personalausweises oder die Nummer Ihrer Sozialversicherung oder die Ihres Führerscheins an Ihren Geräten anbringen, dann läßt sich gestohlene Ware sehr leicht identifizieren und macht es somit eventuellen Dieben schwerer, das Diebesgut zu veräußern. Außerdem lassen sich Gegenstände, die auf diese Weise gekennzeichnet sind, vor Gericht eindeutig als Ihr Eigentum identifizieren.

Zusätzlich zur Markierung Ihrer Wertgegenstände empfehlen wir Ihnen, diese zu fotografieren. Machen Sie nach Möglichkeit Großaufnahmen in Farbe. Bewahren Sie die Aufnahmen in einem Safe oder an einer anderen feuersicheren Stelle auf. Eventuell nimmt Ihre Versicherungsgesellschaft diese Aufnahmen auch in Aufbewahrung.

Babysitter muß man gut kennen

Wenn Sie für Ihre Kinder einen Babysitter brauchen, vergewissern Sie sich zuvor, ob es sich um eine verantwortungsbewußte Person handelt. Es ist immer wieder erstaunlich festzustellen, daß sonst fürsorgliche Eltern ihren wertvollsten Besitz, ihre Kinder nämlich, wildfremden Leuten überlassen. Nehmen Sie nie einen Babysitter, der seine Dienste in einem Zeitungsinserat anbietet oder am »Schwarzen Brett« im Einkaufszentrum. Ziehen Sie zuerst Erkundigungen über die betreffende Person ein, bevor Sie sie engagieren. Wenn Sie keinen Babysitter finden, über den Sie Referenzen einholen können, wenden Sie sich an eine entsprechende Agentur mit gutem Ruf. Wenn der Babysitter der Agentur bei Ihnen eintrifft, lassen Sie sich zuerst seine Ausweispapiere zeigen. Informieren Sie Ihren Babysitter dann genauso sorgfältig über Sicherheitsvorkehrungen wie über Kinderpflege.

Schrecken Sie Einbrecher ab

Eine Maßnahme, Einbrechern die Lust an ihrem Geschäft zu vergällen, besteht darin, um Ihr Haus oder Ihre Wohnung herum die Außenbeleuchtung nachts brennen zu lassen, vor allem in Treppenhäusern, engen und abgelegenen Straßen und an unübersichtlichen Zugängen. Wir sind uns wohl bewußt, daß wir mit diesem Vorschlag in Widerspruch geraten zu den für unser Land so notwendigen Bestrebungen, Energie zu sparen, Bestrebungen, die auch in den Medien stark vertreten werden. Trotzdem kann die Ausgabe von Pfennigbeträgen höchsten Gewinn bedeuten, dann nämlich, wenn die Beleuchtung des Eingangsbereichs sich als lebensrettende Maßnahme erweist. Vor einigen Jahren startete die Polizei von Los Angeles eine Informationskampagne über die Sicherheitsvorteile von nächtlicher Beleuchtung sowohl der Wohnung als auch des Eingangsbereichs. Die Kampagne basierte auf Informationen, die die Polizei auf Befragen von Einbrechern nach ihren »Arbeits«-Gewohnheiten erhielt.

Zur Wahrung ungestörter Intimsphäre können Sie auch dadurch beitragen, daß Sie abends Vorhänge zuziehen und Rollos herunterlassen. Wenn ein potentieller Einbrecher nämlich durch das Fenster sieht, daß Sie allein sind, könnte er dadurch zum Einbruch ermuntert werden.

Wenn Sie allein sind, gibt es verschiedene Möglichkeiten, wie Sie die Anwesenheit von Gesellschaft vortäuschen können. Lassen Sie beispielsweise in einem anderen Bereich des Hauses ein Radio- oder Fernsehgerät laufen, lassen Sie in mehreren Räumen Licht brennen. Wenn Sie seltsame Geräusche hören, dann sprechen Sie laut mit einem imaginären Partner. Wir wissen, daß das ein guter Rat ist, nachdem wir kürzlich eine ehemalige Kursteilnehmerin bei einem »Klassentreffen« sprachen. Sie bedankte sich bei uns für den Kurs und berichtete, wie nützlich in ihrem speziellen Fall die Vorlesungen über Sicherheitsvorkehrungen gewesen sind. Eines Abends – sie verfolgte gerade ein Fernsehprogramm – hörte sie außerhalb ihres Innenhofs ein Geräusch. Sie dachte sofort an unseren Rat, erfand drei imaginäre Freunde und sagte laut und deutlich, »Rocky, Vince, Sal, ich hörte gerade ein Geräusch im Garten. Würdet Ihr Jungs vielleicht mal schnell

51

für mich nachschauen gehen?« Sekunden später hörte sie, wie jemand durch den Garten hindurch auf die Straße rannte und verschwand.

Wenn Sie nicht zuhause sind, sorgen Sie dafür, daß es so aussieht, als ob jemand zuhause wäre, indem Sie Licht brennen und das Radio laufen lassen. Ihr sicheres Gefühl wird die Stromrechnung dafür leicht aufwiegen.

Kooperieren Sie mit Einbrechern

Was können Sie Vernünftiges tun, wenn Sie sich plötzlich einem Einbrecher gegenübersehen? Wir empfehlen dringend, ihm Ihre Mitarbeit anzubieten. Geben Sie ihm zu verstehen, daß Sie ihm alles geben wollen, was er will. Natürlich haben Sie Angst in dieser Situation, aber versuchen Sie sich klarzumachen, daß die meisten Einbrecher Ihnen nichts antun wollen, daß sie nur Ihr »Geld wollen und dann abhauen«. Ein professioneller Dieb hat kein Interesse daran, Ihnen etwas anzutun. Achten Sie auf bestimmte körperliche Eigenschaften oder Merkmale, beobachten Sie genau, wo er Fingerabdrücke hinterlassen könnte, wie er die Flucht ergriff. Einzelheiten darüber, wie Sie diese Beobachtungen machen und wiedergeben können, werden in den Kapiteln 6 und 9 diskutiert.

Versuchen Sie, bei einem Raub klaren Kopf zu behalten.

»Ist Marcy zuhause?«
»Nein, was willst Du von ihr?«
»Sag ihr, daß Jane kurz vorbeigekommen ist, um Guten Tag zu sagen, aber ich kann unmöglich warten.«

Mit diesen Worten flüchtete eine reaktionsschnelle Kursteilnehmerin von uns einmal aus ihrer Wohnung vor einem Fremden, der sich gewaltsam Zutritt verschafft hatte. Wenn sie einen Fremden in ihrer Wohnung entdekken, dann denken die meisten Frauen zuerst daran, ihre Wertgegenstände in Sicherheit zu bringen, anstatt sich selbst zu schützen. In diesem speziellen Fall hatte unsere Kursteilnehmerin erkannt, daß sie sich in Gefahr befand und trachtete nur danach, sich in Sicherheit zu bringen. Dabei wandte sie die zweite Strategie der Conroy-Methode an – sie vermied es, sich der Gefahr auszusetzen, indem sie nachdachte, ein Gespräch in Gang brachte und die Flucht ergriff.

Benachrichtigen Sie die Polizei, wenn Sie glauben, daß ungebetene Gäste in Ihrer Wohnung waren

Häufig berichten Frauen, sie hätten Grund zur Annahme, daß jemand in ihrer Abwesenheit ihre Wohnung oder ihr Haus betreten hat. So berichtete uns z. B. eine Sekretärin, daß ein eifersüchtiger Freund in Abständen ihre Wohnung durchwühlte. Eine Tänzerin gab an, daß ein früherer Mieter einen Wohnungsschlüssel besaß und immer wieder ihre Schallplattensammlung durcheinanderbrachte. Eine Stewardeß befand sich in einer noch unangenehmeren Situation: sie vermutete, daß ihr Vermieter regelmäßig in ihre Wohnung eindrang und ihre Unterwäsche durchstöberte. Sie wollte wissen, wie sie sich ihren Verdacht bestätigen lassen konnte. Wir rieten ihr, ein kleines Stück Papier zu nehmen, es mehrmals zu falten, bis es einen flachen Keil ergab, und diesen von außen ca. 3 cm vom Boden entfernt zwischen Türpfosten und geschlossene Tür zu stecken. Bei ihrer Rückkehr nach Hause konnte sie an der Position des Papierkeils erkennen, ob in ihrer Abwesenheit die Tür geöffnet worden war oder nicht. Wenn sie es nämlich auf dem Boden liegend vorfand, bedeutete das, daß jemand in ihrer Wohnung gewesen war. Die ganze Sache endete schließlich so, daß das unauffällige Stück Papier ihren Verdacht bestätigte und die Polizei den Vermieter in ihrem Schlafzimmer festnehmen konnte. Die Stewardeß zog in ein neues Apartment, der Vermieter kam in psychiatrische Behandlung und so hatte diese Angelegenheit ein gutes Ende genommen.

Haben Sie Vertrauen zur Polizei. Auch wenn Sie zögern und Ihrer Sache nicht ganz sicher sind, rufen Sie sie an, wenn Sie etwas Verdächtiges wahrnehmen. Es gibt mehrere Gründe, warum die Leute nur widerstrebend die Polizei rufen. Frauen fürchten z. B. oft, als dumm zu gelten, oder sie meinen, daß sich später einmal jemand an ihnen für die Information rächen könnte. Manchmal haben sie ganz einfach Angst davor, etwas mit der Polizei zu tun zu haben. Diese Art von Reaktionen ist eigentlich Selbstverteidigung, wenn man sie objektiv betrachtet. Wir müssen uns unser tiefes Vertrauen zur Polizei bewahren. Das kann man tun, indem man seine Hand ausstreckt und um Hilfe bittet. Die Polizei würde viel lieber mit der Verbrechensvorbeugung zu tun haben als Verbrechen aufzuklären.

Bereiten Sie Ihre Abwesenheit von zu Hause gründlich vor

Wenn Sie für längere Zeit von zu Hause weg sind, könnte sich ein »Haus-Sitter« als nützlich erweisen. Ein Verwandter, ein guter Freund oder ein

Student würden sich über den angebotenen Tapetenwechsel vielleicht freuen und die ungestörten Tage in anderer Umgebung genießen. Wenn Sie eine solche Vertrauensperson in Ihrem Verwandten- oder Bekanntenkreis haben, informieren Sie ihn oder sie über die nötigen Sicherheitsvorkehrungen, damit Sie Ihre Ferien entspannt genießen können in der Gewißheit, daß Sie Ihr Heim in guten Händen zurückgelassen haben. Wenn Sie Ihr Heim unbeaufsichtigt lassen müssen, dann treffen Sie die folgenden Maßnahmen, um den Eindruck zu erwecken, es sei bewohnt.

Melden Sie regelmäßige Zustelldienste ab. Ein täglich größer werdender Berg von Zeitungen vor Ihrer Haustür signalisiert in Leuchtschrift:»Niemand da, bedienen Sie sich«. Der Briefträger, der Milchmann, der Zustelldienst der chemischen Reinigung, kurz alle, die Ihnen regelmäßig etwas zustellen, müssen informiert werden, die Zustellungen einzustellen. Sagen Sie dabei nicht, daß Sie die Stadt verlassen und nennen Sie auch nicht den genauen Termin, an dem Sie die Zustelldienste wieder aufnehmen sollen. Das könnten schon Informationen für die falschen Ohren sein.

Erkundigen Sie sich bei der örtlichen Polizeidienststelle, welche Maßnahmen Sie noch ergreifen können. In einigen Villengegenden unterhält die Polizei ein präventives Ferienprogramm, bei dem leerstehende Häuser besonders bewacht, bzw. von Streifenwagen kontrolliert werden.

Bestellen Sie den Ferien-Telefondienst. In einigen Gegenden übernehmen private Telefondienste oder ein Dienst der Post den Empfang der an Sie gerichteten Anrufe. Ihre Telefongesellschaft wird diesen Ferienservice gerne übernehmen. Schalten Sie Ihr Telefon nie aus, denn diese falsche Sparmaßnahme kann leicht darauf hinweisen, daß Sie nicht da sind.

Lassen Sie Gartenarbeiten machen. Um den Eindruck weiter zu verstärken, Sie seien zu Hause, ist es notwendig, daß Sie Routinearbeiten wie Rasenmähen und Heckenscheren machen lassen. Sorgen Sie dafür, daß jemand den Rasensprinkler anstellt, wenn es notwendig ist, und ausgebrannte Glühbirnen bei Ihrer Außenbeleuchtung auswechselt.

Installieren Sie eine Beleuchtungs-Einschaltautomatik. Wenn Sie verheimlichen wollen, daß Sie nicht zu Hause sind, dann müssen Sie schlauer vorgehen als nur die Verandabeleuchtung einzuschalten. Testen Sie bei Ihrem nächsten Abendspaziergang in Ihrer näheren Umgebung einmal, welche Familien zu Hause und welche ausgegangen sind und die Verandabeleuchtung angelassen haben. Sie können den Eindruck erwecken, zu Hause zu sein, wenn Sie sich eine elektrische oder mittels Zeitschaltuhr funktionierende Einschaltautomatik zulegen, die die Hausbeleuchtung automatisch ein- und ausschaltet. Diese Systeme gibt es in Elektro- oder Eisenwarengeschäften zu weniger als DM 100,–. Lassen Sie Ihre Vorhänge zugezogen und die Rollos heruntergelassen.

Informieren Sie einen Nachbarn. Als letzte Vorsichtsmaßnahme empfehlen wir, einen vertrauenswürdigen Nachbarn über ihre Ferienpläne zu informieren. Sagen Sie ihm, daß Sie die Polizei über Ihre Abwesenheit in Kenntnis gesetzt haben und bitten Sie ihn, daß er die Polizei informiert, wenn er auf Ihrem Grundstück oder an Ihrem Haus ungewöhnliche Wahrnehmungen macht.

Vorkehrungen im Zusammenhang mit dem Telefon

Treffen Sie Vorkehrungen für Notfälle. Ein Telefon kann in vielen Notfällen Ihre Rettung bedeuten. Wie mit allen Vorsichtsmaßregeln liegt der Schlüssel zum Erfolg im Vorausplanen. Die folgenden Sicherheitsmaßnahmen sind wichtig.

☐ Kleben Sie zwei Zehnpfennigstücke (den Betrag für ein Telefongespräch) mit einem Tesa-Band an eine geeignete Stelle in jedes Ihrer Portemonnaies bzw. in jede Ihrer Handtaschen. Damit sind Sie für Notfälle gerüstet, in denen nur ein Münzfernsprecher erreichbar ist.

☐ Haben Sie stets eine Liste mit Notrufnummern von Polizei, Rettungsdienst, Erster Hilfe, Feuerwehr und Ihrem Hausarzt sowohl in Ihrer Handtasche als auch in der Nähe Ihres Telefons.

☐ Um größtmögliche Sicherheitsvorsorge zu treffen, können Sie einen separaten Telefonanschluß zusätzlich zu Ihrem normalen Telefon anfordern. Die Nummer dieses separaten Anschlusses steht in keinem Telefonbuch und ist nur Ihnen bekannt bzw. dem Kreis, dem Sie selbst diese Nummer mitteilen. Diese Zusatzeinrichtung ist zwar recht teuer, aber sie bietet eine Reihe von Vorteilen. Zum Beispiel sind die meisten Einbrecher so clever, den Hörer von der Gabel zu nehmen und damit die normalen Nebenanschlüsse zu blockieren.

☐ Wenn ein Notfall eintritt und Sie nicht in der Lage sind, selbst direkt einen Hilfsdienst anzuwählen, wenden Sie sich an die Telefonistin. Sie ist geschult, Hilfe zu leisten. Wenn Sie einen Notruf tätigen, geben Sie langsam und deutlich folgende Informationen: (1) Ihren Namen, (2) die Telefonnummer und Adresse, von wo Sie anrufen, (3) schildern Sie die Art des Notfalls und (4) geben Sie an, welche Art von Hilfe Sie zu benötigen meinen. Beenden Sie das Gespräch nicht, bevor Sie nicht alle diese Angaben gemacht haben.

Wie Sie mit obszönen Anrufern fertig werden. Ihr Telefon kann durchaus auch eine Gefahrenquelle sein. Obszöne Anrufe sind nicht nur lästig, sie können auch Gefahr bedeuten. Meist sind diese Anrufer sexuell abartig veranlagt oder es handelt sich um Jugendliche, die Erlebnisse aus zweiter Hand suchen. Sexuell abartig veranlagte Menschen sind krank und leben ihre sexuelle Phantasie so aus, daß sie mit unsichtbaren Fauen über dieses Thema sprechen. Manchmal hat die Krankheit aber einen Grad erreicht, wo ein Telefongespräch nicht mehr genügt. Dann versuchen die Anrufer herauszufinden, mit wem sie gesprochen haben. Die kleinste positive Reaktion ihrerseits ermutigt diese Leute schon. Deshalb raten wir dringend, bei einem solchen Anrufer sofort den Hörer aufzulegen. Wenn diese obszönen Anrufe sich wiederholen, versuchen Sie es mit einer der folgenden Taktiken:

☐ Kratzen Sie mit dem Fingernagel oder einem Bleistift über das Mundstück. Das klingt, als ob die Telefonleitung angezapft ist und das Gespräch aufgezeichnet wird. In dem Moment, in dem Sie über das Mundstück kratzen, sagen Sie, »Kommissar, ich habe hier gerade diesen perversen Mensch am Apparat, der mich dauernd anruft. Jetzt können Sie seinen Anschluß ausfindig machen.« Legen Sie dann sofort den Hörer auf und informieren Sie Ihre Telefongesellschaft.

☐ Deponieren Sie eine Polizei- oder Sportlehrerpfeife in der Nähe Ihres Telefons. In dem Moment, in dem Sie feststellen, daß Ihr lästiger Anrufer wieder am Telefon ist, pfeifen Sie direkt in das Mundstück hinein. Sobald Ihre Leitung wieder frei ist, informieren Sie Ihre Telefongesellschaft und die Polizei, denn jemand, der solche obszönen Telefongespräche inszeniert, ist ein Verbrecher.

Wenn diese Taktiken nicht den gewünschten Erfolg haben, lassen Sie Ihre Nummer in eine Geheimnummer ändern.

Schützen Sie Ihre Privatsphäre. Um ständige Telefonprobleme zu beenden, empfehlen wir Ihnen nachfolgend einige Methoden, mit deren Hilfe Sie Ihre Privatsphäre wahren können:

☐ Lassen Sie sich eine Geheimnummer geben.

Wenn sie aber im öffentlichen Telefonbuch eingetragen sein müssen, dann lassen Sie von Ihrer Telefongesellschaft nur die Anfangsbuchstaben Ihres ersten und zweiten Vornamens eintragen, so daß aus dem Telefonbuch nicht ersichtlich ist, daß Sie eine allein lebende Frau sind. Fordern Sie Ihre Telefongesellschaft auf, Ihre Adresse aus dem Telefonbuch zu streichen. Je weniger man über Sie weiß, desto sicherer sind Sie. Viele Frauen lassen deshalb nur ihre Anfangsbuchstaben ins Telefonbuch eintragen, aber die besagten Anrufer können daraus trotzdem oft auf »Frauen-Nummern« schließen. Hier besteht nur der Vorteil, daß der Anrufer die Frau nicht mit ihrem Vornamen anreden kann.

☐ Lassen Sie einen Anrufer nie wissen, daß Sie allein sind. Zum Beispiel kann jemand Unbekanntes ein Mädchen nach seinem Vater oder seiner Mutter fragen. In einem solchen Fall soll sie sagen, daß ihre Eltern im Augenblick nicht zum Telefon kommen können; sie soll den Anrufer um seinen Namen und seine Telefonnummer bitten und sagen, daß die Eltern umgehend zurückrufen werden.

☐ Wenn sich jemand verwählt und bei Ihnen landet, dann sagen Sie dem Anrufer Ihre Nummer nicht. Fragen Sie statt dessen, welche Nummer der Anrufer gewählt hat und legen Sie dann mit den Worten auf, »da haben Sie die falsche Nummer erwischt«.

☐ Das einfachste und sicherste Mittel zur Abwehr von Telefonterror und obszönen Anrufern aber ist und bleibt ein Anrufbeantworter. Diese Ton-bandmaschinen sind in der Preisklasse von DM 750,– bis 2000,– erhältlich und damit nicht gerade billig – aber sie schonen ganz erheblich Ihr Nerven-kostüm.

☐ Wenn Sie eine Annonce aufgeben und Ihre Telefonnummer angeben müssen, vermeiden Sie, Ihren Vornamen und Ihre Anschrift zu nennen und nähere Angaben zu Ihrer Person zu machen wie »Frau« oder »Fräulein«. Je weniger Ihre Anzeige auf eine Frau schließen läßt, desto größer ist Ihre Sicherheit.

Tips für die Benutzung von Fahrstühlen

Ein Fahrstuhl ist für Sie nützlich und bequem. Für einen möglichen Räuber oder Sexualtäter ist er ein Käfig, in dem sein Opfer gefangen ist. Ein Fahrstuhl kann zur Falle werden, weil er zwischen den einzelnen Stockwerken leicht angehalten werden kann, weil er praktisch keine Möglichkeit zur Flucht läßt und so gut wie schalldicht ist. Wenn man sich dieser Tatsachen bewußt ist, darf man einen Fahrstuhl nur unter Beachtung der folgenden Vorsichtsmaßregeln betreten.

☐ Betreten Sie nie einen Fahrstuhl, in dem sich eine verdächtig aussehende Person befindet. In diesem Fall wartet man besser auf den nächsten Fahrstuhl. Wenn eine verdächtig aussehende Person den Fahrstuhl nach Ihnen betritt, steigen Sie aus und warten Sie.

☐ Bevor Sie einen Fahrstuhl betreten, vergewissern Sie sich, daß die Richtungsanzeige Ihre Richtung anzeigt. Es ist sicherer, auf den nächsten Fahrstuhl zu warten als bis in die höchste oder tiefste Etage zu fahren, weil erfahrungsgemäß hier die Angreifer auf ihre Opfer warten. Wenn Sie mit einem Fremden im Fahrstuhl sind, versuchen Sie, sich in die Nähe der Bedienungsknöpfe zu stellen. Sollte es zu Belästigungen kommen, können Sie schnell den Alarmknopf betätigen oder auf den Knopf für das nächste Stockwerk drücken, um sofort den Fahrstuhl zu verlassen.

☐ Wenn eine verdächtig aussehende Person in Ihrem Zielstockwerk herumlungert, dann sollten Sie den Fahrstuhl nicht verlassen.

Vorsichtsmaßnahmen im Zusammenhang mit Ihrem Auto

Im Zusammenhang mit Ihrem Wagen sollten Sie sich zur Wahrung Ihrer persönlichen Sicherheit ein ganzes Strategiepaket zulegen, denn genauso wichtig wie gutes Fahrvermögen ist die Beachtung folgender Sicherheitsmaßregeln.

☐ Achten Sie darauf, daß Ihr Wagen stets fahrtüchtig ist. Tanken Sie spätestens dann nach, wenn Ihr Benzintank 1/4 voll ist. Machen Sie es sich zur Gewohnheit, beim Tanken immer nach dem Öl, dem Wasser, der Batterie, dem Keilriemen, der Scheibenwaschanlage und dem Reifendruck schauen zu lassen. Diese Vorsichtsmaßnahmen kosten den Tankwart nur einige Minuten, aber sie können Ihnen stundenlange Verzögerungen im Falle einer Panne ersparen und Sie vor möglichen Gefahren schützen.

☐ Lernen Sie, wie man Reifen wechselt. Meiden Sie abgelegene und einsame Straßen. Nehmen Sie eine etwas längere Fahrzeit in Kauf, wenn Sie dafür auf einer vielbefahrenen Autobahn oder Hauptstraße bleiben können.

☐ Wenn Sie allein im Auto sitzen, verriegeln Sie die Türen und drehen Sie die Fenster hoch. Regulieren Sie die Temperatur statt dessen mit der Lüftungsanlage. Wenn ein Fenster offen bleiben muß, dann öffnen Sie das neben Ihnen, damit Sie es wenn nötig rasch hochdrehen können. Wenn Sie ein Cabriolet fahren, lassen Sie das Verdeck geschlossen, wenn Sie allein im Auto sind.

☐ Fahren Sie nie per Anhalter und lassen Sie Fremde nie bei Ihnen mitfahren. Eine junge Frau, die mit erhobenem Daumen an der Straßenecke steht, gilt als Vergewaltigungsopfer. Als Anhalterin können Sie sich gleich ein Schild um den Hals hängen mit der Aufschrift »Zum Angriff freigegeben« und Sie müssen sich der Tatsache bewußt sein, daß Sie in den Augen gewisser Leute gewissermaßen Freiwild sind. Darüber hinaus ist es für eine Frau so gut wie unmöglich, ein Schwurgericht davon zu überzeugen, daß sie vergewaltigt worden ist, wenn sie als Anhalterin zu einem fremden Mann ins Auto steigt. Viele Kursteilnehmerinnen erklärten uns, daß sie sich beim Trampen sicher fühlen, wenn sie zu einer Frau ins Auto steigen. Das ist eine naive Annahme. Wir müssen hier auch ziemlich brutal Illusionen zerstören und klarmachen, daß es immer gefährlich ist, zu Fremden ins Auto zu steigen, gleichgültig, ob es sich um einen Mann oder eine Frau handelt, die das Mitfahrangebot machen. Frauen greifen nämlich durchaus auch Frauen an. Außerdem könnte sich in einem von einer Frau gesteuerten Wagen ein Mann verstecken. Männer können sich als Frau verkleiden und laden Frauen zum Mitfahren ein. Wir sprechen mit dieser Warnung ebenso die Autofahrer an: nehmen Sie grundsätzlich nie einen Anhalter mit. So mancher biedere Anhalter hat sich schon als Verbrecher entpuppt und die Gutmütigkeit der Frau ausgenutzt, die ihn mitgenommen hat. Wir sind gegen jede Form des Trampens.

☐ Wenn Sie jemand im Wagen verfolgt, fahren Sie besonnen weiter, ohne dabei die Geschwindigkeit zu erhöhen. Versuchen Sie nicht, Ihren Verfolger abzuhängen, denn bei einem solchen Manöver können Sie und Ihr Wagen leicht auf der Strecke bleiben. Ein Angreifer, der sein Opfer im Wagen jagt, kann entweder ein besonders routinierter Fahrer sein oder er fährt gewagt, weil er unter dem Einfluß von Alkohol oder Drogen stehen kann. Für beide Fälle aber gilt die Warnung, Ihren Verfolger nicht austricksen zu wollen. Hupen Sie statt dessen, um Aufmerksamkeit zu erregen und fahren Sie die nächste Polizeistation oder eine gut beleuchtete Tankstelle an.

☐ Wenn Sie an einem Autofahrer vorbeikommen, der ganz offensichtlich einen Schaden an seinem Wagen hat, dann seien Sie hilfsbereit, indem Sie nicht anhalten, auch wenn es sich bei dem Pechvogel um eine Frau handelt. Erweisen Sie dem oder der Fremden und sich selbst einen Dienst, indem Sie am nächsten Telefon halten und den ADAC oder einen anderen Straßenhilfsdienst informieren. Das klingt nach einem grausamen, herzlosen Rat, aber die Polizeiakten sind voll mit Beispielen, wie gute Samariter von gespielt »liegengebliebenen« Autofahrern ausgeraubt und mißbraucht worden sind.

☐ Schließen Sie Ihre Autotüren grundsätzlich immer ab, auch wenn Sie Ihren Wagen nur für einen kurzen Augenblick verlassen. Wenn Sie feststellen, daß jemand an Ihren Schlössern herumexperimentiert hat oder daß in

Ihren Wagen eingebrochen worden ist, müssen Sie das unbedingt der Polizeit melden. Lassen Sie keine Wertsachen im Wagen liegen. Sind Sie doch einmal dazu gezwungen, dann legen Sie sie in den Kofferraum oder verstecken Sie sie so unter dem Sitz, daß man sie von außen nicht sieht.

☐ Wenn Sie abends in der Nähe Ihres Bestimmungsortes nicht parken können, versuchen Sie einen Parkplatz zu finden oder ein gut beleuchtetes Areal. Wenn Sie zu Ihrem Auto zurückkehren, vergewissern Sie sich, daß Ihnen niemand folgt. Halten Sie Ihre Autoschlüssel immer griffbereit. Vergewissern Sie sich weiterhin, daß sich niemand auf dem Rücksitz versteckt, steigen Sie schnell ein und schließen Sie sofort die Tür ab.

☐ Halten Sie nie in Gegenden zum Tanken an oder um nach dem Weg zu fragen, die Ihnen suspekt erscheinen.

☐ Manche Leute bewahren ihre Auto-Ersatzschlüssel in einem magnetischen Kästchen unter der Stoßstange oder unter der Motorhaube ihres Wagens auf. Weder wir noch die Versicherungsgesellschaften können diesen Aufbewahrungsort gutheißen. Wenn Sie Angst haben, Ihre Schlüssel zu verlieren, dann deponieren Sie sie besser zu Hause, im Geschäft oder bei einem Freund oder einer Freundin.

☐ Wenn Sie mit Ihrem Wagen auf einer vielbefahrenen Autobahn oder Landstraße »stranden«, schalten Sie Ihre Warnblinkanlage ein, binden Sie ein weißes Taschentuch an die Antenne, stellen Sie Ihre Motorhaube auf, setzen Sie sich in den Wagen, verschließen Sie die Türen und warten Sie auf Hilfe. Im Ortsverkehr empfehlen wir, wenn sich die Panne in Sichtweite eines Telefons oder einer Tankstelle ereignet, die Warnblinkanlage einzuschalten, ein weißes Taschentuch an die Antenne zu knoten, den Wagen abzuschließen und den Fußmarsch auf der linken Straßenseite bzw. dem linken Gehweg anzutreten. Auf diese Weise kommt Ihnen der Verkehr entgegen und das ist ein weiterer Sicherheitsaspekt. Die Erfahrung hat gezeigt, daß es bei einer Panne in einer einsamen Gegend oder in einem Sturm sicherer ist, wenn man im Auto bleibt. Öffnen Sie die Fenster einen Spalt breit, damit Sie frische Luft haben und lassen Sie den Motor nur dann in Abständen an, wenn Sie es kalt haben. Wenn ein Fremder oder eine Fremde anhalten, lehnen Sie das Mitfahrangebot ab. Diese Art der Mitfahrgelegenheit hat sich als ebenso gefährlich erwiesen wie das Fahren per Anhalter. Kurbeln Sie statt dessen Ihr Fenster einige Zentimeter herunter, geben Sie dem Fremden Kleingeld für einen Telefonanruf und bitten Sie ihn, der Polizei oder einer nahegelegenen Autowerkstatt von Ihrer mißlichen Lage Mitteilung zu machen. Bleiben Sie dabei in Ihrem Wagen sitzen. Hier das traurige Beispiel eines jungen Mädchens, das in Los Angeles diesen Rat nicht befolgte. Ein Autobahn-Streifenwagenbeamter, der in der

Gegenrichtung fuhr, sah sie an ihrem Auto stehen. Ein anderer Autofahrer berichtete, daß er sah, wie sie in einen Wagen stieg, der angehalten hatte, offensichtlich, um Hilfe anzubieten. Die junge Dame ist seitdem spurlos verschwunden, obwohl sich der Vorfall vor mehr als drei Jahren ereignete.

☐ Wir empfehlen, daß sich jede Frau eine Abschrift ihrer Autonummer ins Portemonnaie legt. Sollte ihr Wagen einmal gestohlen werden, kann sie der Polizei die exakte Nummer vorlegen. Es ist nämlich erstaunlich, wie viele Menschen ihre eigene Autonummer nicht kennen.

Öffentliche Verkehrsmittel

Flugzeug. Flugzeugentführungen haben dazu geführt, daß inzwischen routinemäßig Fluggäste und Gepäck kontrolliert werden. Diese Kontrollen sind notwendig und rechtfertigen die Belästigung, die sie manchmal darstellen. Um den Boarding-Vorgang zu beschleunigen, sollte man soviel Gepäck wie möglich aufgeben. Nehmen Sie nur Gegenstände mit an Bord, die sich im Falle einer Inspektion leicht öffnen lassen. Sollte es zu einer Flugzeugentführung kommen, dann denken Sie daran, daß die Besatzung auf solche unvorhergesehenen Ereignisse vorbereitet und trainiert ist. Verlassen Sie sich deshalb auf ihre Anweisungen und folgen Sie ihren Instruktionen unbedingt. Versuchen Sie nicht, zur Heldin zu werden.

Zug, Bus und Untergrundbahn. Haltestellen für öffentliche Verkehrsmittel gehören zu den Gegenden, die Angreifer auf der Suche nach möglichen Opfern bevorzugen. Tun Sie etwas für Ihre Sicherheit, indem Sie sich im voraus über Abfahrtszeiten, genaue Fahrpläne und mögliche Verspätungen informieren. Durch sorgfältiges Vorausplanen können Sie lange Wartezeiten in diesen potentiellen Gefahrenzonen vermeiden. Wenn Sie an Haltestellen oder auf Bahnhöfen warten müssen, dann halten Sie sich in bevölkerten Bereichen auf wie beim Fahrkartenschalter oder am Stand für Erfrischungen, wo man Angestellte in Dienstkleidung im Blickfeld hat. Sie dürfen auf einem Bahnhof niemals einschlafen. Wenn Sie Zug, Bus oder Untergrundbahn bestiegen haben, suchen Sie sich einen Platz in der Nähe des Fahrers oder Schaffners. Sollte Ihnen während der Fahrt etwas zustoßen, erhalten Sie an einem solchen Platz schnelle Hilfe. Wenn sich ein Fahrgast ungewöhnlich oder auffallend verhält, so melden Sie das dem Fahrer oder Aufsichtspersonal. Wenn eine verdächtig aussehende Person Sie ständig beobachtet und Sie wissen, daß Ihre Haltestelle in einer einsamen Gegend liegt, steigen Sie nicht aus.

Taxi. Wenn Sie ein Taxi besteigen, prägen Sie sich die Ausweiskarte und die entsprechende Registriernummer des Fahrers ein. Sprechen Sie ihn mit seinem Namen an. Das könnte eine ehrliche Abrechnung der Fahrt bewirken. Vergewissern Sie sich, daß er Ihren Ortsangaben folgt. Vergewaltigungsopfer haben berichtet, daß Taxifahrer mit ihnen in abgelegene Gegenden gefahren sind und daß sie erst kurz bevor diese über sie herfielen bemerkten, daß sie gar nicht an ihren Bestimmungsort chauffiert wurden. Eine weitere nützliche Empfehlung: bitten Sie den Fahrer zu warten, bis Sie Ihre Haustür sicher erreicht haben. Wir haben noch nie gehört, daß ein Fahrer nicht gerne auf diese Bitte eingegangen ist.

Reisetips

Mehr und mehr Frauen begeben sich heute allein auf Geschäfts- und Vergnügungsreisen. Wir möchten Ihnen Ratschläge geben, wie Sie sich unterwegs und in fremden Städten wohler und sicherer fühlen.

Planen Sie Ihre Reise sorgfältig. Planen Sie Ihre Reise so frühzeitig wie möglich. Schalten Sie ein Reisebüro ein oder machen Sie Gebrauch von einer Vorausreservierung, wie sie von Hotelketten angeboten wird, damit Sie wissen, daß Sie sicher untergebracht sind. Wenn Sie abends ankommen, sorgen Sie für »garantierte Reservierung«, indem Sie im voraus bar oder über Ihre Kreditkarte bezahlen.

Einige Worte zum Packen. Wenn Sie beim Packen sind, denken Sie an die alte Regel »je weniger desto besser«. Es ist immer wieder erstaunlich, wie viele Menschen Geräte und Apparate zu brauchen meinen, Kleidungsstücke einpacken, die nicht der Jahreszeit entsprechen und sich mit unnötigem Gepäck belasten, damit sie nur ja für jede Situation gerüstet sind. Das meiste davon wird eher nicht gebraucht als gebraucht. Nehmen Sie so wenig Schmuck wie möglich mit auf die Reise. Nehmen Sie vor allen Dingen keine wertvollen Stücke mit oder solche, an denen Sie besonders hängen. Es kann viele Schlüssel zu Ihrem Hotelzimmer geben und Sie müssen davon ausgehen, daß nichts wirklich sicher ist, was Sie in Ihrem Zimmer zurücklassen. Wenn Sie Wertgegenstände mit auf die Reise nehmen müssen, deponieren Sie sie im Hotel- oder Motel-Safe.

Fahrten zu und von anderen Verkehrsmitteln. Der Transport von und zum Flugplatz, Bahnhof, Omnibusbahnhof oder nach Hause kann problematisch werden. Wenn Sie selbst im Wagen fahren, parken Sie so, daß Sie lange Fußmärsche durch Garagen oder über offene Parkplätze vermeiden. Schließen Sie Ihren Wagen stets ab und stellen Sie ihn nach Möglichkeit in einem gut beleuchteten Bereich ab. Lassen Sie keine Wertgegenstände sichtbar im Auto liegen. Vermeiden Sie den Weg durch dicht geparkte Autoreihen, wo Sie Überfällen leichter ausgesetzt sind. Gehen Sie zügig durch gut beleuchtete Bereiche. Halten Sie dabei Ihre Handtasche unter den Arm geklemmt und Ihr Handgepäck dicht am Körper. Prägen Sie sich die Menschen um Sie herum ein. Wenn sie zum Parkplatz zurückkehren, weisen Sie sich vielleicht dem Parkplatzwächter gegenüber aus und bitten Sie ihn, die Polizei anzurufen, wenn Sie nach geraumer Zeit nicht aus dem Parkplatz herausgefahren sind.

Gepäckkennzeichnung. Es ist Vorschrift, daß alle Gepäckstücke im Flugzeug gut sichtbar Name und Adresse des jeweiligen Besitzers tragen müssen. Wir empfehlen, nicht Ihre Privatadresse anzugeben, weil bekannt ist, daß Verbrecher auf diese Weise in Erfahrung bringen, wo gerade eine Wohnung oder ein Haus verwaist steht, weil die Bewohner auf Reisen sind. Es ist besser, Sie geben Ihre Büroadresse oder die Ihres Reisebüros an.

Die Bekanntschaft mit Fremden. Es ist ganz natürlich, daß man auf Reisen mit Fremden ein Gespräch beginnt. Erwähnen Sie bei solchen Unterhaltungen nicht, daß Sie allein reisen, sagen Sie nicht, in welchem Hotel Sie abgestiegen sind und für wie lange Sie verreisen. Wenn Sie Ihre neue Bekanntschaft später wiedersehen wollen, verlangen Sie ihre oder seine Telefonnummer und Adresse. Lassen Sie sich nicht beirren, wenn man Sie als übervorsichtig belächelt. Wenn Sie Ihre neue Bekannte/Ihren neuen Bekannten später am Telefon sprechen, verabreden Sie sich irgendwo, wo andere Menschen um Sie herum sind. Setzen Sie sich nie unnötiger Gefahr aus, indem Sie sich in einem Hotelzimmer oder in einer fremden Wohnung treffen.

Wenn Alkohol – wie im Flugzeug – angeboten wird, trinken Sie nicht mehr, als Sie normalerweise vertragen.

Ihr Hotel

☐ Buchen Sie Ihr Zimmer in einem angesehenen Hotel oder Motel. Das Gefühl der Geborgenheit muß Ihnen den etwas höheren Zimmerpreis wert sein. Geben Sie bei der Reservation Ihren Familiennamen an, von Ihrem oder Ihren Vornamen aber nur den ersten Buchstaben. Sie können Ihr Hotelzimmer auf verschiedene Arten sicherer machen. Stellen Sie Ihr

Fernsehgerät an, bevor Sie Ihr Zimmer verlassen. Machen Sie dazuhin im Badezimmer Licht und lassen Sie die Badezimmertür halb offen. Hängen Sie dazu ein Schild mit »Bitte nicht stören« außen an Ihre geschlossene Zimmertür. Das ist eine wirkungsvolle Methode, Einbrecher fernzuhalten.

☐ Erkundigen Sie sich am Empfang oder bei einem Polizeibeamten, welche Stadtteile als sicher gelten und welche Transportmittel zu empfehlen sind.

☐ Wenn Sie zu Ihrem Hotelzimmer zurückkehren, schauen Sie hinein, bevor Sie es betreten. Bevor Sie sich schlafen legen, verriegeln Sie alle Schlösser und rücken Sie einen Stuhl an die Tür. Sollte dann jemand versuchen, in Ihr Zimmer einzudringen, wird der umstürzende Stuhl Sie aufwecken. Vergessen Sie nicht, daß zahlreiche Menschen über Schlüssel zu Ihrem Zimmer verfügen. Ein New Yorker Hotel hat beispielsweise nur 1500 Zimmer, aber jährlich gehen dort 10 000 Schlüssel verloren. Manche werden als Souvenir mitgenommen, manche aus Vergeßlichkeit, manche aber auch von Verbrechern.

☐ Wenn Sie Ihre Hotelzimmertür für jemanden öffnen, dann tun Sie das unter Beachtung der gleichen Vorsichtsmaßregeln wie zu Hause.

Hinterlassen Sie Ihre Reiseroute für den Notfall. Abschließend möchten wir Ihnen empfehlen, Ihre Reiseroute bei Freunden oder Verwandten für den Notfall zu hinterlassen. Melden Sie sich wenigstens alle zwei Tage telefonisch bei einer Vertrauensperson. Sollten Sie einer Entführung zum Opfer fallen, kann Ihr Verschwinden schneller gemeldet werden.

Vorsichtsmaßnahmen auf öffentlichen Plätzen und in öffentlichen Einrichtungen

Vorsicht auf der Straße! Verbrecher und Handtaschendiebe gehen ganz unverfroren in Fußgängerbereichen und an anderen öffentlichen Plätzen auf Frauen los. Hier eine Reihe von Taktiken, damit Sie nicht das Opfer eines Überfalls werden:

☐ Schreiten Sie zügig, selbstsicher und zielstrebig aus. Sollten Sie sich bedroht fühlen, imitieren Sie den Gang eines professionellen Fußballspielers. Wenn man den Eindruck erwecken kann, stark und kräftig zu sein, verringert sich nämlich die Gefahr, Opfer eines Überfalls zu werden. Halten Sie sich auf dem Gehweg immer in Randsteinnähe, damit die Distanz zu Hofeinfahrten und Türeingängen größer ist, wo mögliche Angreifer gerne herumlungern.

☐ Seien Sie genau über den Weg informiert, den Sie zu gehen haben. Informieren Sie sich vorher über die Richtung, die Sie einschlagen müssen und ziehen Sie notfalls den Stadtplan zu Rate, bevor Sie sich in eine unbekannte Gegend aufmachen.

☐ Wenn Sie verfolgt werden, kreuzen Sie die Straße in einem 90 ° Winkel. Verlieren Sie Ihren Verfolger nicht aus den Augen, bevor Sie sich in Sicherheit befinden. Wenn er Sie weiterverfolgt, schreien Sie »Feuer, Feuer« und fangen Sie an zu laufen. Wenn er die Verfolgung jetzt nicht abbricht, lassen Sie Ihr Portemonnaie oder Ihre Tasche fallen. Wenn das ohnehin sein Ziel gewesen ist, dann sind Sie daraufhin in Sicherheit.

☐ Wenn Sie bei Dunkelheit allein unterwegs sind und nicht schreien oder jemanden durch Gesten auf sich aufmerksam machen können, halten Sie ein Geräuschgerät in der Hand. Das beste Geräuschgerät ist zur Zeit eine Gasdrucksirene. Es gibt aber verschiedene Sirenentypen, die in Kaufhäusern und Haushaltswarengeschäften zu haben sind. Wenn Sie keine Sirene haben, benutzen Sie eine Trillerpfeife. Seien Sie sich aber klar darüber, daß es nicht leicht ist zu pfeifen, wenn man unter Streß steht.

☐ Auch wenn ein Hund viel Geld kostet und darüber hinaus ein Haustier ist, dem man viel Zeit widmen muß – er bietet doch einen gewissen Schutz: Sogar ein kleiner Hund kann einen Einbrecher oder Vergewaltigungstäter abschrecken, indem er bellt und Mitbewohner damit aufmerksam macht. Eine Frau, die mit einem großen Hund die Straße entlanggeht, ist besser gegen einen Überfall geschützt als eine Frau, die allein ist. Fremde wissen schließlich nicht, wie lieb oder bösartig Ihr vierbeiniger Liebling ist. Wir kennen beispielsweise eine Frau, die einen überängstlichen Windhund besitzt, der trotz beachtlicher Größe beim besten Willen nicht als Wachhund bezeichnet werden kann und den passenden Namen »Zuckerhase« trägt. Als sie auf der Straße einmal von einem Betrunkenen angepöbelt wurde und dieser anfing obszöne Bemerkungen zu machen, schrie sie laut »faß ihn« und der Betrunkene flüchtete sofort auf die andere Straßenseite.

☐ Natürlich möchte man immer hübsch und adrett aussehen. Wenn Sie nachts aber allein zu Fuß unterwegs sind, raten wir Ihnen dringend, so unauffällig wie möglich auszusehen. Ein Gang zur Schnellwäscherei, zur Apotheke oder zum Gemüsehändler um die Ecke sollte nicht als Vorwand dienen, den neuen Minirock auszuführen. Wenn Sie allein zu einer Verabredung unterwegs sind, bei der Sie gut gekleidet und zurechtgemacht sein müssen, verstecken Sie Ihre anspruchsvolle Garderobe unter einem unscheinbaren Mantel oder Umhang. Ein Kopftuch vervollständigt das nützliche Versteckspiel und läßt nicht auf eine interessante neue Frisur und auf schickes Make-up schließen.

□ Manchmal erweist sich der längste Weg als der kürzeste; dann nämlich, wenn zum Beispiel ein Häuserdurchgang einen Abkürzungsweg zu Ihrer Wohnung bietet. Hier können Sie in unbeleuchtete Bereiche geraten und sich so der Gefahr eines Angriffs aussetzen. Bleiben Sie in gut beleuchteten Bereichen. Dieser Ratschlag gilt auch, wenn Sie sich verfolgt fühlen. In diesem Fall sollten Sie zum Beispiel in der Mitte der Straße gehen oder mit dem Ruf »Feuer, Feuer« an einen Platz rennen, wo sich mehrere Menschen aufhalten. Rennen Sie nie in eine Hofeinfahrt, einen Häuserdurchgang oder in Richtung Ihrer eigenen Wohnung.

□ Wenn Sie Hilfe suchen, weil Sie jemand ständig verfolgt, benötigen Sie möglicherweise Beharrungsvermögen und Überzeugungskunst. Bei unseren Recherchen stießen wir auf den Fall einer Frau, die heftig verfolgt wurde und deshalb zu einem beleuchteten Haus rannte. Dort bat sie inständig, man möge die Polizei rufen. Der Hauseigentümer wollte nicht in diese Sache hineingezogen werden, verweigerte ihr seine Hilfe und verlangte, sie solle sein Grundstück verlassen. Ihr Gehirn reagierte blitzschnell, sie entschied sich, ihn in die Sache zu verwickeln. Sie griff nach einem Blumentopf und schleuderte ihn durch eines seiner Fenster. Natürlich holte er prompt die Polizei. Der Preis für ihre Sicherheit war aber wohl weit mehr wert als der Preis, den sie für das zertrümmerte Fenster bezahlte.

Vermeiden Sie Situationen, in denen Sie isoliert sind. Achten Sie darauf, daß Sie in Parks, Restaurants und Theatern nicht plötzlich allein und isoliert sind. Parks und Freizeiteinrichtungen ziehen ebenso Leute an, die sich entspannen wollen wie Kriminelle und abartig Veranlagte. Treffen Sie die folgenden Vorkehrungen, damit Ihnen unangenehme Begegnungen an öffentlichen Stellen erspart bleiben:

□ Nach Möglichkeit sollten Sie öffentliche Einrichtungen nicht allein besuchen, vor allem nach Einbruch der Dunkelheit nicht, denn eine einsame Frau ist für Verbrecher ein leichtes Ziel. Wenn Sie allein unterwegs sind, dann besuchen Sie angesehene gut besuchte Restaurants und Theater. Sorgen Sie für passende Kleidung.

□ Wenn sie allein ins Kino oder Konzert gehen, suchen Sie sich einen Platz in der Nähe einer Familie oder direkt neben dem Gang. Die letzten Reihen des Orchesterplatzes oder des Balkons sind grundsätzlich nicht zu empfehlen.

□ Vergewissern Sie sich, daß Ihnen niemand folgt, wenn Sie das Theater oder das Restaurant allein verlassen. Wenn Ihnen aber jemand folgt, gehen Sie wieder zurück und schauen Sie im Theater bzw. Restaurant nach Hilfe oder schließen Sie sich einer Menschengruppe an.

☐ Lassen Sie sich von Leuten, die Sie nicht kennen, nicht zum Essen oder zu einem Gläschen einladen.

☐ Wenn ein Fremder anbietet, Sie zu Ihrem Auto oder nach Hause zu begleiten, bedanken Sie sich für das Angebot und lehnen Sie es ab.

☐ Wenn ein Unbekannter Sie etwas fragt, geben Sie ihm im Weitergehen kurz Antwort. Wenn er sich mit der kurzen Antwort nicht zufriedengibt und weiterfragt, gehen Sie auf seine Fragen einfach nicht mehr ein. Vielleicht will er Sie mit den typischen Fangfragen testen wie »Können Sie mir eine Mark wechseln?« »Können Sie mir Feuer geben?« »Ich mache gerade eine Umfrage...« Nehmen Sie ihn einfach nicht zur Kenntnis und schauen Sie, daß Sie möglichst schnell in die Nähe von anderen Menschen kommen.

☐ Wenn Sie als Fußgänger von einem Mann aus einem Auto heraus etwas gefragt werden, nähern Sie sich unter keinen Umständen dem Auto, um den Fragenden besser zu verstehen. Geben Sie im Weitergehen kurz Auskunft. Sollte er dann weiter neben Ihnen herfahren, drehen Sie einfach um.

Meiden Sie Exhibitionisten! Es gibt eine besondere Form von sexuell-pathologischer Veranlagung, bei der ein Mann sowohl bewußt als auch unbewußt Befriedigung dabei empfindet, wenn er seine Genitalien Fremden zeigt. Menschen mit diesem perversen Verhalten nennt man gemeinhin Exhibitionisten. Diese Krankheit kann Männer aller Altersstufen treffen. Sie ist nicht auf einzelne Rassen beschränkt und auch nicht auf bestimmte soziale Schichten. Die betroffenen Männer sind derart von dem Drang besessen, sich öffentlich zu entblößen, daß sie es regelrecht vernunftwidrig an den unwahrscheinlichsten Orten tun. Wenn Sie plötzlich einem solchen Exhibitionisten gegenüberstehen, dann lachen Sie unter keinen Umständen und machen Sie auch keine abfälligen Bemerkungen wie »tut mir leid, aber ich habe keine Zeit, mich mit Ihren Problemen zu befassen«. Sagen Sie lieber nichts und lassen Sie sich Ihre Erregung oder Nervosität auch nicht anmerken. Wir raten Ihnen, zur Seite zu schauen und zügig eine Gegend anzusteuern, in der Sie Menschen vermuten. Melden Sie diesen Vorfall unverzüglich der Polizei.

Viele unserer Kursteilnehmerinnen meinten zum Thema Exhibitionisten, daß es sich hier doch um einen harmlosen Menschentyp handelt, der niemanden angreifen oder verletzen will. Daher wollten sie diese »armen Kranken« nicht der Polizei melden. Wir selbst kennen keine ernsthaften Untersuchungen, die solche Vorurteile stützen würden. Manche Exhibitionisten beginnen nur mit einer solchen Zurschaustellung, bevor sie zu einem ernsthafteren Angriff schreiten. Daher raten wir dringend, solche Vorfälle der Polizei zu melden.

Achten Sie auf Ihre Handtasche! Eine offene Handtasche macht Diebe. Die meisten Taschendiebe und Handtaschenräuber halten nach Frauen mit offenen Taschen Ausschau. Wenn sie eine entdeckt haben, dann haben sie meist leichtes Spiel. Sie können Dieben die Arbeit erschweren, indem Sie nur Handtaschen mit Reißverschluß oder Schnappschloß tragen. Oft genug verschwinden Handtaschen aus Einkaufswagen und von Ladentischen. Lassen Sie Ihre Tasche nie aus den Augen. Halten Sie sie dicht am Körper. Wenn Sie im Theater oder in einem öffentlichen Verkehrsmittel sitzen, ist es am besten, Sie halten Ihre Handtasche auf dem Schoß. Machen Sie in der Öffentlichkeit nie auf den Inhalt Ihres Portemonnaies aufmerksam.

Zusammenfassung

In diesem Kapitel haben wir Beispiele dafür angeführt, wie man sich mit potentiellen Gefahrenquellen in seiner normalen Umgebung und im normalen Tagesablauf auseinandersetzt. Dabei haben wir gleichzeitig Vorschläge entwickelt, wie man diese Gefahrenquellen ausschalten kann. Beziehen Sie diese Überlegungen nun selbst auf ihren persönlichen Lebensstil. Nur Sie können erkennen, welche Ihrer Lebensumstände potentielle Gefahren für Sie bergen – und nur Sie allein können diese Gefahren im Ansatz ersticken.

Aufstellung von Wertgegenständen

Autos, Motorräder, Motorroller, Fahrräder etc.

Fabrikat	Fabr. Nr.	Zulassungs Nr.	Farbe	Preis

Küchengeräte: Ofen, Geschirrspülmaschine, Küchenmaschine, Kühlschrank, Toaster etc.

Fabrikat	Fabr. Nr.	Registrier Nr.	Farbe	Preis

Radios, Fernsehgeräte, Stereoanlagen, Tonbandgeräte etc.

Fabrikat	Fabr. Nr.	Registrier Nr.	Farbe	Preis

Uhren, Fotoausrüstung, Sportausrüstung, Nähmaschine, Ferngläser etc.

Fabrikat	Fabr. Nr.	Registrier Nr.	Farbe	Preis

KAPITEL 4

Das taktische Vorgehen zur Verteidigung

In den Kapiteln 2 und 3 machten wir Sie mit Strategien bekannt, mit deren Hilfe Sie Gefahren ausschalten und vermeiden können. Jetzt möchten wir, daß Sie sich vorstellen, daß diese Maßnahmen wirkungslos waren und Sie um Ihre Freiheit und Ihr Leben kämpfen müssen. Beim Kämpfen dürfen Sie nicht halbherzig vorgehen. Sie dürfen sich nicht sagen, »ich will ihn nur leicht verletzen«, oder »ich gehe nur soweit, bis er von mir abläßt«. Ihr Leben ist in Gefahr und das bedeutet, Sie müssen es unter Aufbietung aller Kräfte verteidigen. Sie müssen Ihr ganzes Denkvermögen, Ihre Schlauheit und Geschicklichkeit einsetzen, um den Angreifer wirklich ernsthaft zu verletzen. Attackieren Sie ihn, bis er sich nicht mehr rührt. Jede Methode, die Sie anwenden, um Ihr Leben zu retten, ist legal und moralisch zu vertreten.

Bereiten Sie sich geistig auf einen Angriff vor

Es gibt eine Reihe von Angriffstaktiken, die sich am besten mit einem Partner üben lassen. Suchen Sie sich unter Ihren Verwandten oder Bekannten einen geeigneten Partner. Sollten Sie keinen Partner finden, versuchen Sie es mit Phantasie und Vorstellungskraft. Stellen Sie sich beim Üben vor, Sie werden von einem stämmigen Gewaltverbrecher angegriffen. Wir haben uns von verschiedenen überfallenen Frauen sagen lassen, daß sie sich vorher gar nicht darüber im klaren waren, über wieviel Kraft so ein Angreifer überhaupt verfügt. Sie stellten aber gleichermaßen beruhigt fest, daß sie selbst über erstaunlich viel Kraft und Geschicklichkeit verfügten und die gelernten und geübten Taktiken erfolgreich einsetzen konnten. Diese Frauen bestätigten uns auch, daß die bei weitem wichtigste Einzelheit aus dem Trainingsprogramm darin bestand, daß sie sich hatten hautnah vorstellen müssen, wie sie brutal angegriffen wurden. Dies beweist, daß man den Wert und die Bedeutung des psychischen Vorbereitetseins gar nicht hoch genug bewerten kann. Ohne diese Art von geistiger Vorbereitung können nämlich die beste körperliche Verfassung und die raffinierteste Angriffstechnik nichts ausrichten. Wenn Gefahr droht, steigert sich Unsicherheit zu nackter Angst hoch und dann ist es nur noch ein kleiner Schritt bis hin zur Panik. Mit Panik spielen Sie sich dem Angreifer genau in die Hände und machen es ihm leicht. Auch auf die Gefahr hin, doppelt und dreifach zu predigen, wiederholen wir: Sie können sich dieser fatalen Spirale in einer gefährlichen Situation wirklich nur dann entziehen, wenn Sie sich vorher immer wieder vorstellen, wie Sie selbst sich in einer akuten Notlage befinden – wobei Sie sich dazu immer wieder neue Varianten einfallen lassen sollten – und jetzt zuschlagen müssen. Überlegen Sie sich, womit Sie zuschlagen könnten, wohin Sie treffen sollten, wie sie angreifen könnten.

Wir werden oft von Frauen gefragt, ob wir Ihnen zusichern könnten, daß sie bei einem Angriff kühl und überlegt vorgehen und nicht in Panik ausbrechen würden, wenn sie die Conroy-Methode beherrschen. Unsere Antwort darauf lautet »nein«. Jeder, dessen Leben oder Gesundheit bedroht ist, fürchtet sich – damit muß man einfach rechnen. Im allerersten Moment kann man so erschrocken oder verängstigt sein, daß man wie gelähmt ist, zu keinem vernünftigen Gedanken fähig. Das ist ganz normal. Diese Reaktion dauert im allgemeinen nur ein paar Sekunden oder höchstens eine Minute. Das ist auch nicht der Zeitpunkt, an dem Sie handeln müssen. Sobald Sie sich von dem Schock, bedroht zu werden, erholen, werden Sie sehen, daß das geübte »Daraufgefaßtsein« Ihnen zur Hilfe kommen wird. Je ruhiger Sie werden, desto leichter wird es Ihnen fallen, die richtige Strategie zu planen und die jeweils beste Taktik anzuwenden. Solche Gedanken tragen dann wiederum dazu bei, daß Sie ruhiger denken können. Folgen Sie dem Rat auf Ihrem Mayonnaiseglas: »Bleiben Sie kühl, aber erstarren Sie nicht!« Wir möchten an dieser Stelle noch einmal betonen: Es ist ganz normal, wenn man sich in dem Moment, wo man erkennt, daß man in Gefahr ist, ängstigt oder erschreckt.

Reagieren Sie erst dann, wenn Sie richtig reagieren können.
Um den Moment von Angst und Schrecken noch einmal zu illustrieren und um auch die These zu unterstreichen, erst dann zu reagieren, wenn man in geeigneter Weise reagieren kann, möchten wir das Erlebnis wiedergeben, das eine frühere Kursteilnehmerin von uns hatte. Sie berichtete den Vorfall folgendermaßen:
Es war in einer typisch warmen Nacht in Kalifornien um ca. 3.00 Uhr

früh. Meine Türen und mein Schlafzimmerfenster waren geschlossen und gesichert; die Klimaanlage war eingeschaltet und ich schlief ein in dem Gefühl völliger Sicherheit. Plötzlich wurde ich wach, bemerkte einen Mann an meinem Bett und fühlte mein Herz wie wild klopfen. Ich schnappte nach Luft und war vor Angst wie gelähmt. Er riß die Decken von meinem Bett, schlitzte mein Nachthemd vorne auf und sagte, er würde mich töten, wenn ich anfangen würde zu schreien. Ich lag regungslos da, während er sich auszog und sich dann auf mich warf. Ich weiß nicht genau, entweder war es der heftige Aufprall seines Gewichts oder seine obszöne Redeweise, jedenfalls klickte es in meinem Kopf und ich konnte wieder klarer denken. Zuerst registrierte ich, daß er versuchte, mich in meinem eigenen Bett zu vergewaltigen. Ich wurde wütend. Dann stellte ich fest, daß er keine Waffe bei sich trug. Und erst dann begann ich mich zu erinnern, was ich über Selbstverteidigung gelernt hatte. Das beruhigte mich und ich überlegte, auf welche Art ich ihn angreifen könnte. Mein Körper entspannte sich und daraufhin gab er meine Arme frei. Zwei seiner verwundbaren Körperpartien befanden sich nun in meiner Reichweite – seine Augen und seine Hoden. Ich schrie gellend und drückte ihm mit aller Gewalt beide Daumen in die Augen. Schmerzgepeinigt rollte er von mir herunter, die Hand schützend vor die Augen legend. Ich setzte meinen Angriff fort und quetschte seine Hoden, worauf er aus dem Bett auf den Boden fiel. Jetzt trat ich ihn gegen den Kopf, rannte aus der Tür und schrie »Feuer, Feuer«.

Ihre sieben Taktiken

Nachdem wir uns mit viel Literatur über Selbstverteidigung beschäftigt haben, nach Gesprächen mit Kursteilnehmerinnen und Lesern und nachdem wir Angreifer und Opfer zu diesem Thema befragt haben, sind wir zu der Überzeugung gekommen, daß die Conroy-Methode nur sieben Grundtaktiken erfordert. Wir wissen, daß bei anderen Methoden die Frauen Dutzende von unnützen Tricks und Manövern lernen müssen; viele davon verlangen großes athletisches Können und ständiges Training. Die sieben Conroy-Taktiken dagegen sind leicht zu lernen, leicht anzuwenden und setzen kein besonderes athletisches Training voraus. Glauben Sie uns, Sie werden an Selbstvertrauen gewinnen, wenn Sie diese sieben Taktiken lernen und sich übungsweise mit ihrer Anwendung vertraut machen.

Die sieben Taktiken, die wir hier empfehlen, sind im folgenden ihrer Bedeutung und Brauchbarkeit nach aufgelistet. Jede einzelne von ihnen wird an späterer Stelle noch einmal detailliert beschrieben.

1. Das Augenquetschen mit den Daumen: Ihre beste Taktik, weil sie am wirkungsvollsten Ihren Angreifer ausschaltet.
2. Hodenquetschen: wenn erreichbar, die zweitbeste Methode für Ihren Gegenangriff.
3. Fingerstoß in die Augen: nicht so leicht und treffsicher wie das Quetschen mit den Daumen, aber ebenso wirkungsvoll.
4. Kniestoß in die Hoden: eine wirkungsvolle Methode, den Angreifer kampfunfähig zu machen, aber nicht in allen Situationen anwendbar.
5. Doppelhandschlag gegen das Genick: eine Folge-Technik.
6. Tritte: normalerweise eine weitere Folge-Technik, die angewendet wird, um den Angreifer zu Boden zu zwingen. Tritte sind dann besonders wirkungsvoll, wenn man in einem ersten Überraschungsangriff den Angreifer – eventuell kurzfristig – unbeweglich gemacht hat. Dann dienen sie wie andere Folge-Techniken dazu, den eigenen Gegenangriff solange fortzuführen, bis der Angreifer völlig außer Gefecht gesetzt ist. Tritte sind jedoch schwierig auszuführen und nicht immer sehr treffsicher.
7. Schreien: ein gellender Schrei, der in Verbindung mit dem Gegenangriff erfolgen muß.

Schreie. Starten Sie zu einem Gegenangriff immer mit einem Schrei. Sie können es glauben oder nicht, aber ein gellender Schrei kann selbst den entschlossensten und auch einen halbverrückten Angreifer entnerven. Ein durchdringender Schrei kann aber auch jemanden in Hörweite darauf aufmerksam machen, daß Sie sich in Schwierigkeiten befinden. Schreien Sie aus dem Zwerchfell heraus und nicht aus der Kehle, damit Ihr Schrei nach King Kong klingt und nicht nach Minnie Maus. Holen Sie tief Luft und schreien Sie »ahhhhhhhh!«. Schreien Sie niemals »Hilfe«, denn damit reagieren Sie defensiv. Ihr Angreifer wird meinen, daß Sie panische Angst haben und Hilfe brauchen. Und schlimmer noch, Sie selbst könnten dann leicht das Gefühl bekommen, Hilfe zu brauchen.

Vor einigen Jahren wurde in einer interessanten Studie in New York nachgewiesen, warum es unklug ist, »Hilfe« zu schreien: eines Abends gegen 19.00 Uhr rannte eine junge Frau eine schwach beleuchtete Straße hinunter und schrie dabei gellend »Hilfe, Hilfe«. Bei diesem simulierten Überfall wurde sie von einem gefährlich aussehenden Mann verfolgt. Es ist fast nicht zu glauben, aber die Lichter von Apartmenthäusern gingen aus, Rollos wurden geschlosen und niemand rief die Polizei. Zwei Wochen später rannte dieselbe Frau dieselbe Straße hinunter und wurde von demselben Mann verfolgt. Dieses Mal schrie sie aber gellend »Feuer, Feuer,

Feuer«. Und dieses Mal reagierten die Anwohner ganz anders: Lichter gingen an, Rollos wurden hochgezogen. Leute erschienen vor Haustüren und an Fenstern und sowohl die Polizei wie die Feuerwehr wurden informiert. Und die Moral dieses Versuchs: wenn Sie vor drohender Gefahr weglaufen, dann rufen Sie »Feuer« und nicht »Hilfe«.

Wenn Sie nicht einfach so drauflos schreien können, dann müssen Sie üben. Wir empfehlen Ihnen als Übungsplatz Ihr Auto. Üben Sie beim Autofahren mit hochgekurbelten Fenstern oder tun Sie es auch zu Hause, indem Sie in ein Kissen hineinschreien. Dabei spielt auch Ihr Gesichtsausdruck eine wichtige Rolle. Rümpfen Sie die Nase, kneifen Sie die Augen zusammen, reißen Sie Ihren Mund weit auf und zeigen Sie Ihre Zähne. Je wilder Sie aussehen können, desto besser.

Es ist aber auch wichtig zu erkennen, wann man nicht schreien soll. Für drei Situationen empfehlen wir zu schreien. Wenn sie zum Gegenangriff ansetzen, schreien Sie »ahhh«. Wenn Sie vor einem Angreifer davonlaufen, von dem Sie wissen, daß er Sie nicht einholen kann, schreien Sie »Feuer«. Wenn Sie einen Angreifer außer Gefecht gesetzt haben, schreien Sie »Feuer«, während Sie sich davonlaufend in Sicherheit bringen. In anderen als diesen Situationen sollten Sie dagegen nicht schreien. Schreien könnte unter Umständen einen Angreifer noch entschlossener und brutaler vorgehen lassen und ihn zwingen, Sie zum Stillschweigen zu bringen.

Das Augenquetschen mit den Daumen. Ihre Taktik Nummer Eins und Ihre beste Waffe, um einen Angreifer kampfunfähig zu machen und Ihr Leben oder Ihre Gesundheit zu retten. Wenn Sie einmal den Entschluß gefaßt haben, daß Sie kämpfen können und müssen – immer vorausgesetzt, Sie haben Ihre Hände frei – dann wenden Sie die Methode des Augenquetschens an. Die Augen sind bei einem Angreifer nämlich die verwundbarste Körperstelle, sie sind außerordentlich schmerzempfindlich und jede Verletzung an den Augen wird ihn höchstwahrscheinlich in Angst versetzen. Durch festes Augenquetschen kommt es zu vorübergehender oder ständiger Blindheit, so daß Sie ohne Verfolgung entkommen können.

Um die Methode des Augenquetschens anzuwenden, müssen Sie den Kopf Ihres Angreifers fest zwischen beide Hände nehmen und dabei die Handflächen auf die Ohren drücken *(siehe dazu Abbildung 4–1)*. Dann drücken Sie so kräftig wie möglich Ihre Daumen in seine Augenhöhlen. Auch wenn Ihr Angreifer eine Brille trägt, gehen Sie auf die gleiche Weise vor *(siehe Abbildung 4–2)*.

Besonders wirkungsvoll ist diese Methode dann, wenn Ihr Angreifer Sie mit den Händen von vorne oder von der Seite zu würgen versucht. Diese

Abb. 4–1: Das Augenquetschen mit den Daumen

Methode kann im übrigen von jeder Position aus angewendet werden, wenn Ihr Angreifer Sie mit einem Seil, einer Krawatte oder ähnlichem würgt *(siehe dazu Abbildungen 4–3 und 4–4)*, wenn er Ihnen die Kleider vom Körper reißt, wenn er auf Ihnen liegt oder neben Ihnen sitzt. Solange Sie beide Hände frei haben, sind die Daumen Ihre besten Waffen und sie sollten niemals zögern sie einzusetzen, wenn es darum geht, Ihr Leben oder Ihre Gesundheit zu retten.

Immer wieder hören wir von Frauen, daß sie sich nicht vorstellen können, wie man jemandem die Augen quetscht. Sie kommen dann mit naiven Fragen zu uns wie »Platzen dem Mann dann nicht die Augen heraus?« oder »Wird mir dabei nicht sein Blut über die Hände laufen?« »Wird mir dabei nicht sterbensübel, so, daß ich meinen Angriff abbrechen muß?« Diesen Kursteilnehmerinnen sagen wir klar und deutlich: Erstens, Sie würden ja nicht von sich aus zum Gegenangriff vorgehen, wenn Sie sich nicht in akuter Gefahr befänden und deshalb Ihren Angreifer bewegungsunfähig machen

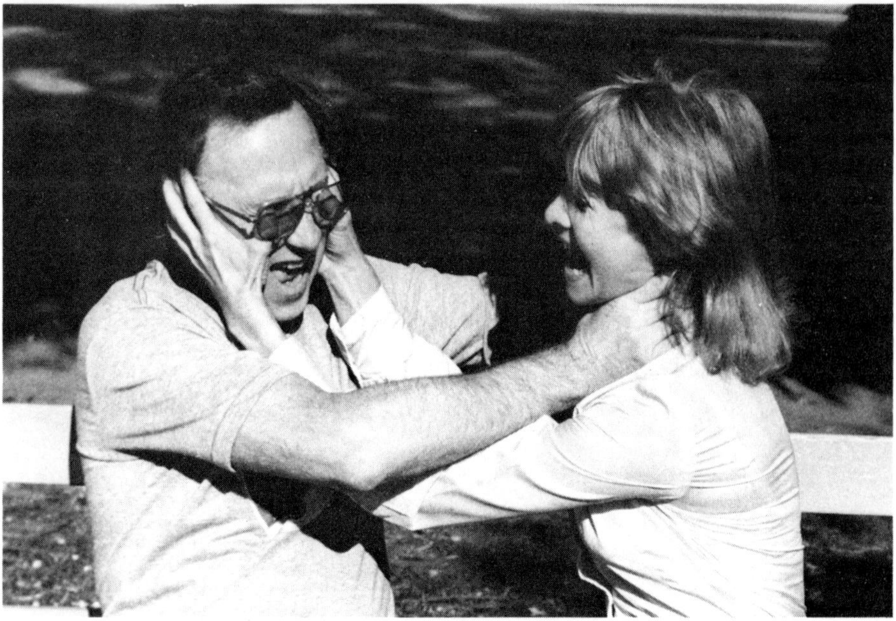

Abb. 4–2: Das Augenquetschen, wenn der Angreifer eine Brille trägt

Abb. 4–3: Augenquetschen, wenn man auf dem Rücken liegt und mit einem Gegenstand stranguliert wird

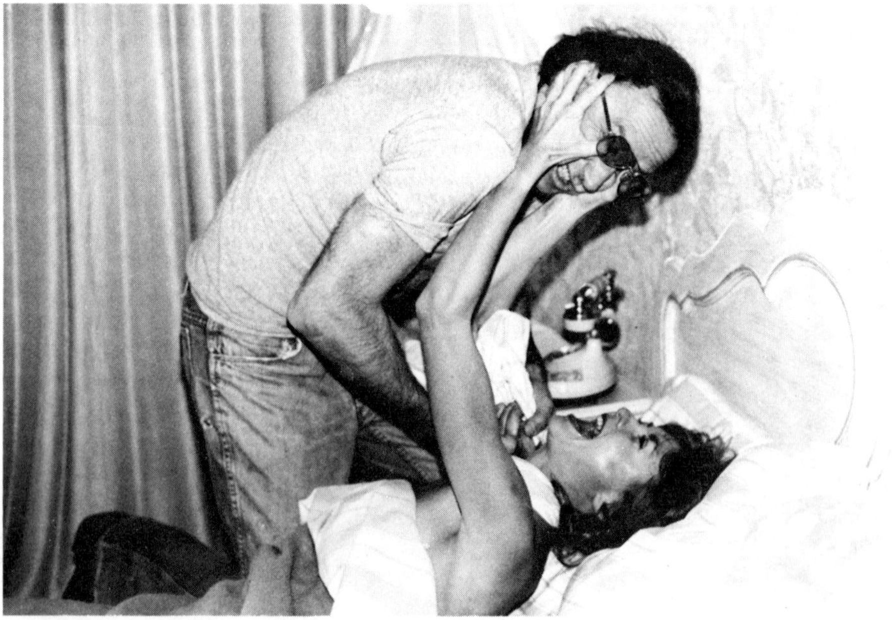

Abb. 4–4: Augenquetschen, wenn man mit einem Gegenstand stranguliert wird

müßten, um fliehen zu können. Zweitens: Augen können tatsächlich platzen und auch bluten. Drittens: die geistige Vorwegnahme einer solchen Situation wird Ihnen zeigen, daß es ausschließlich die normalen Reaktionen eines Angreifers auf seine Schmerzen und seine Blindheit sind, die Ihnen eine Flucht ermöglichen. Und was die Übelkeit betrifft, so ist das wohl ein geringer Preis, den man für die Rettung seines Lebens zu zahlen hat. Seien Sie sich aber auch stets darüber klar, daß das Augenquetschen mit den Daumen einem Angreifer dauerhaften Schaden zufügen kann und daß man deshalb nur nach gründlicher Abschätzung der Lage zu dieser Methode greifen soll.

Die Technik des Augenquetschens kann man auch anwenden, wenn man sich hinter einem Angreifer befindet. Diese einfache Technik wäre für eine Frau die Rettung vor Gruppenvergewaltigung gewesen. Sie erzählte uns ihre Geschichte: Als sie zu ihrem Wagen ging, der im Parkhaus des internationalen Flughafens von Los Angelos stand, tauchte plötzlich ein Mann mit einem Eispickel auf, der sie auf den Rücksitz seines zweitürigen Wagens zwang. Als er losfuhr, zog sie einen Schuh aus in der Absicht, ihm diesen über den Kopf zu schlagen. Er sagte: »Wenn Du mich mit dem Schuh triffst, leg ich Dich um.« Ängstlich kauerte sie sich in den Sitz, während er in die Innenstadt von Los Angeles fuhr. In einem Apartment fielen er und zwölf weitere Komplizen über sie her und vergewaltigten sie sechs Stunden lang.

Als wir die Umstände dieses Überfalls mit ihr besprachen, fragen wir sie, ob sie während ihrer unfreiwilligen Fahrt zu dem Apartmenthaus das Gefühl gehabt hätte, etwas zu ihrer Verteidigung tun zu können. Sie sagte, »nein, in dieser Situation hätte ich nichts tun können«. Wir fragten weiter, ob sie vom Rücksitz aus nicht die Methode des Augenquetschens hätte anwenden können. »Nein«, kam die Antwort. »Kein Gedanke daran. Erstens saß ich genau hinter ihm und konnte seine Augen nicht sehen. Zweitens fuhr er mit 80 km/h durch die Stadt und ich hatte Angst, daß er einen Unfall verursachen könnte.«

Unserer Meinung nach war diese Frau psychologisch nicht auf die Situation eingestellt. Sie hat die Situation nicht auf ihre möglichen Gefahrenmomente durchdacht und sie war auch nicht mit den geeigneten Notwehr- bzw. Verteidigungs-Methoden vertraut. Wenn sie rasch erkannt hätte, daß die Methode des Augenquetschens von hinten durchführbar, ja sogar leicht durchführbar ist, dann hätte sie zuwarten können, bis der Mann an einer Verkehrsampel oder an einem Stoppzeichen gehalten hätte. Mit einem durchdringenden Schrei hätte sie sich dann rasch nach vorne geworfen und ihre Mittelfinger in seine Augen gebohrt, um dann aus dem Wagen zu flüchten.

Abb. 4–5: Augenquetschen von hinten

Das Augenquetschen von hinten ausgeführt kann auch in anderen, schwierig erscheinenden Situationen erfolgreich angewandt werden. Wenn Sie sich beispielsweise von hinten einem Angreifer nähern, der gerade Ihr Kind überfällt oder angreift, dann können ein gellender Schrei und die Methode des Augenquetschens Leben retten.

Man geht dabei so vor, daß man den Kopf des Angreifers fest mit beiden Handflächen umschließt und die Mittelfinger in die Augen drückt. Diese Methode macht das Üben mit einem Partner unerläßlich, weil man das Ziel seines Angriffs ja nicht sieht und hier ausschließlich seinem Tastgefühl folgt *(siehe dazu Abbildung 4–5)*. Auch wenn der Angreifer eine Brille trägt, ändert das nichts an der anzuwendenden Technik.

In unseren Kursen ermutigen wir die Teilnehmerinnen immer wieder, sich Situationen vorzustellen, in denen sich die Methode des Augenquetschens anwenden läßt. Sie kommen dann mit imaginären Überfällen beim Schwimmen, beim Autofahren, an der Bushaltestelle; ja selbst, wenn sie mit einem Kissen erstickt werden sollen, lernen sie die Methode des Augenquetschens erfolgreich anzuwenden. Wenn wir mit einem Kissen üben, trifft das Übungsopfer die Augen des Angreifers zielsicher, – trotz zugedecktem Gesicht. Wenn man nämlich Kopf oder Gesicht von jemandem angefaßt hat, findet man seine Augen instinktiv, ohne sie sehen zu

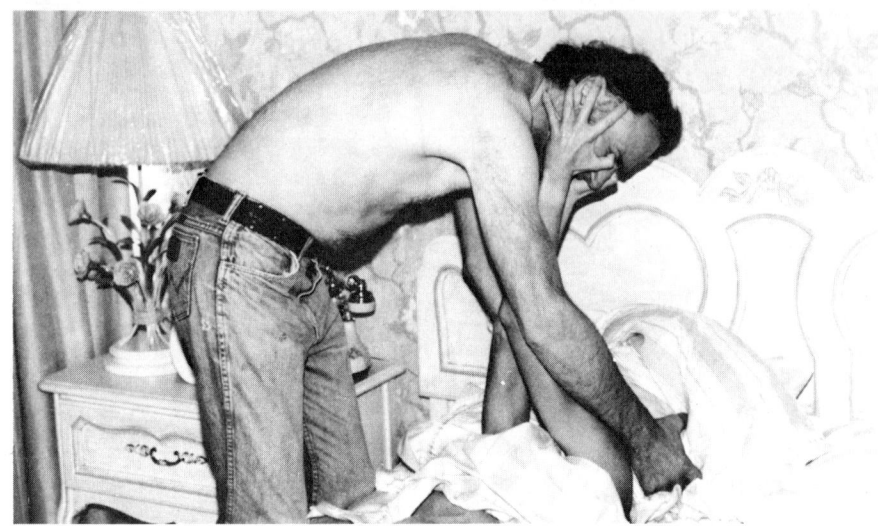

Abb. 4–6: Augenquetschen, wenn der Angreifer versucht, das Opfer mit einem Kissen zu ersticken

müssen. Wir raten Ihnen dringend, diese Technik mit einem Freund und einem Kissen auszuprobieren und zu üben. Üben Sie dabei mit langsamen Bewegungen, damit niemand verletzt wird *(siehe dazu Abbildung 4–6)*.

Hodenquetschen. Die zweitwichtigste Taktik, die Sie beherrschen müssen, ist einfach und wirkungsvoll. Das Hodenquetschen ist einfach, weil mit einer Drück-, Dreh- und Reißbewegung alles gemacht ist. Diese Methode ist deshalb wirkungsvoll, weil sie augenblicklich einen Bär von einem Mann schmerzgepeinigt zu Fall bringt. Ein weiterer Vorteil dieser Methode besteht darin, daß man auch mit nur einer freien Hand sein Ziel aus den unterschiedlichsten Lagen packen kann. Die wahrscheinlichsten Situationen, in denen man sich mit dieser Taktik zur Wehr setzen kann, beginnen mit dem Festgehaltenwerden an einem Handgelenk, einer Bärenumarmung von vorne oder von hinten oder auch damit, daß Sie auf dem Bauch oder auf dem Rücken liegen, während Ihr Angreifer auf Ihnen sitzt oder liegt. Um dieses schmerzhafte Hodenquetschen durchzuführen, greifen Sie Ihrem Angreifer einfach zwischen die Beine nach dem Hodensack, packen seine Hoden, drücken kräftig zu und führen eine heftige Dreh- und Ziehbewegung durch *(siehe Abbildung 4–7)*.

Vor einiger Zeit schrieb uns eine Frau etwas naiv: »Sollen wir nach Ihrer Methode nach dem Penis des Angreifers fassen?« Unsere Antwort lautete: »Nein, wenn man einen Mann am Penis zieht, wird ihn das nicht kampfunfä-

Abb. 4–7: Hodenquetschen/
Hodenzerren

Abb. 4–7: Hodenquetschen/
Hodenzerren

hig machen.« Eine andere Leserin wollte genauer wissen: »Wird bei dieser Technik nicht der Penis im Wege sein?« Darauf lautete unsere Antwort: »Nein, nicht wenn die Technik des Hodenquetschens in der richtigen Weise angewandt wird.« Wie wir schon im vorangegangenen Absatz beschrieben haben, beginnt diese Technik, indem man die Hand zwischen den Beinen des Mannes nach oben führt und nach seinem Hodensack greift. Auf keinen Fall darf dieses Manöver zuviel Zeit in Anspruch nehmen und dadurch den Gegner vorwarnen. Daher muß jegliches tastendes Suchen vermieden werden. Sobald Ihre Hand genügend weit nach oben gekommen ist und Sie die Hoden fühlen, sie sich also auf Ihrer Handfläche befinden, dann ballen Sie die Hand zur Faust und quetschen die Hoden so hart Sie können. Wenn Sie dabei noch eine ruckartige Dreh- und Ziehbewegung durchführen, wird dies den Schmerz und die Verletzung noch weiter steigern. Wenn Sie wirklich erst dann den Hodensack quetschen und an ihm ziehen, wenn Sie ihn fest in Ihrer Hand haben, dann werden Sie damit vermeiden, daß das Manöver fehlschlägt. Es läßt sich einer Frau in Worten nicht beschreiben, welche absolut lähmenden und unerträglichen Schmerzen einem Mann dabei verursacht werden. Der Schmerz ist so tief und intensiv, daß der Mann

81

vornüber kippt. Es kann sein, daß er sich sofort übergeben muß, ja er kann ohne weiteres für mehrere Minuten das Bewußtsein verlieren. Selbst wenn er dann wieder zu Bewußtsein kommt, wird er noch für einige Zeit völlig bewegungsunfähig bleiben, sicherlich lange genug, daß Sie ihn mit anderen Techniken vollends kampfunfähig machen und sich in Sicherheit bringen können. Allerdings ist die Methode des Hodenquetschens dann wirkungslos, wenn der Angreifer sehr enge Hosen trägt. In diesem Fall muß man entweder warten, bis er die Hosen auszieht, oder man muß die Fingerstoß-Taktik anwenden, die wir im nächsten Kapitel beschreiben.

Den Rat, mit dem Gegenangriff immer solange zu warten, bis man wirkungsvoll reagieren kann, bekräftigte eine Frau, die kürzlich an einem unserer Kurse teilgenommen hat, mit einem Beispiel. In der Frage- und Antwort-Stunde meldete sie sich kritisch zu Wort und bestritt/bezweifelte unsere Erläuterungen über die wirkungsvolle Anwendung der Methode des Hodenquetschens. Sie sagte, »Sie theoretisieren hier über die Wirksamkeit des Hodenquetschens. Der Mann, der mich vergewaltigte, trug enge Hosen und ich hatte absolut keine Chance, diese Methode bei ihm anzuwenden.« Sie und die anderen Kursteilnehmerinnen reagierten dann einigermaßen kleinlaut und betreten, als wir schlicht zurückfragten: »Hatte er seine Hosen denn während der ganzen Dauer der Vergewaltigung an?« Bei einer Umfrage, die wir kürzlich unter der Schirmherrschaft der Polizei von Los Angeles durchführten, erfuhren wir, daß die Methode des Hodenquetschens an zahlreichen Polizeiakademien des Landes gelehrt wird. Sie wird Sicherheitsbeamten und -beamtinnen besonders empfohlen, weil diese Methode für Männer wie Frauen eine schlagkräftige Waffe darstellt und auch den gemeinsten Angreifer vorübergehend außer Gefecht setzen kann.

Das Verbot, das Frauen untersagt, die Methode des Hodenquetschens anzuwenden, hat einen interessanten geschichtlichen Ursprung. In der Bibel heißt es im Fünften Buch Mose, Kapitel 25, Vers 11, daß wenn eine Frau ihrem Mann zu Hilfe kommt, der mit einem anderen Mann einen Kampf austrägt, »und ihre Hand ausstreckt und die Genitalien des Mannes festhält«, ihr die Hand abgeschlagen wird und sie nicht auf Gnade hoffen kann.

Vor einiger Zeit wurde Mary Conroy eingeladen, in einem nationalen Fernsehprogramm die Wirksamkeit der Technik des Hodenquetschens zu demonstrieren. Ihr »Partner«, ein stattlicher Mann mit über 1,80 m Größe und 100 kg Gewicht, ein ehemaliger Star aus dem American Football, gab sich sehr skeptisch, ob die »kleine Mary« sich befreien könnte, wenn er sie angreifen würde. Vor der Demonstration verkündete er lauthals »dieses Selbstverteidigungszeug wirkt nicht«. Ohne Probe packte er die um gut zwanzig Zentimeter kleinere und nur rund 50 kg schwere »kleine Mary« mit einer gewaltigen Bärenumarmung von hinten. »Instinktiv griff ich nach seinem Hodensack und quetschte«, erzählt Mary. Sofort klappte der Mann nach vorne, voller Schmerz schnappte er nach Luft und keuchte: »Sowas können Sie doch in einer Fernsehsendung nicht machen.« »Ich wollte nicht als die totale Siegerin dastehen und fragte ihn daher teilnahmsvoll ob er verletzt sei«, schildert Mary die Situation. Er verneinte und versuchte sich wieder aufzurichten. »Aber ich muß zugeben, Sie haben Ihre Ansicht überzeugend unter Beweis gestellt.«

Aus dieser Geschichte kann man zwei Dinge lernen: erstens die Technik des Zerrens am Hodensack funktioniert wirklich, und zweitens, üben Sie diese Technik nicht an einem Mann ohne entweder sehr sanft vorzugehen oder diese Taktik bei einer Fernsehshow zu demonstrieren.

Es ist jedoch außerordentlich wichtig, das Hodenquetschen mit voller Kraft zu üben und so ist es völlig unwahrscheinlich, daß Sie jemanden als Übungspartner finden. Deshalb schlagen wir vor (und wir wissen, daß Sie an dieser Stelle ungläubig reagieren werden), daß Sie zwei Golfbälle in eine Socke legen und diese an einen Türgriff binden. Üben Sie dann, aus verschiedenen Richtungen zuzupacken, festzuhalten, eine Drehbewegung auszuführen und an den Golfbällen zu zerren. Sie können sich vorstellen, daß Sie diese Bewegungen bald beherrschen. Als nächstes plazieren Sie Socke und Bälle in den Schritt einer Hose, die Sie selbst tragen. Prägen Sie sich die Stärke der Kraft ein, die Sie benötigen, um durch die Hose hindurch die Golfbälle fest zu packen. Wenn Ihre Hose locker sitzt, benötigen Sie nur geringe Kraft. Wenn die Hose jedoch eng sitzt, werden Ihre Finger schmerzen, wenn Sie das Hodenquetschen korrekt ausführen.

Fingerstoß. Ein Fingerstoß ist Ihre drittwichtigste Taktik, wenn es darum geht, in wirklich bedrohlicher Situation Ihr Leben zu retten. Wir haben diese Methode an die dritte Stelle gesetzt, weil sie weniger präzise und kraftvoll angewendet werden kann als das Augen- oder Hodenquetschen.

Um diesen Schlag auszuführen, muß man Handgelenk, Hand und Finger sehr steif halten. Das Ziel für einen Fingerstoß sind die Augen. Sie können diese Methode aus jeder Lage heraus anwenden, indem Sie Ihre leicht gekrümmten Finger kraftvoll in die Augen Ihres Angreifers stoßen. Führen Sie diesen Stoß stets mit allen vier Fingern aus, damit die Wahrscheinlichkeit höher ist, daß Sie die Augen Ihres Angreifers auch treffen (siehe Abbildung 4–8). Wenn Ihr Angreifer eine Brille trägt, richten Sie Ihre Finger auf seine obere Wangenhälfte knapp unter dem Brillenrand. Bei einem kräftigen Stoß werden Ihre Finger von alleine unter die Brille

Abb. 4–8: Fingerstoß

Abb. 4–9: Fingerstoß aus liegender Position

rutschen und seine Augen treffen. Dieser Schlag muß schnell, kraftvoll und genau gezielt sein. Er kann zeitweilige oder dauernde Blindheit verursachen.

Beispiele für Situationen, in denen man diesen Augenstoß anwenden sollte, sind die folgenden: Wenn ein Angreifer zu enge Hosen trägt (was die Technik des Hodenquetschens ausschließt), wenn ein Angreifer Sie an einem Arm festhält (was das Augenquetschen mit dem Daumen ausschließt) oder wenn er Sie mit Gewalt zum Beispiel an einen Klippenrand zerrt, was ausschließt, daß Sie auf einen geeigneten Moment zum Gegenangriff warten können oder ihn in ein ablenkendes Gespräch verwickeln können. Wenn Ihr Leben oder Ihre Gesundheit in unmittelbarer Gefahr sind, wird der Fingerstoß nach den Augen die Taktik Ihrer Wahl sein.

Eine andere wichtige Situation, in der diese Taktik die Rettung Ihres Lebens bedeuten kann, ist die, wenn ein Angreifer auf Ihnen liegt, Ihnen mit einer Hand den Hals zudrückt und einen Ihrer Arme mit seiner anderen Hand festhält. Dann haben sie nur eine Hand frei. Da Sie gewürgt werden, haben Sie dann keine Zeit zu versuchen, ihn durch ein Gespräch abzulenken oder auf eine bessere Gelegenheit zum Gegenangriff zu warten. Jetzt müsssen Sie den Fingerstoß gegen seine Augen anwenden *(siehe Abbildung 4–9)*. Auch wenn ein Angreifer Sie mit einer Waffe, Messer oder Pistole bedroht, sollten Sie diese Technik anwenden. Mit der einen Hand drücken Sie blitzschnell die Waffe zur Seite, während Sie mit der freien Hand den Fingerstoß gegen seine verwundbaren Augen anbringen *(siehe Abbildung 5–6 auf Seite 119)*.

Kniestoß. Bevor wir diese und die drei nächsten Taktiken beschreiben, möchten wir ausdrücklich darauf hinweisen, daß sie schwieriger anzuwenden

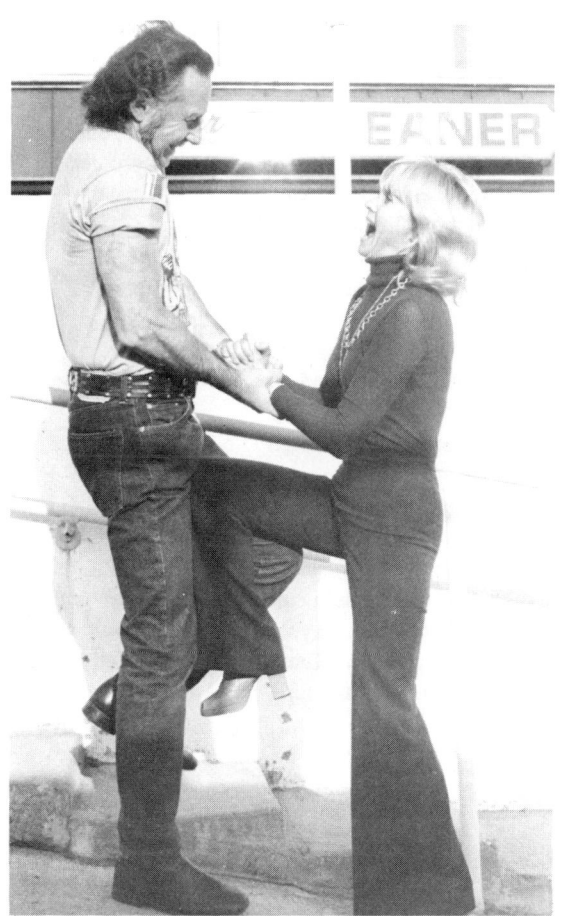

Abb. 4–10: Kniestoß

und nur begrenzt brauchbar sind. Deshalb sollten Sie sie auch nicht als die vorrangigen Methoden für Ihre persönliche Verteidigung betrachten, sondern eher als zusätzliche, sekundäre Waffen Ihres Verteidigungsarsenals. Ein kräftiger Kniestoß in die Hodengegend kann einen Mann für eine Zeitlang außer Gefecht setzen. Dieser Stoß ist aber nur begrenzt anwendbar, dann nämlich, wenn Ihr Angreifer Ihnen ganz nah und genau gegenübersteht. Um den Stoß auszuführen, müssen Sie Ihr Gewicht auf ein Bein verlagern und mit aller Kraft das andere Knie dem Angreifer in den Hodensack stoßen *(siehe Abbildung 4–10)*. Biegen Sie sich nicht zurück, bevor Sie den Stoß ausführen, weil diese Bewegung dem Angreifer Ihre Absicht mitteilen könnte. Weil es in dieser Situation nahe liegt, sich mit einem solchen Stoß zu wehren, lassen sich viele Männer nicht überrumpeln. Der »Stoß in den Unterleib« ist vielen als abgedroschenes Abwehrklischee nur zu gut bekannt.

Eine der wenigen Situationen, in denen es ratsam erscheint, sich mit einem Kniestoß zu wehren, ist dann gegeben, wenn Sie mit einem Angreifer konfrontiert sind, der Ihre beiden Unterarme gepackt hält und Ihnen mit leicht gespreizten Beinen genau gegenübersteht. In exakt dieser Situation ist sein Hodensack so leicht zu treffen, daß Sie den Kniestoß als Anfangstaktik in Betracht ziehen können. Wenn Sie statt seines Hodensackes aber seinen Oberschenkel treffen, laufen Sie Gefahr, Ihren Angreifer zu reizen und wütend zu machen. Deshalb wiederholen wir, der Kniestoß ist als sekundäre Angriffswaffe am besten einzusetzen. Wenn Sie die Taktik des Augenquetschens anwenden und Ihre Daumen sich noch in den Augen Ihres Angreifers befinden, dann machen Sie den Mann mit einem Kniestoß in den Hodensack wirklich gründlich kampfunfähig.

Doppelhandschlag. Diese Taktik ist nur dann anzuwenden, wenn Ihr Angreifer schmerzgepeinigt auf Ihren Hauptangriff reagiert. Das heißt, beim Doppelhandschlag handelt es sich um eine Hilfs- oder Folgetechnik, die am wirkungsvollsten gegen den Nacken ausgeführt wird. Wenn Sie beispielsweise die Methode des Hodenquetschens angewandt oder mit einem Tritt sein Knie verrenkt haben, wird Ihr Angreifer höchstwahrscheinlich nach vorne gekrümmt dasitzen und den Kopf vornüber gebeugt haben, so daß sein Genick bloßliegt. Das ist der richtige Moment für einen Doppelhandschlag.

Ein Doppelhandschlag wird ausgeführt, indem man die Hände wie beim Beifallklatschen zusammenlegt (dabei aber nicht die Finger ineinander verflechtet), die Ellbogen anwinkelt und dem Angreifer mit den Handkanten ins Genick schlägt, wie die *Abbildung 4–11* zeigt. Die Armbewegung läßt

**Abb. 4–11: Doppelhandschlag
gegen das Genick**

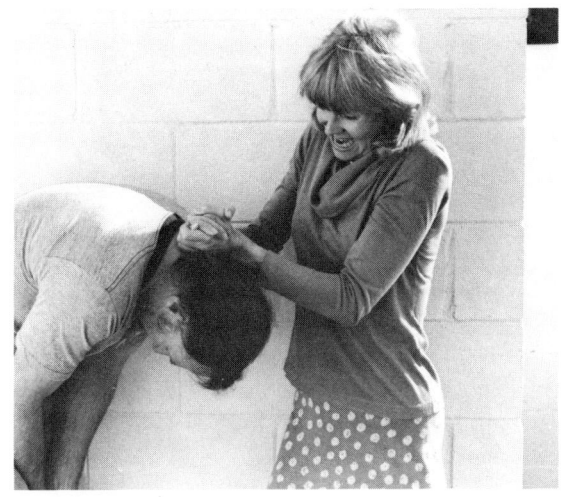

sich bei diesem Genickschlag am besten mit der Bewegung beim Holzhak-
ken vergleichen.

Achten Sie darauf, daß es eigentlich zu den normalen Bewegungsabläufen
gehört, sich zu strecken, bevor man diesen Schlag ansetzt. Dabei ist es nicht
nur unnötig, sich vorher zu strecken, sondern es kann einen ausgesproche-
nen Nachteil bedeuten. Mit diesem Hinweis erinnern wir an unsere früheren
Ausführungen über das Überraschungsmoment und wie man es verliert,
wenn man seine Absichten »telegrafiert«. Wenn Sie diese Taktik üben,
werden Sie erstaunt feststellen, daß das vorherige Strecken nur eine gering-
fügige zusätzliche Kraft bewirkt.

Schläge müssen schnell angesetzt werden. Einfache physikalische Überlegungen unterstreichen die Tatsache, daß die Kraftwirkung eines Schlages
von der Geschwindigkeit des Schlages abhängt. Aus diesem Grund kann
eine kleine Frau mit einem schnellen Schlag mehr Schmerzen und Verletzungen hervorrufen als ein starkes Muskelpaket von Mann mit einem allzu
zögernden Schlag. Bei Ihrem Training muß es also oberstes Ziel sein, Ihre
Schnelligkeit zu erhöhen. Schläge und Stöße sollten gegen einen imaginären
Punkt ca. 10 Zentimeter hinter Ihrem eigentlichen Ziel gerichtet werden.

Tritte. Ihre Beine sind der stärkste Teil Ihres Körpers. Selbst eine zart
gebaute Frau kann den größten Mann mit einem präzis gezielten Tritt
bewegungsunfähig machen. Schon bei einem Druck von rund 20 kg wird ein
Knie verrenkt. Tritte bieten aber noch mehr Vorteile. Bei der Taktik des
Tretens kann man aus größerer Entfernung angreifen und sich so außerhalb
der Reichweite eines Angreifers halten *(siehe Abbildung 4–12)*. Es kommt

Abb. 4–12: die Länge der Beine

Abb. 4–13: Fehler beim Treten

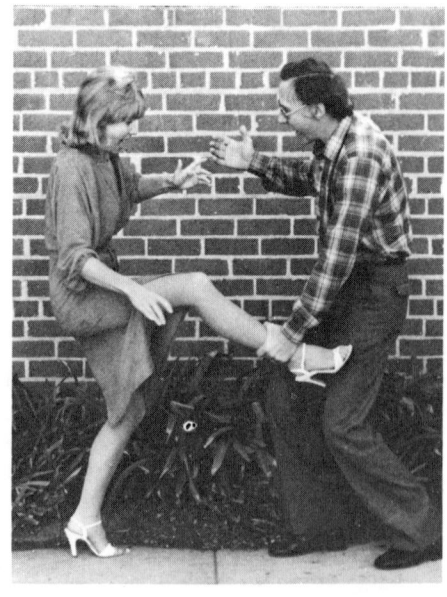

hinzu, daß die meisten Männer nicht gewöhnt sind Tritte abzufangen oder sich gegen Tritte zu verteidigen. Selbst erfahrene Boxer wissen nicht, wie man einen richtig ausgeführten Fußtritt abblockt. Tritte werden bei fast jeder Form von Angriff als Nachfolgetaktik angewandt. Sie sollten daher diese Technik üben, bis Sie Tritte sicher und wirkungsvoll austeilen können.

Um einen Angriff mit Tritten zu starten, muß man nicht unbedingt Schuhe tragen. Ihre bloßen Füße können genausoviel Schaden anrichten wie der Absatz Ihres Schuhs. Wenn Sie hochhackige Schuhe tragen, empfehlen wir, diese auszuziehen, um Ihr Gleichgewicht zu stabilisieren.

Bei der Wahl Ihres spezifischen Zieles sollten Sie zwei Faktoren beachten: 1. Welche verwundbaren Bereiche liegen frei in Ihrer Reichweite und 2. Welche Art von Verletzungen wollen Sie hervorrufen. Die verwundbarsten Stellen bei Tritten sind die Knie Ihres Angreifers, wenn er jedoch am Boden liegt, dann sind es sein Gesicht, die Schläfen und der Hals. Wenn Sie das Zielgebiet gewählt haben, stellen Sie sich vor, daß Ihr tatsächliches Ziel rund 15 cm hinter dem körperlichen Ziel liegt. Damit meinen wir, daß Sie durch Ihr Ziel hindurch zielen sollen, nicht gegen das Ziel selbst. Wenn Sie zum Beispiel Ihrem Angreifer ins Gesicht treten wollen, zielen Sie durch sein Gesicht hindurch auf einen Punkt, den Sie sich am Hinterkopf vorstellen. Auf diese Weise stellen Sie sicher, daß Ihr Fuß mit größter Wucht trifft.

Verwenden Sie die Ferse oder den Spann Ihres Fußes, um das Ziel zu treffen. Versuchen Sie nicht, mit Ihren Zehen zu treffen, diese könnten brechen. Setzen Sie Ihre Tritte an, ohne sie durch vorheriges Aufrichten anzukündigen. Unterdrücken Sie Ihren natürlichen Instinkt, vor dem Tritt Schwung zu holen, indem Sie das Bein zunächst nach hinten führen. Diese Ausholbewegung »telegrafiert« einen bevorstehenden Tritt. Solche Vorwarnungen verhindern das Überraschungsmoment, so daß Ihr Angreifer ausweichen oder Ihren Fuß packen kann *(siehe Abbildung 4–13)*.

Ein wirkungsvoll ausgeführter Tritt ist die schwierigste Taktik, die wir empfehlen. Er verlangt Beweglichkeit, Bewegungskoordination und sorgfältiges Zielen. In den meisten Angriffssituationen wird der Angreifer nicht mit Ihnen zusammenarbeiten wollen und stillhalten. Ein sich bewegendes Ziel zu treffen, ist jedoch außerordentlich schwierig.

Der Tritt von vorne. Der Tritt von vorne kommt dann in Frage, wenn Sie Ihrem Angreifer genau gegenüberstehen. Erlernen Sie diese Technik in drei Schritten:

1. Heben Sie Ihr Knie gegen Ihre Brust, winkeln Sie Ihren Fuß ab und biegen Sie Ihr Standbein ein wenig.

2. Strecken Sie Ihr Bein geradeaus, wobei Ihr Fuß abgewinkelt bleiben soll und treffen Sie Ihr Ziel mit Ihrer Ferse und mit Ihrem Spann, nicht mit den Fußballen oder den Zehen.
3. Biegen Sie Ihr Bein zurück in die Ausgangsposition mit angehobenem Knie. Aus dieser Position können sie den Tritt wiederholen, wenn es nötig sein soll.

Wenn Sie diese drei Schritte einzeln beherrschen *(vergleiche Abbildung 4–14)*, üben Sie die komplette Technik des Tretens so lange, bis Ihr Fuß sich so schnell bewegt, daß man ihn kaum sehen kann. Der Tritt von vorne wird gegen das Knie gerichtet. Beim Tritt gegen das Knie sollten Sie Ihren Fuß leicht nach innen drehen, um eine größere Trefferfläche zu erreichen. Ein solcher Tritt von vorne ist zum Beispiel dann angezeigt, wenn ein Mann Sie von vorne packt und Sie auf Armlänge festhält. In dieser unwahrscheinlichen Situation ist es unmöglich, mit den Daumen die Augen zu erreichen, um diese zu quetschen, und so ist der Tritt von vorne Ihre einzig mögliche Taktik *(siehe Abbildung 4–21)*.

Der seitliche Tritt. Der seitliche Tritt ist der präziseste und wirkungsvollste aller Trittvarianten. Er sollte daher, wenn es möglich ist, diesen anderen Varianten vorgezogen werden. Wiederum lernen Sie den Tritt in drei Stufen:
1. Heben Sie Ihr Bein direkt seitwärts, wobei das Knie ziemlich weit abgebogen und der Fuß kräftig abgewinkelt sind. Gleichzeitig beugen Sie das Knie Ihres Standbeines, während Sie sich mit dem Körper etwas entgegen der Angriffsrichtung weglehnen. Je höher Sie das Knie anheben und je weiter Sie sich zurücklehnen, um so höher werden Sie Ziele bei Ihrem Angreifer treffen können. Wenn Sie zum Beispiel einen kleineren Angreifer gegen das Knie treten wollen, würden Sie selbst Ihr Knie um höchstens ca. 20 cm anheben bzw. sich nur einige Zentimeter zurücklehnen. Ist der Angreifer dagegen sehr groß, müssen Sie Ihr Knie sehr stark anheben und sich gleichzeitig sehr weit nach der Seite zurücklehnen.
2. Strecken Sie Ihr Bein aus, halten Sie dabei den Fuß kräftig abgewinkelt und treffen Sie das Ziel mit Ihrer Ferse und dem Innenrist.
3. Winkeln Sie das Bein wieder ab in die Ausgangsposition und stellen Sie sich auf einen erneuten Tritt ein. Sie müssen Ihren Körper nicht aufrichten und auch Ihren Fuß nicht auf den Boden setzen, bevor Sie ein weiteres Mal zutreten.

Ein seitlich geführter Tritt wird gegen das Knie des Angreifers geführt, das sich am nächsten bei Ihnen befindet. Treten Sie mit dem Fuß, der diesem Knie am nächsten ist. Sobald Sie Ihren Angreifer zu Boden gezwungen

Abb. 4–14: Der Tritt von vorne

Abb. 4–15: Der Tritt nach der Seite   **Abb. 4–16: Der Tritt nach hinten**

haben, können Sie Seitwärtstritte auch gegen Kopf und Nacken richten *(siehe Abbildung 4–19)*. Als Erst-Taktik, d. h. als Beginn Ihres Gegenangriffs, sollten Sie Tritte nur dann anwenden, wenn das Augenquetschen mit den Daumen oder das Zerren am Hodensack unmöglich sind. Dies könnte zum Beispiel der Fall sein, wenn ein Mann Ihre beiden Handgelenke gepackt hat und versucht, Sie in seinen Wagen zu zerren *(siehe Abbildung 4–15)*.

Der Tritt nach hinten. Der Tritt nach hinten kommt nur dann zur Anwendung, wenn Sie von hinten angegriffen werden, da er sehr schwierig zu plazieren ist. Erlernen Sie auch den Tritt nach hinten in einer Serie von drei Teilbewegungen.

1. Heben Sie den »Trittfuß« nach hinten hoch und winkeln Sie dabei den Knöchel ab. Drehen Sie den Fuß etwas nach außen, um die Kontaktfläche, mit der Sie Ihr Ziel erreichen wollen, etwas zu vergrößeren. Beugen Sie das Knie Ihres Standbeines ab, während Sie sich leicht nach vorne neigen.
2. Stoßen Sie Ihr Bein kraftvoll nach hinten, halten Sie dabei das Knöchelgelenk abgewinkelt und treffen Sie sein Knie mit Ihrer Ferse und Ihrem Innenrist.
3. Bringen Sie Ihren Fuß in die Ausgangsposition zurück, um sofort für einen erneuten Tritt bereit zu sein.

Sehen Sie nach unten, um für Ihren Tritt richtig zielen zu können. Ein Tritt nach hinten wird nur gegen das Knie gerichtet. Zielen Sie nicht nach dem Schienbein oder nach dem Knöchelbereich, dies würde nur Schmerzen bereiten, aber Ihren Angreifer nicht kampfunfähig machen. Da ein Tritt nach hinten sehr schwierig zu plazieren und wirkungsvoll auszuführen ist, dürfen Sie ihn nur anwenden, wenn das Zerren am Hodensack unmöglich ist. Eine Situation, die einen Tritt nach hinten notwendig macht, ist zum Beispiel dann gegeben, wenn ein Angreifer Sie von hinten packt, Ihre beiden Handgelenke festhält und Sie an den Rand einer Klippe zerrt. Da Sie sofort reagieren müssen, gibt es für Sie nur die Taktik des Tritts nach hinten *(siehe Abbildung 4–16)*.

Noch ein letzter Punkt zur Technik des Tretens. Sie müssen sich unbedingt klarmachen, daß es bei dieser Technik auf die Geschwindigkeit ankommt, mit der Sie einen Tritt austeilen. Üben Sie daher in dem Bewußtsein, daß Schnelligkeit gleich Wirksamkeit ist. Zunächst empfehlen wir Ihnen ja, die verschiedenen Trittvarianten in drei Stufen zu üben. Sobald Sie die einzelnen Stufen beherrschen, sollten Sie sie üben in einem Rhythmus, bei dem Sie auf drei zählen. Sobald Sie diesen Ablauf übergangs-

Abb. 4–17: Die Taktik des Kniebrechens

los im langsamen Tempo beherrschen, beschleunigen Sie Ihren Rhythmus solange, bis Sie die gesamte Trittechnik in einem Zug so schnell beherrschen, daß das Auge nicht mehr folgen kann. Die letztlich auf das Knie übertragene Kraftwirkung hängt mehr von der Schnelligkeit des Tritts ab als von der dahintersteckenden Kraft. Üben Sie diese Technik des Tretens mit beiden Beinen bis zur Vollendung, da Sie im voraus nicht wissen, mit welchem Bein Sie treten müssen.

Die Taktik des Kniebrechens. Diese Taktik sollte angewandt werden, wenn keine Hilfe in Sicht ist. Sie sichert die Bewegungsunfähigkeit Ihres Angreifers. Sobald Sie Ihren Angreifer mit der Technik des Augenquetschens, mit Schlägen und Tritten besinnungslos gemacht haben, rollen Sie ihn auf den Rücken, packen sein Bein fest mit beiden Händen und treten ihm mit aller Wucht das Knie durch (siehe Abbildung 4–17).

Die Conroy-Methode

Die Conroy-Methode zur Selbstverteidigung ist eine einfache Methode. Sie lernen sicher zu leben, indem Sie auf schwierige Situationen geistig vorbereitet sind, indem Sie Gefahrenmomente frühzeitig erkennen und meiden, bevor es ernstlich brenzlig wird, und indem Sie – bei akuter Bedrohung – Verletzungen austeilen, Ihren Angreifer bewegungsunfähig machen und sich durch Flucht in Sicherheit bringen. Ausgefeilte Kampftechniken und aufwendige Waffen sind für eine Durchschnittsfrau nicht besonders praktisch und wir wollen sie nicht empfehlen. Als die Conroy-Methode sich weiter und weiter entwickelte (und wir arbeiten ständig daran, sie weiter zu verbessern), sind wir immer mehr zu der Überzeugung gekommen, daß man sie am wirkungsvollsten einsetzen kann, wenn man sich auf nur sieben einfache Taktiken verläßt. Auch wir haben zunächst über zwanzig Techniken gelehrt. Dazu gehörten ein Handkantenschlag gegen die Nase, ein Schlag gegen die Hoden, ein Tritt gegen die Hoden und eine Reihe von Befreiungs- und Wurftechniken. Ohne Zweifel sind solche Techniken bei Expertinnen nützlich oder auch als Teil von Kursen über martialische Kampftechniken, aber sie sind schwierig und unnötig. Wenn Sie nicht die Fähigkeiten einer Schwarzgürtel-Trägerin besitzen, wird der Versuch, komplizierte Befreiungsgriffe, Ringtechniken und Würfe anzuwenden, Sie eher zusätzlicher Gefahr aussetzen, als Ihnen zu Flucht und Sicherheit verhelfen. Ein Befreiungsgriff, den man in der sicheren und sterilen Umgebung eines Übungsraumes verhältnismäßig leicht ausführen kann, läßt sich in einer schmutzigen Gasse nicht ohne weiteres wiederholen. Und selbst wenn man einen Gegner niederringen könnte, wird Ihr Angreifer als einzige Verletzung ein angekratztes Selbstbewußtsein davontragen. Dagegen wird Ihr Angreifer vor Schmerzen paralysiert, wenn Sie ihm mit weniger Anstrengung und technischer Finesse die Daumen in die Augen quetschen oder den Hodensack zerren und nur so finden Sie Zeit, der Gefahr zu entfliehen.

Gegenwehr in verschiedenen Situationen

Wenn Sie sich plötzlich in einer Situation befinden, in der Sie ohne Vorwarnung festgehalten werden, sollten Sie nach Möglichkeit zuerst herausfinden, was der Angreifer will und seinem Wunsch stattgeben, wenn Sie können. Wenn Sie seiner Forderung nicht nachkommen können oder wollen und glauben, daß Ihre Gesundheit oder Ihr Leben in Gefahr ist, wenden Sie die folgenden Techniken an.
1. Beginnen Sie jeden Gegenangriff mit einem gellenden Schrei – »Ahhh«.
2. Zwingen Sie den Angreifer durch Augenquetschen, Hodensackzerren, Schläge und Tritte zu Boden.
3. Versetzen Sie ihm solange weitere Tritte, bis er völlig außer Gefecht gesetzt ist.

94

4. Rennen Sie weg und rufen Sie laut »Feuer, Feuer«.
5. Erstatten Sie unverzüglich Meldung bei der Polizei.

Die folgenden Gegenwehrmanöver beschreiben mögliche Taktiken, wie sie
sich befreien können. Diese Taktiken müssen immer in einer bestimmten
Reihenfolge angewandt werden, unsere Empfehlungen enthalten also nicht
beliebige Kombinatioen der notwendigen Gegenwehrmaßnahmen, vielmehr sind sie gleich in der richtigen Reihenfolge aufgelistet. Betrachten Sie
diese Listen als Vorschläge und denken Sie sich Ihre persönlichen Gegenwehrtaktiken und ihre genau Reihenfolge für die angegebenen bzw. ähnliche
Situationen selbst aus.

Gegenwehr, wenn Sie an einem Handgelenk gepackt werden
Situation: Ein Angreifer packt Ihr linkes Handgelenk mit seinen beiden
Händen.

Abb. 4–18: Gegenwehr, wenn Sie an einem Handgelenk gepackt werden

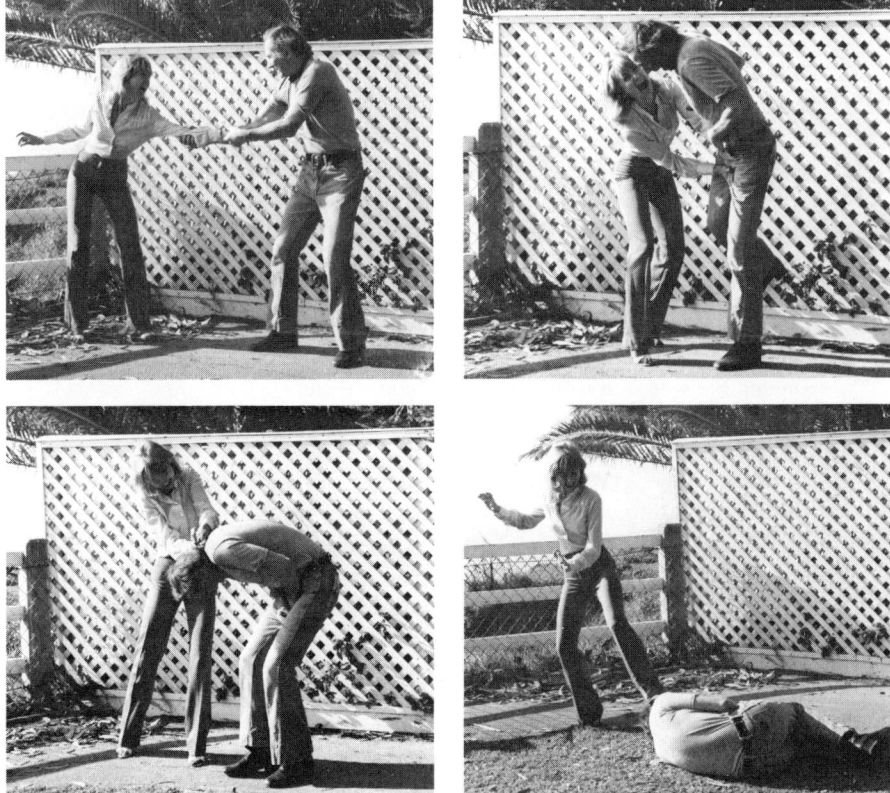

Taktik: Wenn er Sie in Richtung auf seinen Wagen oder ein Gebüsch zerrt, ziehen Sie nicht in die Gegenrichtung. Geben Sie nach und gehen Sie einige Schritte mit ihm, um Ihr Gleichgewicht wiederzufinden. Dann schreien Sie und wenden die Technik des Hodenquetschens an bzw. wenn er enge Hosen trägt, versetzen Sie ihm mit der freien Hand einen Fingerstoß in die Augen. Setzen sie Ihren Gegenangriff mit einem Doppelhandschlag und Tritten fort *(siehe Abbildung 4–18)*. Dann rennen Sie weg und rufen laut »Feuer, Feuer«. Wenden Sie dieselbe Technik an, wenn der Angreifer Ihr Handgelenk nur mit einer Hand packt.

Gegenwehr, wenn Sie an zwei Handgelenken gepackt werden
Situation: Ein Angreifer packt Sie mit beiden Händen an beiden Handgelenken.
Taktik: Schreien Sie und stoßen Sie ihm Ihr Knie in die Hoden. Sobald er daraufhin Ihre Hände losläßt, legen Sie die Hände aufeinander und richten Sie einen Doppelhandschlag gegen seinen Nacken. Setzen Sie den Gegenangriff mit Tritten fort und rennen Sie dann weg, wobei Sie wie immer laut »Feuer, Feuer« rufen *(siehe Abbildung 4–19)*.

Gegenwehr, wenn Sie von vorne gewürgt werden
Situation: Ein Angreifer steht vor Ihnen und würgt Sie mit beiden Händen oder mit einem Schal oder mit einer Krawatte.
Taktik 1: Der Angreifer würgt Sie mit abgewinkeltem Ellbogen. Wenn der Angreifer Sie nahe genug hält, so daß Sie seine Augen erreichen können, schreien Sie und wenden Sie die Technik des Daumenquetschens gegen die Augen an. Noch während Sie ihm die Daumen auf die Augen drücken, stoßen Sie ihm Ihr Knie in die Hoden. Wenn er dann vornüber kippt, setzen Sie Ihren Gegenangriff mit einem Doppelhandschlag gegen den Nacken, und wenn er am Boden liegt, mit Tritten fort *(siehe Abbildung 4–20)*. Rennen Sie weg und rufen Sie laut »Feuer, Feuer«.
Taktik 2: Der Angreifer würgt Sie mit ausgestreckten Armen. Es ist unwahrscheinlich, daß ein Angreifer Sie in einer so großen Entfernung würgt, daß Sie seine Augen nicht erreichen können. Wenn es einmal aber doch geschieht und Sie seine Augen tatsächlich nicht erreichen können, renken Sie ihm das Knie mit einem Tritt von vorne aus *(siehe Abbildung 4–21)*. Sobald dies gelungen ist, machen Sie einen Schritt vorwärts und quetschen ihm Ihre Daumen in die Augen. Wenn er Sie so stark würgt, daß Ihre Luftröhre zugedrückt wird, werden Sie nur wenige Sekunden haben, bevor Sie die Besinnung verlieren. Reagieren Sie daher schnell und denken Sie daran, wenn ein Mann versucht Sie zu würgen, dann ist Ihr Leben in

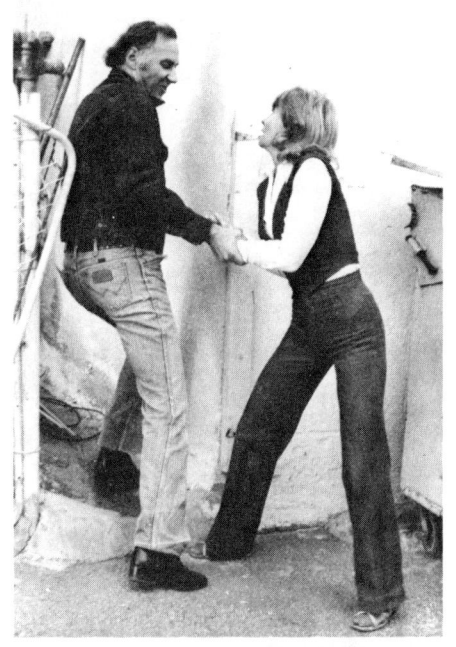

Abb. 4–19: Gegenwehr, wenn Sie an beiden Handgelenken gepackt werden

Abb. 4–20: Gegenwehr, wenn Sie von vorne gewürgt werden; Taktik Nr. 1: die Arme des Angreifers sind angewinkelt

Gefahr. Dann ist die heftigste und brutalste Gegenwehr unbedingt notwendig.

Gegenwehr, wenn Sie von hinten gewürgt werden

Situation: Ein Angreifer packt Sie von hinten mit beiden Händen am Hals.
Taktik: Schreien Sie, sehen Sie nach unten und zurück, um ein Ziel für Ihren Gegenangriff auszumachen. Quetschen Sie ihm die Hoden oder treten Sie

98

Abb. 4–21: Gegenwehr, wenn Sie von vorne gewürgt werden; Taktik Nr. 2: der Angreifer würgt Sie mit gestrecktem Arm

ihm rückwärts gegen sein Knie, wenn er zu enge Hosen für einen Griff zum Hodensack trägt. Wenn sein Würgegriff nachläßt, drehen Sie sich um und drücken ihm Ihre Daumen gegen die Augen, stoßen Sie ihm das Knie in die Hoden und vollenden Sie Ihren Gegenangriff mit Tritten *(siehe Abbildung 4–22)*. Rennen Sie weg und rufen sie laut »Feuer, Feuer«.

Wenn Sie von hinten mit einer Krawatte, einem Nylonstrumpf oder einem Seil gewürgt werden, dann können Sie sich einfach blitzschnell umdrehen und dem Angreifer Ihre Daumen in die Augen drücken. Im Gegensatz dazu können Sie sich nicht umdrehen, wenn ein Mann Sie von hinten mit beiden Händen am Hals packt. Dann ist die einzige Anfangstaktik Ihres Gegenangriffs das Zerren am Hodensack oder ein Tritt nach hinten, falls der Angreifer zu enge Hosen trägt.

Gegenwehr, wenn Sie an den Haaren gepackt werden

Situation: Ein Angreifer packt Sie an den Haaren.

Taktik: Versuchen Sie nicht, sich von ihm loszureißen. Dies würde Sie nur verletzen und Sie würden eine Handvoll Haare verlieren. Statt dessen sollten Sie sich einige Schritte auf ihn zubewegen, um Ihr Gleichgewicht zu finden. Dann schreien Sie, wenden das Augenquetschen an oder, wenn er

**Abb. 4–22: Gegenwehr, wenn
Sie von hinten gewürgt werden**

außer den Haaren auch eine Hand gepackt hat, zerren Sie an den Hoden oder setzen mit der freien Hand einen Fingerstoß gegen die Augen an. Setzen Sie Ihren Gegenangriff mit einem Doppelhandschlag und mit Tritten fort *(siehe Abbildung 4–23)*. Rennen Sie weg und rufen Sie laut »Feuer, Feuer«.

Abb. 4–23: Gegenwehr, wenn Sie an den Haaren gepackt werden

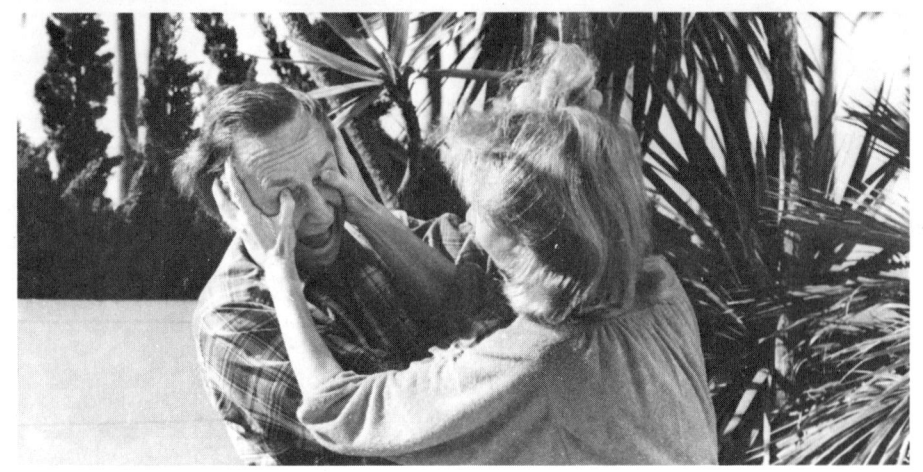

Gegenwehr am Boden

Situation: Ein Angreifer schleudert Sie zu Boden und wirft sich auf Sie.

Taktik 1: Der Angreifer sitzt auf Ihnen. Wenn Sie zu Boden geworfen werden, springen Sie nach Möglichkeit sofort wieder auf. Wenn sich jedoch Ihr Angreifer auf Sie wirft, sollten Sie folgende Techniken anwenden, um sich zu befreien: 1. Schreien Sie und verletzen Sie ihn durch Daumenquetschen gegen die Augen, Zerren am Hodensack oder Fingerstoß gegen die Augen. 2. Nachdem Sie ihn verletzt haben, wird es leicht sein, ihn von Ihrem Körper herunterzurollen. Dazu drücken Sie seinen Oberkörper nach rechts oder links. 3. Sobald Sie ihn von sich gerollt haben, springen Sie auf die Beine und verabreichen ihm Tritte gegen Kopf und Genick. 4. Wenn Sie sicher sind, daß er sich nicht mehr bewegen kann, rennen Sie weg und rufen »Feuer, Feuer!« *(siehe Abbildung 4–24).*

Taktik 2: Befreiung, wenn Ihr Angeifer auf Ihnen liegt. Wenn ein Angreifer auf Ihnen liegt, schreien Sie, während Sie ihm mit den Daumen die Augen quetschen oder einen Fingerstoß gegen die Augen anbringen oder, wenn möglich, an den Hoden zerren. Rollen Sie ihn von Ihrem Körper herunter, indem Sie Ihre Hände unter seine Schultern legen und ihn zur Seite schieben. Springen Sie auf die Beine und treten Sie ihn gegen Kopf und Genick *(siehe Abbildung 4–25).*

Unkonventionelle Gegenwehrmaßnahmen

Es ist unmöglich, alle denkbaren Arten zu beschreiben, wie ein Angreifer Sie packen und festhalten könnte. Sie können aber ziemlich sicher sein – und

102

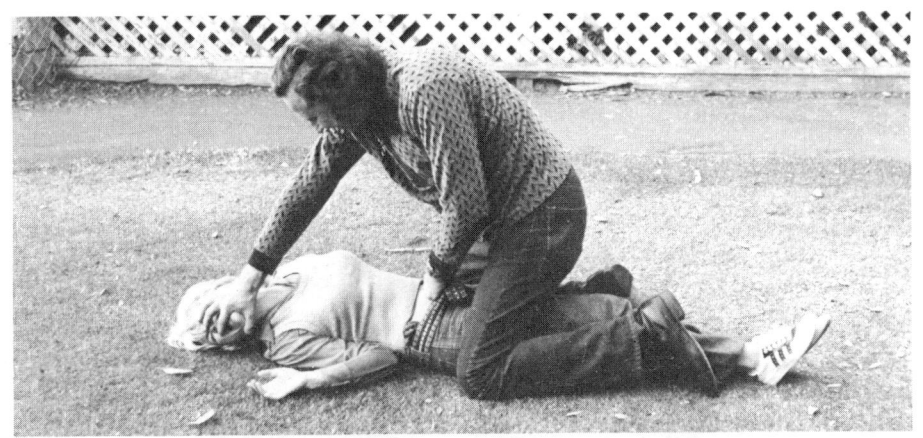

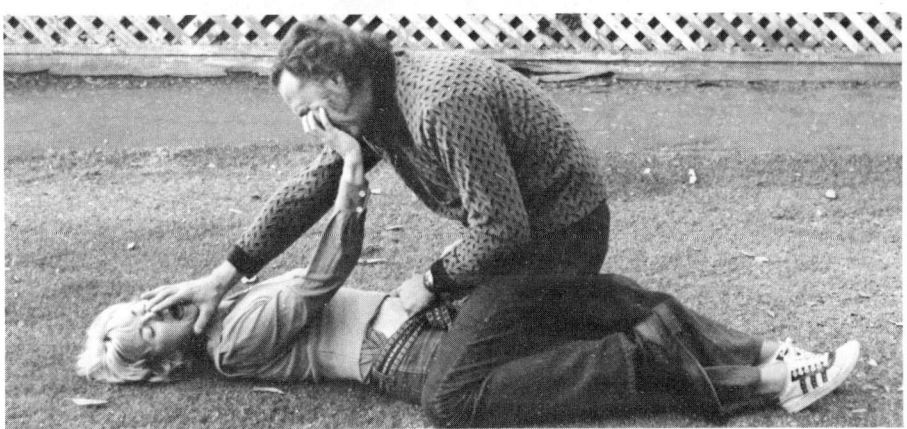

Abb. 4–24: Gegenwehr am Boden; Taktik Nr. 1: der Angreifer sitzt auf Ihnen

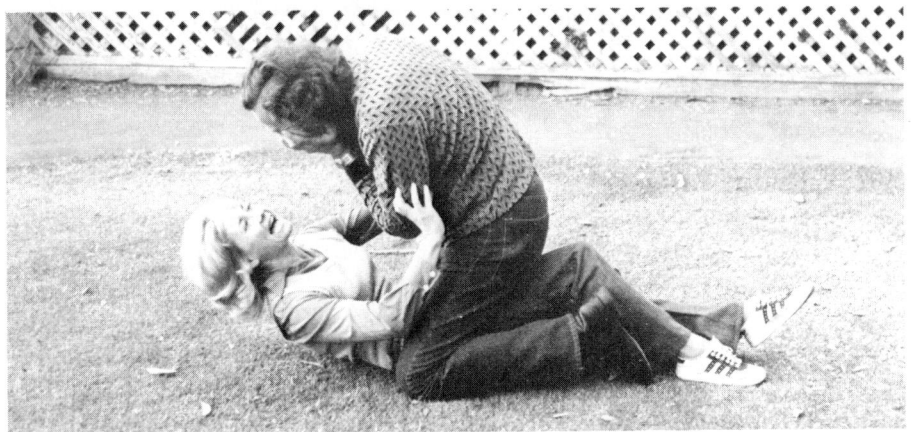

Abb. 4–24 Forts.

dies sollte Ihr Selbstbewußtsein stärken –, daß Sie sich aus praktisch jedem Haltegriff befreien können, sobald Sie die oben beschriebenen Gegenwehrmaßnahmen beherrschen. Schreien Sie gellend, setzen Sie die besten in der jeweiligen Situation möglichen Taktiken ein, richten Sie Ihren Angriff gegen seine verwundbaren Zielbereiche und versuchen Sie, einen klaren Kopf zu behalten.

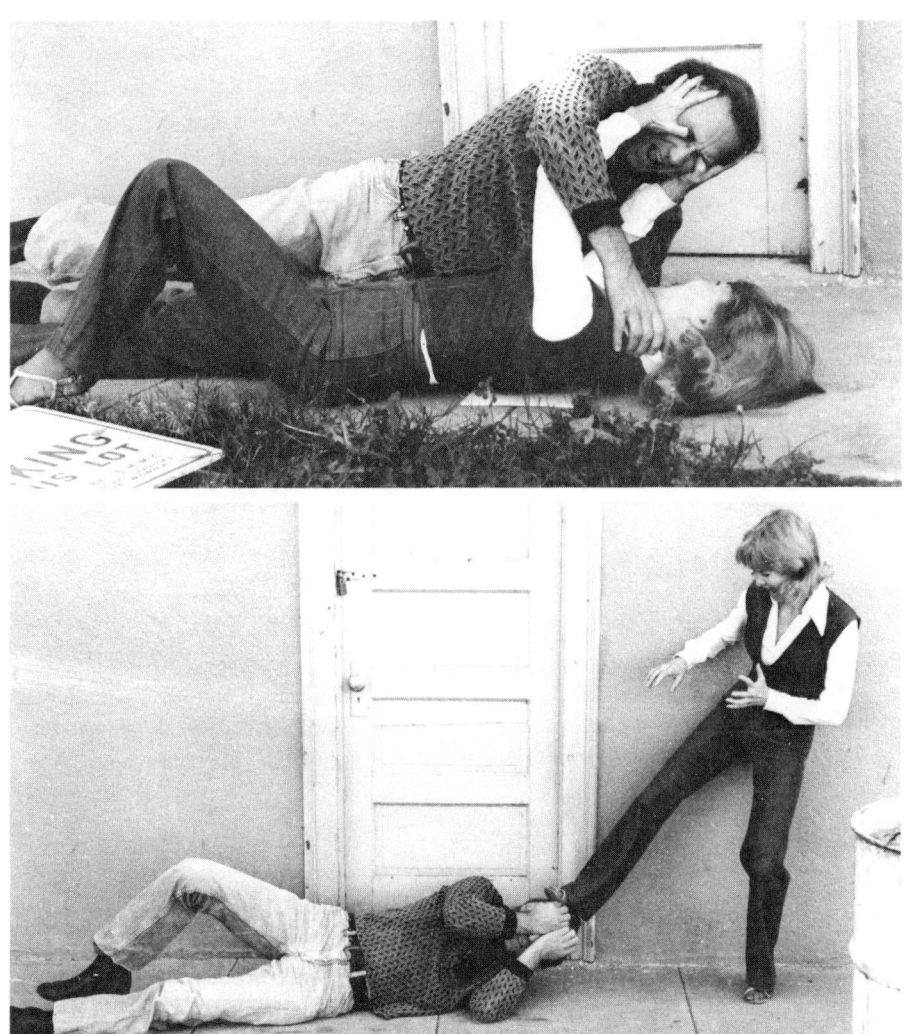

Abb. 4–25: Gegenwehr am Boden; Taktik Nr. 2: der Angreifer liegt auf/neben Ihnen

Sprung mit den Knien auf den Rücken des Angreifers

Diese Technik verlangt praktisch keine Übung und wird selten angewandt. Aus diesem Grunde taucht sie auch nicht auf der Liste unserer sieben Verteidigungstaktiken auf. Der »Kniefall« sollte nur angewandt werden, wenn jegliche Hilfe sehr weit entfernt ist, da er Ihren Angreifer dauerhaft lähmen kann. Nachdem Sie ihn mit Quetschtechniken, Tritten und Schlägen

105

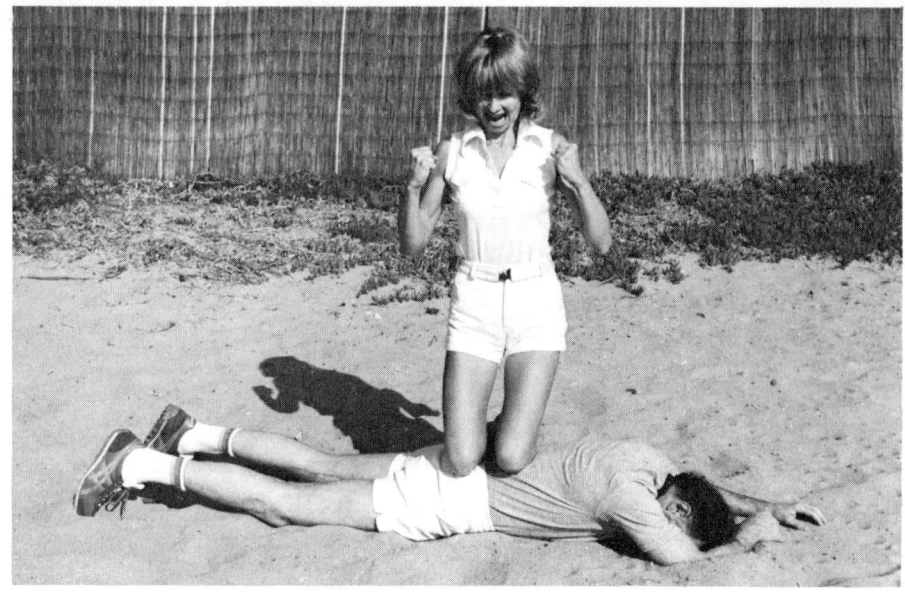

Abb. 4–26: Sprung mit den Knien auf den Rücken des Angreifers

bewußtlos gemacht haben, rollen Sie ihn auf den Bauch und lassen Sie sich mit vollem Gewicht mit beiden Knien auf die schmalste Stelle seines Rückens fallen *(siehe Abbildung 4–26)*.

Zusammenfassung

Die Taktiken, die wir in diesem Kapitel beschrieben haben, lassen sich von allen Frauen leicht erlernen und anwenden. Allerdings haben wir in der Vergangenheit verschiedentlich die Erfahrung gemacht, daß manche Menschen größere Schwierigkeiten haben, gewisse Fertigkeiten zu erwerben und bestimmte Techniken zu beherrschen. Wir empfehlen Ihnen deshalb, daß Sie in Ihren Übungsstunden diejenigen Techniken besonders betonen, die Ihnen am lästigsten oder schwierigsten erscheinen. Übung und Geduld werden auch hier zur Perfektion führen – und die Fähigkeiten und Techniken, die Sie dann beherrschen, können sich als lebensrettend erweisen.

KAPITEL 5

Waffen

Wir raten Ihnen dringend zu lernen, wie Sie sich unter Einsatz der fünf natürlichen Waffen Ihres Körpers schützen – Ihre Stimme, Ihre Finger und Daumen, die Hände, die Knie und die Beine. Mit diesen natürlichen Waffen können Sie zielsicher umgehen und ihr größter Vorteil ist natürlich, daß Sie diese Waffen bei sich haben. Kein Angreifer kann Ihnen eine solche Waffe entwinden und sie gegen Sie richten. Diese natürlichen Waffen ermöglichen Ihnen das Überraschungsmoment auszunützen und, was vielleicht noch wichtiger ist, sie stärken das Vertrauen in Sie selbst. Das Vertrauen in sich selbst wiegt um vieles mehr als das Vertrauen in eine Sprühdose, in ein Schlüsselbund oder andere Waffen aus der Handtasche. Da jedoch nicht wenige Frauen den Einsatz von Handtaschen-Waffen vorziehen, wollen wir im folgenden auch deren Gebrauch besprechen:

Zunächst sollten Sie sich die folgenden Schwierigkeiten klarmachen, die sich ergeben, wenn Sie sich auf den Schutz durch solche Waffen verlassen. Denken Sie z. B. an Ihre Eitelkeit. Können Sie sich vorstellen, daß Sie über einen Parkplatz gehen, in der einen Hand die Weihnachtsgeschenke für Ihre Familie und in der anderen die Sprühdose? Kämen Sie sich nicht ebenso dumm vor, wenn Sie an der Bushaltestelle stünden mit drei, vier Büchern in der linken Hand und einer Tränengaspistole in der rechten? Solche Hemmungen müssen Sie überwinden, denn diese Waffen müssen jederzeit griffbereit sein, was Ihnen auch die Hersteller dieser Artikel als oberstes Gesetz mitgeben. Selbst die wenigen kostbaren Sekunden, die Sie benötigen, um eine Sprühdose aus der Handtasche zu fischen, zu zielen und auf den Knopf zu drücken, würden genügen, Ihren Angreifer vor Ihrem Gegenangriff zu warnen. Dies könnte seine Angriffswut steigern und ihm vor allem Zeit geben, Ihnen gefährliche Schläge zu versetzen. Darüber hinaus sollten Sie die Zeit; die Sie benötigen, um in Ihrer Tasche zu suchen, besser nutzen, indem Sie wegrennen und laut »Feuer, Feuer« rufen.

Ein anderes Problem mit der »Sprühdose in der Tasche« ist, daß sie Ihnen ein falsches Gefühl der Sicherheit gibt, die selbst dann nicht gegeben ist, wenn Sie die Dose in der Hand halten. Die geringe Wirksamkeit von Tränengas wurde z. B. in der NBC-Fernsehserie »Selbstverteidigung« mit David Horowitz gezeigt. Dabei sprühte D. Horowitz aus kurzer Entfernung einem geprüften Verteidigungsexperten für Tränengas dieses in die Augen. Es dauerte mehr als 15 Sekunden, bis der Experte die Wirkung spürte. Während dieser Zeitspanne hatte er bereits die Brieftasche und die Armbanduhr von D. Horowitz an sich genommen. Im Ernstfall wäre ein Räuber jedoch nicht so rücksichtsvoll. Auf einen Gegenangriff mit Tränengas würden die meisten Angreifer nur wilder reagieren und sofort mit brutaler Gewalt gegen Sie vorgehen.

Ein zweites Beispiel für die Tatsache, daß Tränengas ein trügerisches Gefühl der Sicherheit vermittelt, stammt von Judy Ravits, eine der führenden Vertreterinnen der Los Angeles Country Commission on Assaults against Women. Sie setzte sich einem direkten Sprühstrom von Tränengas aus und beobachtete, daß es volle 45 Sekunden dauerte, bis die Wirkung voll einsetzte. »Erst dann begannen meine Augen zu brennen und meine Nase zu laufen. Das Stechen in den Augen war weniger schmerzhaft als ein Bienenstich.« Innerhalb von Sekunden konnte sie wieder lesen und sich sicher bewegen. Die Los Angeles Commission on the Status of Women empfiehlt inzwischen keine Tränengas-Sprühdosen zur Selbstverteidigung mehr.

Ein drittes Beispiel für die geringe Wirksamkeit von Tränengas-Sprühdosen ereignete sich in einem unserer Kurse. Eine Teilnehmerin befürwortete die Verwendung dieser Waffe sehr stark und erzählte, daß sie schon seit mehreren Monaten eine entsprechende Sprühdose in der Handtasche bei sich trug. Wir baten sie, die Wirkung vor den anderen Kursteilnehmerinnen zu demonstrieren. Zu unser aller Erstaunen aber funktionierte die Dose nicht – der Überdruck des Gases war verschwunden.

Oder können Sie sich vorstellen, mit einer Sprühdose in der Hand zu schlafen? Eine unserer Kursteilnehmerinnen berichtete, daß sie lange Zeit mit einer Sprühdose unter dem Kopfkissen geschlafen hatte. Sie sagte »geschlafen hatte«, weil sie eines Nachts umnebelt aufwachte, als ihre »Sicherheits«-Dose leck lief.

Jede Art von Handtaschen-Waffen kann einen Angreifer auf Ihre Absichten aufmerksam machen. Wir nennen das »Telegraphieren«. Wir können uns sehr gut vorstellen, wie sich ein Angreifer seinem Opfer nähert, ihre Waffe erblickt und sie ihr entreißt. Damit ist sie sofort völlig wehrlos, da sie sich bis zu diesem Moment völlig auf den Schutz durch ihre Handtaschen-Waffe verlassen hat. Würde sie ihr Sicherheits-Denken dagegen auf ihre Körperwaffen konzentrieren und der Angreifer würde z. B. eine Hand ergreifen, dann bliebe immer noch die andere Hand. Würde er beide Hände packen, könnte sie immer noch mit Knien und Beinen kämpfen. Die Gegenwehr mit Körperwaffen eröffnet verschiedene Möglichkeiten, Handtaschenwaffen bieten nur jeweils eine.

Jeden Monat lädt die Volkshochschule eines Ortes einen Gast ein, der über wichtige Zeitprobleme sprechen soll. Vor einiger Zeit zeigte ein Selbstverteidigungsexperte der Gruppe, wie man sich mit Handtaschen-Mitteln zur Wehr setzt. Wie andere Zuhörerinnen war Linda von dem Vortrag so beeindruckt, daß sie von nun an immer eine Dose mit Haarspray bei sich trug.

Eines Abends verließ Linda um 18.30 Uhr ihre Arbeitsstelle. Die meisten anderen Angestellten waren schon weggegangen und als sie zu ihrem Wagen ging, fühlte sie, wie ihr jemand folgte. Intuitiv hatte sie die Lage richtig eingeschätzt und so fischte sie möglichst unauffällig ihr Haarspray aus der Handtasche. Plötzlich packte sie ein Mann am Oberarm. Sie riß ihre Waffe hoch und drückte den Finger auf das Sprühventil. Das Brennen in seinen Augen steigerte die Angriffswut des Mannes und er schlug ihr die Faust mit voller Wucht ins Gesicht. Das Haarspray verletzte zwar Lindas Angreifer, aber es setzte ihn nicht außer Gefecht. Statt dessen schlug er sie wehrlos.

Anhand von Mildreds Geschichte soll dieser wichtige Gesichtspunkt noch weiter erläutert werden. Mildred verhielt sich immer sehr vorsichtig. Sie lebte im zehnten Stock eines als sicher geltenden Apartmenthauses. Sie ließ sich Schlösser mit Doppelzylindern und eingelassenen Schrauben an allen Türen anbringen und ging abends niemals alleine aus. In einem führenden Frauenmagazin entdeckte Mildred einen Artikel über Selbstverteidigung. Darin wurde empfohlen, eine lange Hutnadel zu verwenden, um einen Angreifer abzuwehren. Sie fühlte sich von dem Vorschlag derart überzeugt, daß sie ins Kaufhaus eilte und eine 10 cm lange Hutnadel kaufte.

Nach dem sonntäglichen Kirchgang betrat sie wie immer den Aufzug ihres Hauses und drückte auf den Knopf zum zehnten Stock. Kurz bevor sich die Türen schlossen, zwängte sich noch ein Mann durch. Wortlos fuhren sie die ersten drei Stockwerke hoch. Dann drückte der Mann plötzlich seinen Daumen auf den Stop-Knopf. »Geben Sie mir Ihr Geld!« befahl er ihr. Voller Furcht reichte sie ihm ihre Handtasche. »Jetzt den Ring«, verlangte er. Mildred zögerte. Dieser Ring war das einzige Erinnerungsstück an ihren verstorbenen Mann. Sie faßte nach oben und zog die Nadel aus ihrem Hut. Mit aller Kraft stieß sie die Nadel in den Magen des Mannes. »Widerwärtige

Kröte!« schrie der Mann und donnerte seine Faust in Mildreds Gesicht. Wütend riß er ihr den Ring vom Finger, löste den Stopknopf und sprang im nächsten Stockwerk aus dem Aufzug.

Im Grunde hatte Mildred Glück gehabt. Sie hätte katastrophale Verletzungen davontragen können – ja tödliche Verletzungen.

Alle angeführten Beispiele zeigen, wie unglücklich Opfer sich auf Dinge verließen, die man ihnen entreißen konnte, anstatt sich auf ihre natürlichen Waffen zu besinnen (Stimme, Finger und Daumen, Hände, Knie und Beine). Dies ist der entscheidende Grund, weshalb die Conroy-Methode kein eigenes Produkt zur Selbstverteidigung billigt. Jedesmal, wenn wir dazu aufgefordert werden, fragen wir den Hersteller – der im übrigen immer ein Mann ist –: »Tragen Sie das Produkt selbst bei sich?« Regelmäßig erhalten wir dann die Antwort, meist begleitet von einem glucksenden Lachen: »Nein, mein Produkt ist für Frauen gedacht.« Auf unsere anschließende Frage, »Was würden Sie tun, wenn jemand Sie angreifen würde?« erhalten wir fast immer die Antwort, »Ich würde den Kerl niederschlagen«. Dann geht das Frage- und Antwortspiel weiter. »Warum sollte sich eine Frau nicht auf die gleiche Weise verteidigen?« »Oh, Frauen können nicht kämpfen. Deshalb benötigen sie eine Waffe zum Ausgleich.« Diese Art männlich-chauvinistischer Ignoranz hat unglücklicherweise viele Frauen davon überzeugt, daß sie sich mit ihren eigenen Körper-Waffen nicht wirkungsvoll verteidigen können. Bei der ständigen Gehirnwäsche in dieser Richtung wird eine Frau eher nach irgendwelchen Hilfsmitteln greifen als sich auf ihren eigenen Körper verlassen. Man könnte es fast Travestie nennen, wenn man den Frauen einredet, sie müßten für den Rest ihres Lebens immer etwas in der Hand tragen, um sich zu schützen.

Obwohl wir also gute Gründe haben, vom Gebrauch von Handtaschenwaffen abzuraten, verlangen viele Kursteilnehmerinnen und Experten für die Selbstverteidigung Hinweise und Ratschläge für deren Gebrauch. Für diese Frauen wollen wir im folgenden einige wichtige Informationen über den Gebrauch von Handtaschen, Büchern, Schirmen usw. als Waffen zur Gegenwehr geben. Diejenigen Leserinnen, denen das Vertrauen in ihre körpereigenen Waffen genügt, können diese Ratschläge ignorieren und auf Seite 117 bei der Überschrift »Verteidigung gegen einen bewaffneten Angreifer« weiterlesen.

Waffen zur Gegenwehr

Durch Reaktionsschnelligkeit und eine Art »Darauf-Vorbereitet-Sein« lassen sich harmlose Taschengegenstände in handliche Waffen oder Schutzschilde umwandeln. Weil Angreifer Ihnen ohne weiteres Pistolen oder Schnappmesser wegnehmen, aus der Hand schlagen oder gegen Sie verwenden können, empfehlen wir nicht, diese Art Waffen bei sich zu tragen. Wir gehen mit unserer Empfehlung sogar noch einen Schritt weiter: benutzen Sie bei der Abwehr eines Angreifers niemals ein Küchenmesser, eine Rasierklinge, eine Nagelfeile oder eine Schere.

Als der Würger von Hillside nach Belieben seine Mordlust befriedigte, lebten die Frauen im Großraum von Los Angeles in Angst und Schrecken. Damals forderte uns eine lokale Fernsehstation auf, eine inoffizielle Umfrage darüber zu machen, wie Frauen sich auf einen möglichen Angriff vorbereiteten. Wahllos befragten wir Frauen auf der Straße. Das Ergebnis dieser Aktion war erschütternd. Einige der Befragten trugen Messer oder Scheren in der Handtasche herum. Auf unsere Frage, was sie denn mit der Waffe vorhätten im Falle eines Angriffs, antworteten sie ganz tapfer »Ich werde den Kerl niederstechen«. Wir fragten dann weiter, »und wohin würden Sie ihn stechen?«, worauf wir in ein erstauntes Gesicht blickten und zur Antwort bekamen, »Ich weiß nicht, irgendwohin einfach, in die Brust vielleicht?« »Irgendwohin« zu zielen ist natürlich sinnlos. In dieser Situation hätte eine Frau nur einmal die Möglichkeit, auf einen Angreifer einzustechen. Wenn dieser Stich dann nicht tödlich verlaufen würde – was recht unwahrscheinlich ist – dann würde der Angreifer ihr das Messer entreißen und es gegen sie selbst verwenden, was sehr viel wahrscheinlicher wäre.

Andere Frauen, die wir interviewten, hatten sich mittlerweile Handfeuerwaffen aus ihrem Sportgeschäft besorgt und obwohl sie weder wußten, wie man damit umgeht und obwohl sie niemals zuvor einen Schuß abgegeben hatten, bauten sie auf diese Waffen als Schutz für ihr Leben.

Anne Sebree aus Tomball in Texas wußte mit ihrer 38er Pistole sehr wohl umzugehen. An einem frühen Julimorgen des Jahres 1978 gegen 4.30 Uhr hörte sie verdächtige Geräusche. Sie griff nach ihrer Waffe und feuerte im Dunkeln einen Schuß auf einen Mann ab, der ihn mitten ins Gesicht traf und ihn sofort tötete. Der Mann war ihr siebenundzwanzigjähriger Sohn Earl, der gerade aus Oklahoma zurückgekommen war und zum 68. Geburtstag seiner Mutter eine Überraschungsparty plante. Hier ist kein weiterer Kommentar erforderlich.

Jede der nachfolgend beschriebenen Verteidigungstaktiken beginnt mit lauten Schreien und endet zunächst mit einem Tritt gegen die Knie des

Angreifers. Wenn er dann am Boden liegt, werden die Tritte gegen Kopf und Hals fortgesetzt.

Lärmmacher. Ein Schrei ist der beste Lärmmacher, den Sie einsetzen können. Für diejenigen Leserinnen, die Schwierigkeiten haben, einen gellenden Schrei auszustoßen, empfehlen wir, eine Druckluftsirene oder eine Pfeife, wie sie Sportlehrer verwenden, bei sich zu tragen. Eine Sirene ist deshalb besser, weil sie – einmal eingeschaltet – so lange einen schrillen Ton von sich gibt wie es die Situation erfordert. Eine Pfeife muß man dagegen in den Mund stecken und blasen, was schwierig werden kann, wenn man sich im Zustand höchster Erregung oder gar Angst befindet. Blasen Sie mit Ihrer Pfeife ein »Lang-kurz-kurz«-Signal, das könnte den Angreifer glauben machen, Sie seien von der Polizei. Unter keinen Umständen dürfen Sie einen dieser »noisemaker« an einer Schnur um den Hals tragen. Ein Angreifer könnte mit einer solchen Schnur sonst versuchen, Sie zu strangulieren. Bewahren Sie statt dessen das Lärminstrument an einer handlichen Stelle wie am Schlüsselanhänger oder in der Tasche auf.

Handtasche. Wenn Sie Ihre Handtasche als Waffe benutzen wollen oder müssen, dann nehmen Sie sie in beide Hände. Richten Sie den steifsten Teil der Tasche gegen Ihren Angreifer und schlagen Sie ihm diese Notwaffe hart unter die Nase oder gegen die Kehle *(siehe dazu Abbildung 5–1)*. Die

Abb. 5–1: Eine schwere Handtasche als Waffe

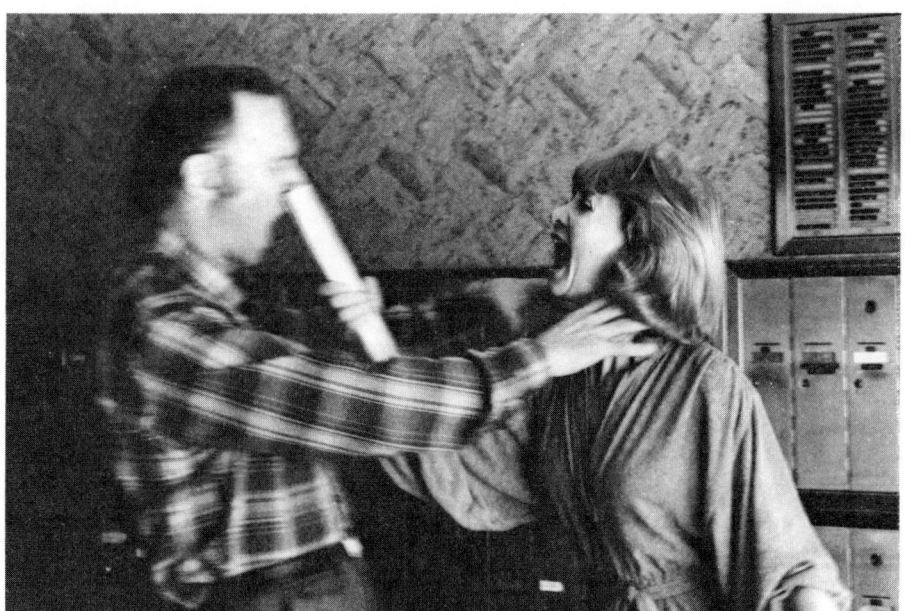

Abb 5–2: Eine Zeitung als Waffe

meisten Handtaschen sind groß genug, um als Schutzschild einen Messerstich abzuwehren. Fassen Sie Ihre Tasche fest mit beiden Händen und blocken Sie damit Messerstiche ab, während Sie gleichzeitig gegen das Knie Ihres Angreifers treten.

Buch oder Paket. Bücher oder Pakete können ähnlich wie eine Handtasche eingesetzt werden. Sollen sie als Waffe dienen, richtet man wiederum die schärfste Ecke oder Kante gegen Nase oder Kehle des Angreifers.

Zeitung oder Zeitschrift. Auch eine zusammengerollte Zeitung oder Zeitschrift läßt sich als Waffe verwenden. Am besten stößt man das Endstück der Rolle gegen die Kehle oder unter die Nase des Angreifers. Zügeln Sie dabei Ihren natürlichen Instinkt, wie wild auf Ihren Angreifer einzudreschen, weil solche Schläge nicht viel Schaden anrichten und leicht abgeblockt werden können *(siehe Abbildung 5–2)*.

Taschenlampe. Auch eine Taschenlampe eignet sich als Waffe, wenn man sie – Kopfstück voran – einem Angreifer auf die Nase oder gegen den Hals schlägt. Hier muß wieder der natürliche Instinkt unterdrückt werden, seitlich auszuholen und zuzuschlagen.

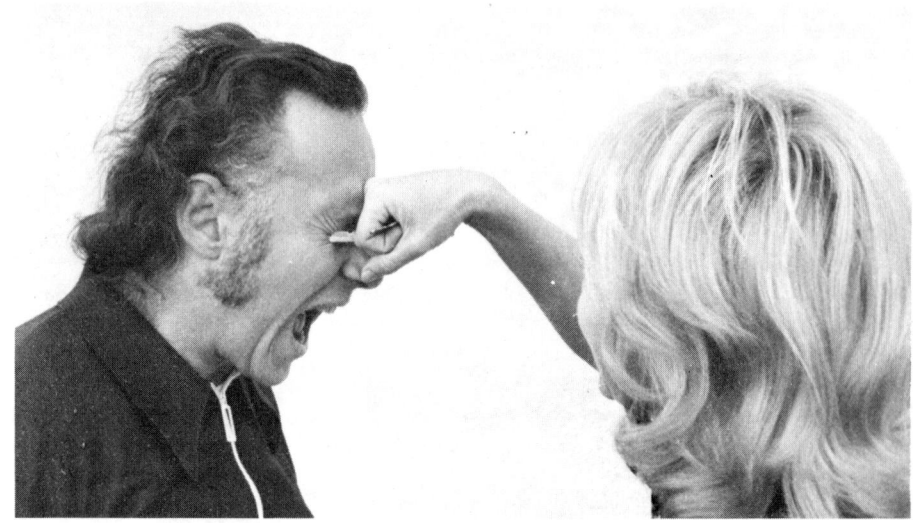

Abb. 5–3: Schlüssel als Waffe

Schlüssel. Schlüssel können als Waffe verwendet werden. Sie müssen allerdings auf eine bestimmte Art und Weise gehalten werden, damit sie einem nicht entgleiten, sobald sie ihr Ziel getroffen haben. Man muß sie mit der Handfläche umschließen und das scharfe oder spitze Ende eines jeden Schlüssels zwischen den Fingern herausragen lassen. Harte Stöße in die Augen und gegen die Kehle sind am wirkungsvollsten. Es dauert eine ganze Weile, bis man einen Bund Schlüssel geordnet und richtig in der Hand hat. Wenn Sie Schlüssel also zu Selbstverteidigungszwecken verwenden wollen, dann halten Sie sie am besten in der oben beschriebenen Weise, sobald Sie in einem Gebiet zu Fuß unterwegs sind, das allgemein als gefährlich gilt *(siehe Abbildung 5–3).*

Schirm, Besen- oder Schrubberstiel. Lange, schmale Gegenstände können auf zwei Arten zu Verteidigungszwecken benutzt werden, einmal als Schild und zum anderen als Speer. Als Schild müssen Sie den Schaft mit beiden Händen greifen, dabei die Hände etwa einen halben Meter auseinanderhalten und den betreffenden Gegenstand parallel zum Boden vor dem Körper halten. Wenn Ihr Angreifer danach grapscht, lassen Sie sich so nahe an ihn heranziehen, daß Sie ihn gegen seine Knie treten können *(siehe Abbildung 5–4).* Als Speer müssen Sie den Schaft seitlich am Körper halten, wobei die Hände – nur 25 cm voneinander entfernt – zupacken sollten. Dabei ist die scharfe oder spitze Seite Ihres Gegenstands auf den Angreifer gerichtet.

Abb. 5–4: Ein Besen als Waffe

Stoßen Sie direkt in seinen Hodensack oder in seine Kehle. Wenn er die Spitze abfängt und greift, lassen Sie sich einfach von ihm so nahe heranziehen, bis Sie ihm gegen die Knie treten können.

Kugelschreiber, Füller oder Bleistift. Hier möchten wir einmal mehr empfehlen, statt Kugelschreiber, Füller oder Bleistift lieber Ihren Daumen und Finger als Waffen zu benutzen. Wenn der Gedanke an körperlichen Kontakt mit Ihrem Angreifer Ihnen aber völlig zuwider ist, dann empfiehlt sich aus psychologischen Gründen ein handlicher Stift.

Halten Sie ihn fest in der Hand und stoßen Sie ihn mit der Spitze voraus Ihrem Angreifer in die Augen *(siehe Abbildung 5–5)*.

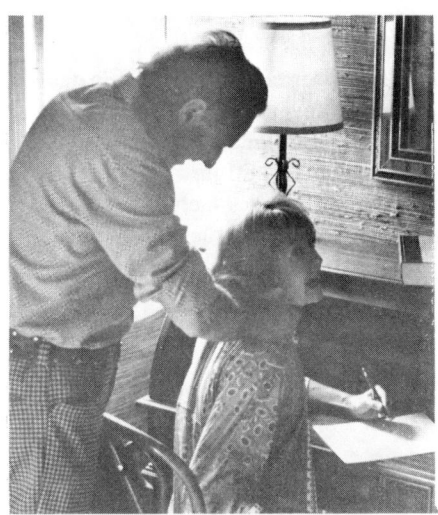
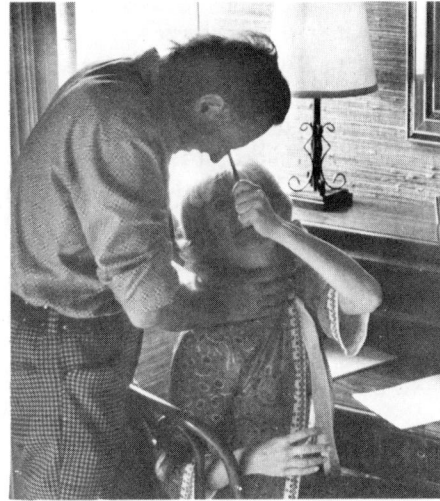

Abb. 5–5: Ein Schreibstift als Waffe

Gegenstände aus der Handtasche. Kämme, Haarbürsten, Lippenstiftetuis, die typischen Gegenstände eben, die man in der Handtasche hat, sind entgegen der Meinung vieler gar nicht so handlich und wirkungsvoll. Und im Gegensatz zur Meinung verschiedener Experten raten wir von ihrer Verwendung ab. Sie sind nicht nur schwer zu fassen, festzuhalten und als Waffe einzusetzen, sie sind auch deutlich weniger wirksam als Ihre Finger oder Hände.

Tränengas. In der Bundesrepublik sind Tränengassprühdosen und Schreckschußwaffen mit Tränengaspatronen im Fachhandel ab 18 Jahre frei erhältlich. Andere europäische Staaten verbieten den Besitz und das Führen solcher Waffen und Sprühgeräte und verhängen empfindliche Strafen bei Zuwiderhandlung. Von Schreckschußwaffen ist allgemein abzuraten – sie vermitteln ein falsches Gefühl der Sicherheit, die Wirkung ihrer Tränengasladung steht in keinem Verhältnis zum Eigengewicht der Waffen, dem Knall und der Handhabungsproblematik. Zudem sehen viele Schreckschußpistolen heutzutage wie echte Schußwaffen aus und können damit zu einer Eskalierung der Situation beitragen – der Täter setzt seine eigene Waffe ein, weil er sich von einer Schußwaffe bedroht fühlt und meistens hat der Angreifer mehr als nur einen Knallbonbon!

Tränengassprühdosen kommen in allen erdenklichen Formen und Größen bis hin zu eingebauten Sprühgeräten in Taschenlampen und Schlagstöcken vor. Alle im Handel erhältlichen Modelle haben eines gemeinsam, daß ihr Konzentrat weitaus schwächer gehalten ist, als das bei Polizei- und Sicherheitskräften benützte Mittel. Je nach Größe und Art des Druckbehälters reicht der Strahl von 30 cm bis einem Meter, wobei die Windrichtung und -stärke eine nicht unerhebliche Rolle spielt. Für die Überarbeitung des amerikanischen Manuskripts wurden einige handelsübliche Sprühdosen getestet, immer wieder kam die Testperson dabei in den zweifelhaften Genuß des eigenen Gasnebels! Tränengas-Befürworter empfehlen, es in der Hand zu halten oder am Schlüsselanhänger oder am Gürtel befestigt oder es in der Handtasche mit sich zu führen, an einer Stelle einfach, wo man es im Notfall leicht zur Hand hat. Tränengas strömt in einem Strom aus. Wenn es mit der Haut in Berührung kommt, tritt ein brennendes Gefühl auf. Die Augen tränen und das Atmen fällt schwer. Auch wenn wir die Verwendung von Tränengas nicht empfehlen, raten wir für den Fall, daß Sie auf Tränengas nicht verzichten wollen, sofort wegzulaufen und gellend »Feuer, Feuer« zu schreien, wenn Sie es eingesetzt haben. Stehen Sie nicht herum, um zu sehen, ob es wirkt. Tränengas wirkt durchaus nicht immer, wirkt auch nicht gleichbleibend und vor allem nicht tödlich. Außerdem möchten wir noch einmal warnend feststellen, daß Tränengas in seiner Wirkung keinen Unterschied macht. Wenn Sie ungünstig stehen und der Wind in Ihre Richtung weht, dann können Sie ebenso tränenblind enden wie Ihr Angreifer.

Im Handel erhältliche Selbstverteidigungsartikel

Nachdem die Verbrechenswelle über unsere Großstädte hereingeschwappt ist, füllen sich die Geschäfte mit Artikeln, die sie als »die neuesten Selbstverteidigungswaffen« anpreisen. Obwohl viele dieser Waffen illegal sind und von Testpersonen auch als unwirksam deklariert wurden, blühen die Geschäfte mit diesen Artikeln, zumal sie auch oft von sogenannten Experten empfohlen werden. So können Sie zum Beispiel immer noch Elektroschockstöcke kaufen. Wenn ein solcher Schock-Stock richtig funktionieren soll, dann müssen zwei Elektroden in direktem Kontakt mit der Haut des Opfers sein und der »Ein«-Knopf muß im entscheidenden Moment gedrückt werden.

Dicke Kleidung kann den Strom abhalten und den Stock nutzlos machen.

Wir kommen also zu dem Schluß, Sie nicht zum Kauf von solchen »Lebensrettern« zu ermuntern. Es gibt nichts, was Sie kaufen –, aus Ihrer Tasche nehmen – oder von zuhause holen können, was wirkungsvoller ist als Ihre Stimme, Ihre Finger und Daumen, Ihre Hände, Knie und Beine. Noch einmal also: Ihre Körperwaffen sind immer und jederzeit verfügbar, leicht auf Ihr Ziel anzusetzen und einfach zu verwenden. Man kann sie Ihnen nicht wegnehmen oder sie gegen Sie selbst verwenden und mit Ihren körperlichen Waffen bewahren Sie Ihr Überraschungsmoment. Und was noch schwerer wiegt, Ihr Vertrauen ist in Sie selbst gesetzt und nicht in irgendwelche Apparätchen.

Schutz und Verteidigung vor den Waffen eines Angreifers

Es ist allgemein bekannt, daß viele Angreifer Waffen nur bei sich haben, um die Leute zu ängstigen und sie damit zur Mitarbeit zu bewegen. Andrerseits liest man in den Zeitungen jeden Tag, daß Gewaltdrohungen in die Tat umgesetzt werden. Ihre grundsätzliche Strategie für Ihre persönliche Verteidigung lautet: kooperieren Sie immer mit einem bewaffneten Angreifer. Versuchen Sie ruhig zu bleiben, herauszufinden, was er will, wenn er von Ihnen »nur« Schmuck und Wertgegenstände fordert, händigen Sie ihm das Gewünschte schnell aus. Versuchen Sie auf jede nur mögliche Weise, die physische Konfrontation zu vermeiden. Die Taktiken, die wir im folgenden beschreiben, sollten nur in lebensbedrohenden Situationen eingesetzt werden.

Wie wollen Sie wissen, ob ein Angreifer Sie nur einschüchtert oder ob er die Absicht hat, Sie zu töten? Auf diese Frage gibt es keine eindeutige Antwort, aber es gibt Anhaltspunkte, an die Sie sich halten können, um die Ernsthaftigkeit einer Drohung herauszufinden. Wenn ein Angreifer stark irrational vorgeht, müssen seine Drohungen sehr ernst genommen werden. Dagegen stellt ein professioneller Räuber klare Forderungen und ist im übrigen darauf bedacht so schnell zu verschwinden, wie auch Sie es wünschen. Ein psychotischer, geistesgestörter Mensch, der unter Wahnvorstellungen vorgeht, wird Sie zwingen, seinen verrückten Ideen und ihrem Schema zu folgen. So verlangt zum Beispiel ein geistesgestörter Angreifer von seinem Opfer bestimmte Dinge zu sagen, eine Rolle zu spielen oder an einen bestimmten Ort zu gehen, wo er seine Phantasie neu »aufladen« kann. Ein anderer geistesgestörter Typ, von dem man weiß, daß er oft Frauen angreift, ist der Drogenabhängige. Wenn er unter dem Einfluß von Drogen steht oder unter Entzugseinflüssen reagiert, ist dieser Typ leicht zu erkennen. Drogenabhängige unterliegen häufigem Stimmungswechsel und haben in der Regel schlechte, teilweise verkümmerte Koordinationsfähigkeiten. In der Entzugsphase kann körperlicher Schmerz bei ihnen stark sichtbar werden, aber auch heftige Unruhe, die sich in zitternden Händen und Beinen äußert. Sie schwitzen übermäßig und sprechen in der Regel schnell, zusammenhanglos und unlogisch.

Wenn Sie sich entscheiden, sich körperlich gegen einen bewaffneten Angreifer verteidigen zu müssen, dann halten Sie sich vor Augen, daß Ihre Entscheidung auf Ihrem Gefühl basiert, daß Ihnen schwere Verletzungen oder der Tod drohen. Ein Gegenangriff, bei dem es um alles geht, ist in dieser Situation gerechtfertigt. Wenn Sie sich in Notwehr gegen einen Angreifer verteidigen und dieser dabei getötet wird, so ist das sowohl rechtlich wie auch moralisch gerechtfertigt.

Verteidigung bei einem Angriff mit dem Messer. Ihre erste Taktik gegen einen mit einem Messer bewaffneten Angreifer muß sein, Abstand zu halten. Rennen Sie weg und schreien Sie laut »Feuer, Feuer«, wann immer sich die Chance bietet, zu entfliehen. Wenn er sich innerhalb einer Armlänge befindet und Sie nicht wegrennen können, versuchen Sie sich durch Reden aus dieser gefährlichen Situation zu manövrieren. Versuchen Sie herauszufinden, was er will, geben Sie nach, wenn Sie können und vermeiden Sie so den direkten Kampf.

Wenn die Gefahr besteht, daß der Angreifer zusticht, müssen Sie die

118

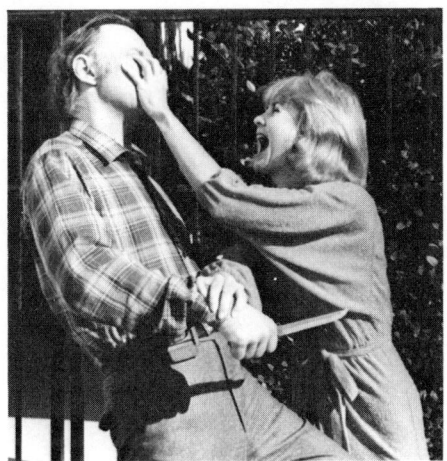

Abb. 5–6: Verteidigung gegen ein Messer

folgenden Taktiken anwenden. Wenn das Messer gegen die linke Seite Ihres Körpers gerichtet ist, schreien Sie und stoßen Ihre rechte Hand quer vor Ihrem Körper nach links, Halten Sie dabei den Daumen nach unten und packen Sie das Handgelenk des Angreifers so fest wie möglich, während Sie seinen Arm zur Seite stoßen. Versuchen Sie nicht, seinen Arm festzuklemmen, weil das so gut wie unmöglich ist. Stoßen Sie den Arm lieber zur Seite und versetzen Sie ihm mit der freien Hand einen Fingerstoß gegen die Augen *(siehe Abbildung 5–6)*. Wenn er das Messer immer noch gepackt hält, versuchen Sie nicht, es ihm abzunehmen. Rennen Sie statt dessen weg und rufen Sie »Feuer, Feuer«. Läßt er das Messer jedoch fallen, kicken Sie es weg und setzen Sie Ihren Gegenangriff fort, bis er völlig bewegungsunfähig ist. Ist die Messerspitze gegen die rechte Seite Ihres Körpers gerichtet, wenden Sie diese Taktik spiegelbildlich an: stoßen Sie dann sein Handgelenk mit Ihrer linken Hand zu Seite. Versuchen Sie niemals, das Messer aufzuheben und versuchen Sie auch niemals, ihm einen Messerstich zu versetzen.

Selbst wenn es Ihrem Angreifer gelungen ist, Ihnen eine Stich- oder Schnittwunde beizubringen, sollten Sie kämpfen. Dies ist ganz besonders wichtig, da es außerordentlich selten vorkommt, daß ein Opfer durch eine einzige Messerwunde kampfunfähig wird. Eine oberflächliche Stichwunde kann eine starke Blutung hervorrufen und Sie dadurch derart erschrecken, daß Sie Ihre Gegenwehr einstellen, obwohl Sie Ihren Angreifer immer noch kampfunfähig machen könnten. Ein Zeitungsartikel in der »Los Angeles Times« aus der jüngsten Vergangenheit liefert einen Beweis für dieses Argument. Hier wird berichtet, wie die siebenundzwanzigjährige Gwendolyn Rose über 30 Stichwunden davontrug, trotzdem überlebte und den Hergang der Tat schildern konnte. Wenn der Angreifer auf Sie einsticht, versuchen Sie nicht, diese Schläge abzublocken. Versetzen Sie ihm besser sofort einen Fingerstoß gegen die Augen oder versuchen Sie, die Technik des Augenquetschens mit den Daumen anzuwenden.

Triebtäter gehören zu denen, die am häufigsten Messer benutzen. Wenn ein Triebtäter Sie vergewaltigen will und Sie dazu mit einem Messer bedroht, besteht eine gute Chance, daß er das Messer aus der Hand legt,

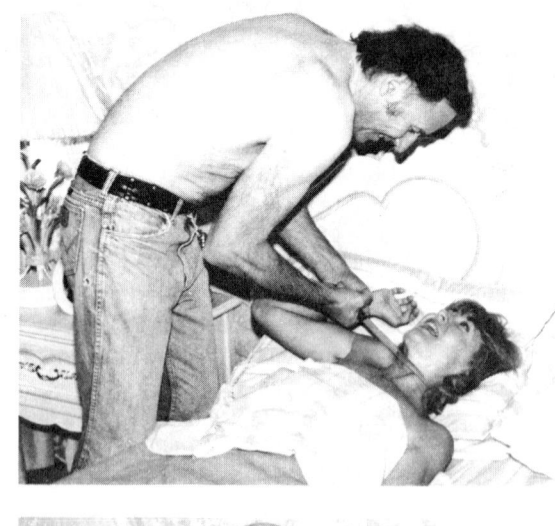

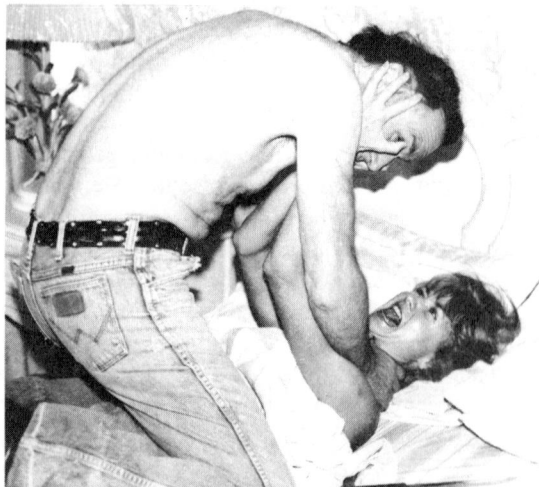

Abb. 5–7: Verteidigung gegen den Versuch, eine Vergewaltigung mit einem Messer zu erzwingen

120

wenn Sie sich hinreichend passiv verhalten. Durch dieses Zuwarten und Ihre scheinbare Kooperationsbereitschaft kann sich die Gelegenheit ergeben, Ihren Gegenangriff zu starten, wenn er gerade unbewaffnet ist *(siehe Abbildung 5–7)*. Dieser Ratschlag basiert auf Hunderten von Gesprächen mit Opfern von Vergewaltigungen. Von ihnen wissen wir, daß ihre Angreifer das Messer unmittelbar vor oder während des Akts der Vergewaltigung weglegten.

Untersuchungen bei Triebtätern haben das Argument bestätigt, daß sie Waffen nur dazu verwenden, ihre Opfer einzuschüchtern und gefügig zu machen. Ein geständiger Vergewaltigungstäter, der sich für einen Kurs zur Verfügung stellte, wurde gefragt:»Haben Sie bei der Frau, die Sie vergewaltigt haben, eine Waffe eingesetzt?« Nach kurzem Nachdenken lachte er rauh und antwortete:»Ich benutzte das Messer, um ihr derart Angst einzujagen, bis jeglicher Widerstand erstickt wurde. Als ich sah, daß sie nachgeben würde, legte ich das Messer weg, denn jetzt brauchte ich es nicht mehr. Ich konnte wohl kaum das Messer die ganze Zeit gegen ihren Hals drücken, während ich es tat. Was glauben Sie wohl, was ich bin, eine Art Polyp?«

Ihre Chancen stehen gut, daß Ihr Angreifer seine Waffe ablegt, wenn Sie ruhig bleiben und gefügig erscheinen. So wird er Ihnen die Gelegenheit zum Gegenangriff geben. Denken Sie immer daran: warten Sie, bis Sie auf geeignete Weise reagieren können und setzen Sie dann zur Gegenwehr an.

Angriff bei einem Angriff mit einer Pistole. Wieder und wieder betonen wir: kämpfen Sie nicht gegen einen Angreifer, der eine Pistole trägt, wenn Sie sich nicht ganz sicher sind, daß er die Absicht hat, auf Sie zu schießen. Der Grund für diesen Rat ist, daß jegliche Verteidigungstaktik gegen eine Pistole schiefgehen kann. Deshalb sollten Sie immer alles tun, was der Angreifer verlangt, solange er seine Pistole gegen Sie gerichtet hält. Wie im Fall des mit einem Messer bewaffneten Triebtäters ist die Wahrscheinlichkeit groß, daß sich der Mann mit der Pistole selbst entwaffnet, bevor oder während er zur sexuellen Phase des Angriffs übergeht. Es gehört zu den entscheidenden Taktiken, die Ihr Leben retten können, auf diese Gelegenheit zur Gegenwehr zu warten und dabei das Überraschungsmoment ausnutzen zu können. Wenn Sie sich geistig vorbereiten und warten, bis die Pistole beiseite gelegt ist, werden Sie sicher auf einen günstigen Augenblick stoßen, mit dem Sie vielleicht vorher gar nicht gerechnet haben. Ein Opfer berichtete:»Eine Pistole war ununterbrochen sieben Stunden lang auf mich gerichtet, während ich fünfmal vergewaltigt wurde.« Diesen Eindruck zumindest hatte das Opfer. Nach weiterem Befragen aber kam heraus, daß

»während sie im Schlafzimmer vergewaltigt wurde«, ihr Angreifer »die Pistole während des Geschlechtsverkehrs auf dem Bettrahmen abgelegt hatte«, »ins Badezimmer gegangen war, um die Toilette zu benutzen.« Vor lauter Angst und Schrecken hatte die Frau nicht begriffen, daß die Pistole nicht die ganze Zeit auf sie gerichtet gewesen war.

Es ist nicht ungewöhnlich, daß ein Angreifer durch Täuschung droht, wie wir am Beispiel einer jungen Frau sehen werden, die wir während eines Kurses in Chicago interviewt haben. Schluchzend berichtete sie, wie sie auf den Rücksitz eines Wagens gezwungen wurde, der einem Bekannten gehörte, und dann vergewaltigt wurde. »Wie lange dauerte die Vergewaltigung?« fragten wir. »Zirka 45 Minuten« war die Antwort. »Wie zwang er Sie denn auf den Rücksitz?« fragten wir weiter. »Er hatte eine Pistole«, sagte sie überzeugend. »Was für eine Pistole war das denn«, wollten wir weiter wissen. Zögernd antwortete sie »Keine Ahnung.« »Wie sah die Pistole denn aus?« bohrten wir weiter. Sie schluchzte wieder und platzte dann heraus, »Ich hab sie nicht gesehen. Er sagte, sie läge im Handschuhfach. Ich weiß es sicher, da war sie auch.« So wenig glaubhaft diese Geschichte klingt, man darf nicht vergessen, daß bei einem unvorbereiteten Menschen die Drohung, ermordet zu werden, zu Panik und irrationalem Verhalten führt.

Wenn sich bei einem Angriff allmählich klar herausstellt, daß Ihr Angreifer Sie umbringen will, empfehlen wir die folgenden Taktiken:

1. Sprechen Sie auf ihn ein. Sagen Sie »Ich leide an einem unheilbaren Geschwür, ich werde sowieso innerhalb weniger Monate sterben.« William Proxmire, ein Senator der Vereinigten Staaten, reagierte so auf zwei mit Pistolen bewaffnete Entführer und wurde von ihnen unverletzt freigelassen.
2. Bieten Sie dem Mann Geld oder Schmuck an.
3. Versuchen Sie Zeit zu gewinnen, indem Sie um die Erfüllung eines letzten Wunsches bitten, eine Zigarette beispielsweise oder Zeit zu beten. Der Versuch, Zeit zu gewinnen und mit Ihrem Angreifer zu sprechen, dient zweierlei Zwecken. Zum ersten könnte er unterdessen seine Absicht ändern und Sie freilassen (rechnen Sie jedoch nicht damit), zum zweiten könnten Sie sich ihm während Sie sprechen soweit nähern, daß Sie in Reichweite seiner Pistole gelangen. Während Sie sich ihm langsam nähern, dürfen Sie mit Ihren Händen nicht gestikulieren. Versuchen Sie ruhig zu bleiben und kühlen Kopf zu bewahren und sprechen Sie ständig weiter. Sobald Sie ihm ziemlich nahe gekommen sind, können Sie eine Technik anwenden, die im wesentlichen derjenigen gleicht, die wir

für den Fall empfohlen haben, wenn Sie mit einem Messer angegriffen werden. Hält der Angreifer die Pistole in der rechten Hand, dann stoßen Sie Ihren rechten Arm quer zu Ihrer Körperrichtung gegen seinen Arm, greifen Sie nach der Revolvertrommel und schieben Sie die Pistole nach außen und weg von Ihrem Körper. Gleichzeitig stoßen Sie ihm mit aller Kraft Ihre Finger in die Augen. Sobald er für kurze Zeit geblendet ist, versuchen Sie hinter Ihren Angreifer zu gelangen, wobei Sie sich von der Pistole weg bewegen für den Fall, daß sie losgeht. Fliehen Sie daraufhin schnellstmöglich aber leise in einen sicheren Bereich *(siehe Abbildung 5–8)*.

Wenn Sie sich so schnell wie möglich hinter Ihren Angreifer stellen, verringern Sie die Chancen, getroffen zu werden, wenn er blindlings herumballert. So leise wie möglich wegzurennen, also *ohne* Schreie, dient

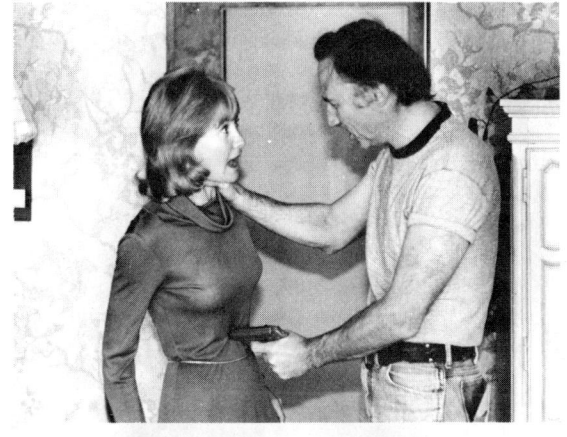

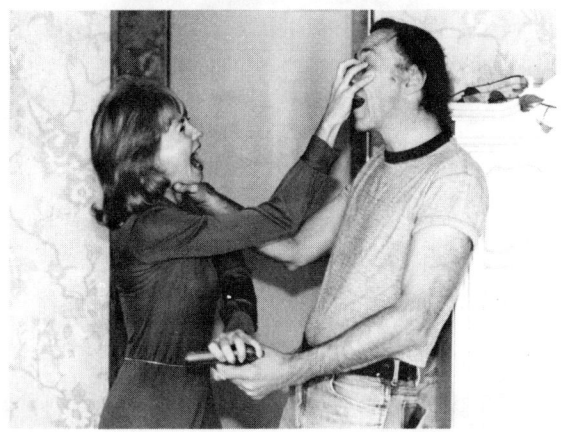

Abb. 5–8: Verteidigung gegen einen Angriff mit einer Pistole

123

demselben Zweck, das heißt, die Wahrscheinlichkeit zu verringern, daß Sie von Ihrem geblendeten Angreifer getroffen werden.

Viele Schußwunden müssen Sie trotz starker Blutung und obwohl sie schlimm aussehen oder kritische Körperstellen betreffen, nicht vom Gegenangriff abhalten. Deshalb führen Sie nach einem Schuß, egal wie Sie sich fühlen, einen Daumenstoß gegen die Augen Ihres Angreifers aus. Mobilisieren Sie dafür alle vorhandenen Kräfte. Und wie wir es schon für den Angriff mit dem Messer empfohlen haben, hier erneut der Rat: Wenn Sie Ihren Angreifer geblendet haben und er seine Waffe fallengelassen hat, heben Sie sie nicht auf. Flüchten Sie leise und so schnell wie möglich in Sicherheit. Heben Sie die Pistole nie auf und versuchen Sie auch nie, damit auf Ihren Angreifer zu schießen.

Abb. 5–9: Verteidigung gegen einen Angriff mit einem Schlaggegenstand

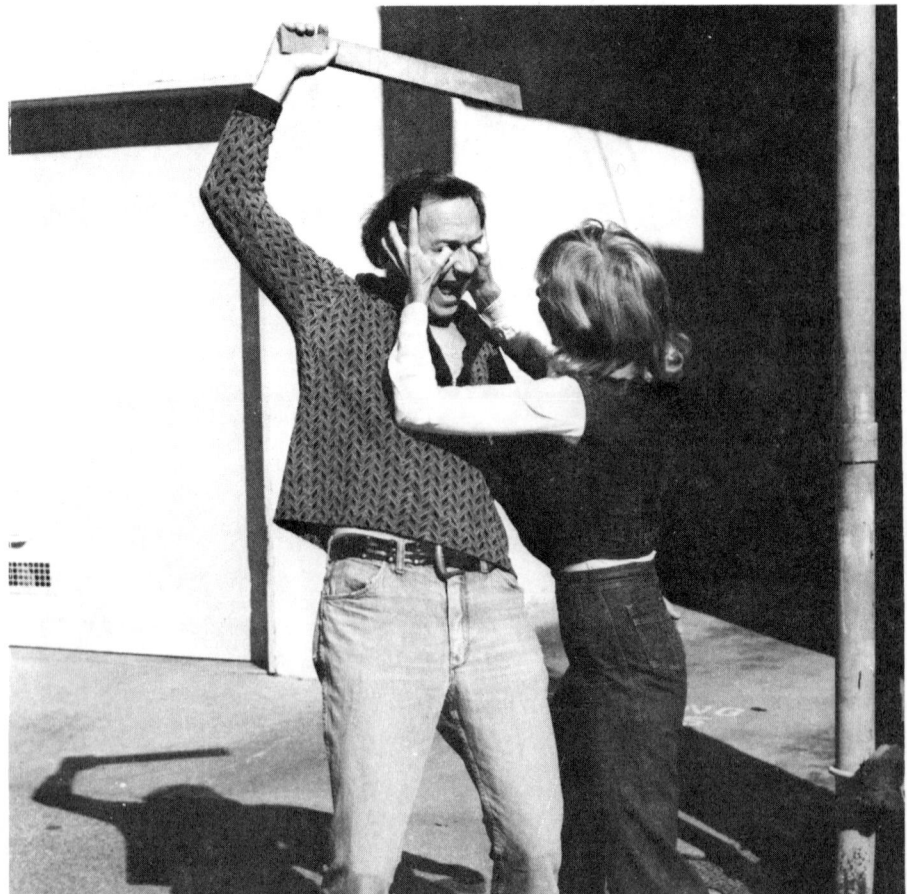

Angriff mit verschiedenen Schlaggegenständen. Ein Angreifer kann sich verschiedener Gegenstände bedienen, um eine Frau zu schlagen oder zu stoßen. Beile, Lampen, Vasen, Hammer, Rohre und Stöcke sind zum Beispiel gebräuchliche Gegenstände, um jemandem den Schädel einzuschlagen. Versuchen Sie nie, einen solchen Schlag abzublocken, denn höchstwahrscheinlich würden Sie dabei von Ihrem eigenen Arm genauso hart getroffen wie von dem Schlaggegenstand. Nur eine Expertin für asiatische Kampfsportarten könnte einen solchen Schlag erfolgreich ableiten. Ihre beste Technik ist, mit einem wilden Schrei Ihren Angreifer anzuspringen und dabei nach seinem Kopf zu greifen, um mit den Daumen seine Augen zu quetschen *(siehe Abbildung 5–9)*. Indem Sie sich seinem Körper nähern, vermeiden Sie, von der vollen Wucht des Schlages getroffen zu werden. Gleichzeitig bringen Sie sich in die richtige Position, um einen Angriff gegen seine Augen zu starten. Setzen Sie Ihren Gegenangriff mit Tritten gegen den Kopf fort, bevor Sie fliehen. Heben Sie seine Waffe nicht auf und verwenden Sie sie nicht gegen ihn.

Zusammenfassung

In der vorangegangenen Diskussion haben wir betont, daß Sie sich nicht auf gegenständliche Waffen zur Gegenwehr verlassen sollten. Ihre Stimme, Finger und Daumen, Ihre Knie, Hände und Beine sind eigentlich die einzigen Waffen, die Sie benötigen. Die vorgeschlagenen gegenständlichen Waffen, die wir oben genau beschrieben haben, können hilfreich sein, wenn sie leicht greifbar sind. Sie müssen jedoch Vertrauen in sich selbst gewinnen und sich weniger auf solche Hilfsmittel verlassen. Dieser Ratschlag gilt ebenso, wenn Sie sich gegen einen Angriff mit einem Schlaggegenstand, einem Messer oder einer Pistole zur Wehr setzen. Ihr Körper und Ihre geistige Kampfbereitschaft sind Verteidigungswaffen, die Sie sich in keinem Kaufhaus erwerben können.

KAPITEL 6

14 gefährliche Situationen

Auch wenn dieses Buch tausend Seiten und mehr hätte, ließen sich hier nicht alle die gefährlichen Situationen abhandeln, die in der Realität auftreten können, denkbar oder möglich sind. Deshalb haben wir uns hier auf 14 Gefahrenbereiche beschränkt, wie sie im täglichen Leben häufig vorkommen. Wenn wir nacheinander die einzelnen Gefahren besprechen, stellen Sie sich vor, wo Sie ihnen ausgesetzt wären und welche Taktiken Sie einsetzen könnten, um diesen Gefahren zu begegnen.

Wie wir in den vorangegangenen Kapiteln immer wieder betont haben, liegt der Schlüssel zur Strategie für Ihren persönlichen Schutz in der Tatsache, geistig vorbereitet zu sein. Das können Sie trainieren, indem Sie sich vorstellen, Gefahren ausgesetzt zu sein. Trainieren Sie Ihr Vorstellungsvermögen, indem Sie Zeitungsartikel lesen, Fernseh- und Kinofilme anschauen, die Gewalt und Gewaltverbrechen zum Thema haben. Leider ist es ja nicht allzu schwierig, auf solche Themen zu stoßen. Denken Sie sich in die Opfer hinein, fühlen Sie mit ihnen und versuchen Sie sich gleichzeitig auch vorzustellen, was Sie in der jeweiligen Situation anders gemacht hätten, was Sie vermeiden würden, wie Sie reagiert hätten.

Schwindel und Betrug

Verbrechen, die auf Schwindel beruhen, sind solche, bei denen die Opfer von charmanten Dieben angelogen werden. Diese Schwindler tischen ihren Opfern irgendeine rührende Geschichte auf und schaffen es auf diese Weise, daß das Opfer sein Geld mit ihnen teilt. P. T. Barnum hat ja so recht, wenn er sagt »jeden Morgen steht ein Dummer auf«, denn Dummheit oder Unwissenheit läßt diese Schwindelverbrechen ja florieren. Hier einige Beispiele, wie diese Schwindler ans Werk gehen.

Das Telefon eines ahnungslosen Opfers klingelt. »Hallo, hier spricht Herr Müller, ein Oberinspektor Ihrer Bank. Der Bankdirektor, Herr Klein – Sie kennen ihn doch nicht wahr? – hat mich gebeten, Sie zu kontaktieren, damit Sie uns bei unseren Ermittlungsaufgaben behilflich sind. Er sagte, Sie seien ein zuverlässiger, gesetzestreuer Bürger und wir suchen gerade jemanden mit ausgezeichnetem Leumund, um einem gerissenen Kassierer, der immer wieder Bargeld verschwinden läßt, auf die Schliche zu kommen.« Der Schwindler überzeugt so sein Opfer und verabredet sich mit ihm vor der Bank, wo er die Rolle weiter erklärt, die das Opfer zu spielen hat. Das Opfer muß einen hohen Betrag Bargeld abheben, das – so der Schwindler – sofort von der Polizei markiert und ihm oder ihr zurückgegeben wird. Das Opfer muß dann den Geldbetrag wieder auf sein Konto einzahlen und verliert so auch nicht einen einzigen Tag Zinsen. Die Polizei kann auf diese Weise den Kassierer überführen, wenn er die markierten Geldscheine klaut. Der einzige Zeuge bei diesem tollen Gaunerstück ist das Opfer mit dem weichen Herz. In dem Moment, in dem der Schwindelkünstler vorgibt, zur Polizei zu gehen, verschwindet er auf Nimmerwiedersehen.

Ein anderes Schwindelgeschäft basiert auf der Habgier des Opfers. Ein gut gekleideter Schwindler wendet sich an sein potentielles Opfer und zeigt ihm einen Umschlag. Darin enthalten ist ein Haufen Papier, zuoberst liegt gut sichtbar ein 100 Mark-Schein. »Ich habe gerade diesen Umschlag gefunden und wenn Sie mir helfen, den Besitzer zu finden, teile ich die Belohnung mit Ihnen. Ich brauche Ihre Hilfe, weil ich geschäftlich für eine Woche verreisen muß und nicht soviel Bargeld mit mir herumtragen kann. Da dürften so um die fünfzigtausend Mark drinstecken.« Der Schwindler fährt fort, »ich überlasse Ihnen das ganze Geld, wenn Sie mir zweitausend Mark auf »Treu und Glauben« geben, damit ich sehe, daß Sie es ehrlich meinen. Sie bekommen die zweitausend Mark dann zurück, wenn wir die Belohnung erhalten haben.« Er begleitet sein Opfer dann zur Bank, wo er oder sie dann den gewünschten Betrag abhebt. Der »Austausch der Geschenke« findet statt, der Schwindler erhält zweitausend Mark von seinem Opfer und der oder die Betrogene erhält einen Umschlag, der nur hundert Mark enthält. Ein gutes Geschäft also für den Betrüger.

Ein Betrüger, der sich als Monteuer ausgibt, geht folgendermaßen vor. Wie ein Monteur gekleidet, den beschrifteten Lastwagen mit falschem Nummernschild vor dem Haus geparkt, erscheint er an Ihrer Tür und bietet Ihnen ein »Sonderangebot seiner Firma« an. Sie geben ihm Ihre Nähmaschine und 25 Mark und seine Firma überholt die Nähmaschine komplett und gibt sie Ihnen wie neu zurück. Wir kennen einen unternehmerischen Betrüger, der nach diesem Muster über 200 Nähmaschinen einsammelte und fünftausend Mark in bar. Er schaffte das in einer einzigen Stadt, bevor ihm das Pflaster zu heiß wurde und er sich davonmachte und nie mehr gesehen wurde.

Eine andere Art von Verbraucherbetrug kommt von Pseudo-Handwerkerkolonnen. Hier bietet ein gut gekleideter Tür-zu-Tür-Verkäufer billigst Reparaturarbeiten am Haus, Arbeiten wie Dachdecken oder das Erneuern des Belags der Hauseinfahrt. »Wir können Ihnen alle Arbeiten zum halben Preis bieten, weil unsre Jungs in Ihrer Nachbarschaft sind und wir sie zwischen größeren Aufträgen beschäftigen wollen.« Im allgemeinen muß man nach Beendigung der Arbeit bar bezahlen, einer Arbeit allerdings, die schlampig und mit minderwertigem Material ausgeführt wird. Die »Handwerker« verschwinden, nachdem sie die ganze Nachbarschaft geschröpft haben. Wenn dann der Regen ins Wohnzimmer tropft und die Hofeinfahrt den Wellen des Ozeans gleicht, sind die Billighandwerker längst über alle Berge und bieten anderen ihre Dienste an.

Es ist einfach zu verhindern, ein Opfer solcher Betrüger zu werden. Wickeln Sie Geschäfte nur mit Leuten ab, deren guter Ruf ihnen vorausgeht. So wie Sie einen Arzt auf Empfehlung von Freunden, Verwandten oder einer Gesundheitsbehörde wählen, so sollten Sie Geschäfte nur mit Leuten tätigen, die Ihnen von Freunden, Verwandten oder Handels- und Handwerkskammern empfohlen wurden.

Ebenso einfach ist es auch, die Betrugspraktiken zu erkennen. Jedes Angebot, das zu gut klingt, um echt zu sein, paßt in dieses Schema. Wenn Ihnen ein Fremder von guten Geschäften spricht und Sie im Geist schon Ihren Gewinn zählen, schalten Sie Ihre innere Warnblinkanlage an. Hier die zehn goldenen Regeln, die Ihnen helfen, auf solche Betrüger nicht hereinzufallen:

1. Machen Sie sich klar, daß die Welt von Schwindlern und Betrügern nur so wimmelt.
2. Machen Sie sich klar, daß jeder von ihnen als Opfer ausgesucht werden kann.
3. Machen Sie nur Geschäfte mit Leuten, die Sie kennen.
4. Machen Sie sich mit allen Einzelheiten eines Vertrags vertraut, bevor Sie ihn unterschreiben.
5. Machen Sie sich klar, wieviel Sie jeweils verlieren bzw. gewinnen können.
6. Fordern Sie nur die Dienste von ansässigen und namhaften Firmen und Vertretungen.
7. Lassen Sie sich von namhaften Rechtsanwälten beraten, wenn größere Summen im Spiel sind.

8. Benutzen Sie gesetzlich abgesicherte Geldkanäle, um Geschäfte abzuwickeln, wie z.B. Ihre Bank oder Ihren Börsenmakler.
9. Lassen Sie sich Zeit, handeln Sie mit Geduld und vermeiden Sie das schnelle Geschäft.
10. Setzen Sie sich nie über Ihren gesunden Menschenverstand hinweg.

Noch ein letztes Wort. Unglücklicherweise sind viele Opfer solcher Betrügereien derart entsetzt über ihre eigene Dummheit, mit der sie hereingelegt wurden, daß sie es unterlassen, zur Polizei zu gehen. Schwindler und Betrüger rechnen mit dieser Reaktion, die es ihnen ermöglicht, im Geschäft zu bleiben. Wie Vergewaltigungsverbrechen, Raubüberfälle, Angriffe mit Waffen und andere größere Verbrechen zählen auch Betrugsdelikte zu den schwerwiegenden Gesetzesübertretungen und sollten sofort der Polizei gemeldet werden. Selbst wenn es sich bei Ihnen nur um einen Betrugsversuch handelt und es Ihnen gelungen ist, dem Komplott zu entgehen, ist es Ihre Pflicht, diesen versuchten Betrug der Polizei zu melden.

Gefahren im Zusammenhang mit Verabredungen

Wie man sich mit Männern nicht verabreden soll. Seit undenkbaren Zeiten sahen sich die Frauen mit dem Problem konfrontiert, wie man auf sichere Art und Weise neue und interessante Männer kennenlernen kann. Wir finden die Methode gut, sich über einen gemeinsamen Freund oder einen Verwandten zum ersten Mal zu verabreden. Wenn möglich, sollte das erste Treffen bei diesem Freund stattfinden. Dadurch wird jede Gefahr vermieden und eine gewisse freundschaftliche Atmosphäre geschaffen. Wir wollen davon abraten, die Begegnung mit einem Fremden in einer Bar zu suchen, auf der Straße oder im Stadtverkehr von Auto zu Auto. Solche Situationen bieten ein Maximum an Gefahr. Zwischen den beiden erwähnten Extremen gibt es gesellschaftliche Anlässe, bei denen Männer und Frauen aufgrund gemeinsamen Interesses zusammenkommen und sich kennenlernen. Beispiele für solche Begegnungen sind Schulaktivitäten, kirchliche Veranstaltungen, das Engagement auf sozialem Gebiet, die Teilnahme an politischen Organisationen etc. Trotzdem ist auch da noch Vorsicht geboten, denn viele mögliche Angreifer sind so clever, sich den erwähnten Clubs oder Organisationen anzuschließen, um sich dann bei einer solchen Zusammenkunft ihr Opfer für eine Vergewaltigung, für Raub oder Mord herauszupicken.

Wenn wir mit jungen Frauen über dieses Thema diskutieren, raten wir immer, schrittweise vorzugehen. Wenn ein Mann an einer echten und dauerhaften Verbindung interessiert ist, wird er das verstehen. Wenn Sie zum Beispiel beim Tennisspielen mit einer Freundin die Bekanntschaft eines Mannes machen und er Sie zum Kaffee einlädt oder Ihnen das Angebot macht, Sie nach Hause zu fahren, dann verabreden Sie sich lieber in aller Öffentlichkeit. Wenn er wirklich ernsthaft an Ihnen interessiert ist, wird er für dieses Verzögerungsmanöver Verständnis haben. Steigen Sie nicht in sein Auto, geben Sie ihm weder Ihre Adresse noch Ihre Telefonnummer und nehmen Sie unter keinen Umständen eine Einladung zu ihm nach Hause an.

Eine besondere Gefahr stellt die Wohnungssuche nach Zeitungsannoncen dar, gehen Sie nie allein zu einem solchen Treff. Nehmen Sie eine Freundin oder einen Freund mit!

VIER EINLEUCHTENDE REGELN ZUM THEMA »RENDEZVOUS«

☐ **Tragen Sie passende Kleidung.** Ob Sie 15 oder 50 Jahre alt sind, Ihre Kleidung gibt jedem Auskunft über Sie.

☐ **Vermeiden Sie eine provozierende Redeweise und ein provozierendes Verhalten.** Fordern Sie Ihren Partner nicht heraus. Machen Sie keine Versprechungen oder Vorschläge, die Sie nicht halten wollen. Reine Freundlichkeit, bloßes Flirten und ein sexuell einladendes Verhalten liegen allzu dicht beieinander. Man sollte glauben, es sei leicht zu erkennen, wenn ein Rendezvous-Partner zu weit gehen möchte. Viele Frauen haben uns jedoch berichtet, daß sie überrascht und schockiert wurden, wie Männer schon nach einer halben Stunde freundschaftlichen Flirtens »pampig« wurden. Solchen Frauen gegenüber äußern wir unsrerseits unser Erstaunen darüber, daß es überhaupt eine halbe Stunde gedauert hat, bis ihr jeweiliges Gegenüber »pampig« wurde. Man muß einfach erkennen und wissen können, wenn der Partner bei einer Verabredung sexuell erregt ist und an sein Ziel kommen will, genauso, wie man in der Lage sein muß, ein Auto zu steuern, wenn man am Lenkrad sitzt und 80 km in der Stunde fährt. Frühes, rechtzeitiges Erkennen und sofortiger Rückzug sind in potentiell gefährlichen Situationen von größter Bedeutung.

☐ **Gehen Sie nirgendwohin, wenn Sie wissen, daß Sie sich nicht wohlfühlen werden.** Das heißt, vermeiden Sie Situationen, von denen Sie wissen, daß Sie mit Leuten zusammentreffen werden, die Dinge tun, an denen Sie nicht teilnehmen wollen. Wenn Sie beispielsweise wissen, daß Ihre Freunde zu einer Party gehen, bei der Drogen und Alkohol im Spiel sind und bei der es zu Intimitäten mit wahllosen Partnern kommen wird, gehen Sie nicht mit.

☐ **Vermeiden Sie es, in einsame Gegenden zu fahren.** Wenn Sie in romantischen Liebesalleen parken, »nur um mal die Sterne zu betrachten«, dann setzen Sie sich großer Gefahr aus, auch wenn der Partner, den Sie da treffen wollen, der perfekte Gentleman ist. In so abgelegenen Gegenden lauern viele Gefahren. Wenn Sie sich an einem solchen Ort nicht treffen wollen, dann geht Ihnen vielleicht eine Bekanntschaft »durch die Lappen«, andrerseits gehört derjenige, der Sie an einen solchen Ort bestellt, vielleicht auch nicht unbedingt auf Ihre Freundesliste.

Wie Sie bei aufdringlichen Verehrern vorgehen sollten.
Wenn Ihr Bekannter aufdringlich wird, dann können Sie seine sexuellen Avancen am besten durch Sprechen bremsen. Sagen Sie kurz und deutlich Ihre Meinung, – »Nein, das will ich nicht.« Vermeiden Sie langes Drumherumreden wie »Ich kenne Dich nicht gut genug« oder »Ich gehöre nicht zu der Art Mädchen.« »Nein« ist »Nein« und damit stehen Sie zu Ihrer Überzeugung. Wenn Ihr Partner ein Gentleman ist und ein feinfühliger Mensch, dann hört er mit seinen Avancen auf. Wenn er das aber nicht tut, dann müssen Sie einen öffentlichen Platz aufsuchen, wo er Sie nicht weiter belästigen kann oder Sie müssen ganz weggehen. Es gibt viele Möglichkeiten, auf taktvolle Art und Weise beides zu erreichen. So können Sie zum Beispiel vorschlagen, »zu der Party« zurückzukehren, wenn Sie sich allein mit ihm an einem abgelegenen Ort befinden oder Sie können vorgeben, auf die Toilette gehen zu müssen. Man kann in dieser Situation auch Monatsbeschwerden vorschieben oder sagen, daß einem schlecht ist und man sich übergeben muß. Man kann von seinen epileptischen Anfällen sprechen und daß man nach Hause gehen muß, um Medizin einzunehmen, alles Möglichkeiten, um in einer kritischen Situation zu entkommen.

Wenn sich Ihr Rendezvous-Partner in seinen Avancen nicht bremsen läßt und auch irgendwelche simulierten Krankheiten nichts bewirken, dann wird er zum »ernstzunehmenden Angreifer« und Sie müssen sich auf einen körperlichen Gegenangriff einstellen, um ihn auszuschalten.

Bösartige Hunde

Viele Kursteilnehmerinnen hören mit Erstaunen, wieviele Hunderte von Frauen sich jedes Jahr von Hunden bedroht fühlen und von ihnen durch Bisse ernsthaft verletzt werden. Auch friedlich aussehende oder bekannte Hunde können plötzlich bösartig reagieren und ohne Vorwarnung auf einen losgehen. Deshalb ist es wichtig, das Verhalten von Hunden etwas zu kennen, wenn man sich in einer solchen Situation verteidigen will. Ohne Sie zum Hundepsychologen ausbilden zu wollen, hier einige allgemeine Dinge, die Sie über das Verhalten von Hunden wissen müssen.

Wenn ein Hund nicht zum Angreifen abgerichtet ist, dann wird er einen Menschen nur unter ganz außergewöhnlichen Umständen angreifen. Hunde greifen beispielsweise dann an, wenn sie sich bedroht fühlen, wenn ihr Besitzer oder ihre Jungen bedroht sind, wenn sie krank sind oder Angst haben oder Hunger leiden. Wenn Sie sich einem wütenden Hund gegenüber sehen, dann besteht Ihre beste Strategie darin, dem Hund die Angst zu nehmen, Sie als mögliche Gefahr zu sehen. Je erfolgreicher Sie einen Hund beruhigen können, desto unwahrscheinlicher, daß er Sie angreifen wird.

Wie Menschen, so bereiten sich auch Hunde auf einen Angriff vor und warnen Sie dadurch. Wenn sich ein Hund niederduckt, bellt und wütend knurrt oder die Zähne fletscht, dann signalisiert er damit den geplanten Angriff. Wenn Sie diesen Signalen Beachtung schenken und sich zurückziehen, könnte sich der Hund möglicherweise beruhigen. Schenken Sie diesem typischen Verhalten vor dem Angriff größte Aufmerksamkeit.

Wenn Sie Angst zeigen, dann erhöhen Sie damit die Gefahr, angegriffen zu werden. Ein Hund spürt menschliche Empfindungen. Wenn Sie sich also ängstigen, dann könnte er aggressiver reagieren. Er wird sich ducken und die Zähne fletschen und wird Sie dadurch noch mehr ängstigen. Wenn Sie vor lauter Angst Ihre Hand hochheben, könnte der Hund das als bevorstehenden Schlag auffassen und auf Sie losstürzen. Fehlverhalten und Mißverständnisse haben so schon zu vielen unschuldigen Opfern geführt, die genäht werden mußten und zu Hunden, die als gemeingefährlich bezeichnet und eingeschläfert wurden. Deshalb sind die folgenden Regeln zu beachten: (1) Zeigen Sie einem Hund gegenüber niemals Angst. (2) Springen Sie nicht plötzlich auf einen Hund zu und rennen Sie nicht von einem Hund weg. (3) Schreien Sie einen Hund nicht an. Sprechen Sie statt dessen ruhig und mit fester Stimme auf ihn ein und gehen Sie dann zügig und ruhig davon.

Gehen wir jetzt einmal vom Schlimmsten aus! Ein Hund stürzt sich auf Sie und gräbt seine Zähne in Ihren Arm. Ziehen Sie den Arm nicht weg, weil durch diese Bewegung Ihre Haut weiterreißen würde. Machen Sie statt dessen einen Fingerstoß in Richtung auf die Augen des Hundes oder treten Sie ihn in seine Geschlechtsteile. Wenn Sie gebissen worden sind, ist es von höchster Wichtigkeit in Erfahrung zu bringen, ob der Hund gegen Tollwut geimpft ist. Deshalb muß man der Polizei den ganzen Vorfall auch möglichst genau schildern können. Jeder Hundebiß muß vom Arzt behandelt werden. Außer der Tollwut kann man sich auch mit anderen Krankheiten infizieren. Dazu kommt, daß Hundebißstellen besonders gereinigt werden müssen.

Kinderbanden

Auch wenn es kaum zu glauben ist, können auch »nette« Kinder manchmal zu einer bedrohlichen Gefahr werden. Der Hauptgrund dafür ist, daß Kinder für Gruppendruck und Gruppenvorschläge empfänglich sind und wenn ihre Freunde sie anstacheln, dann wollen manche Kinder sich selbst und diesen Anführern gegenüber »etwas beweisen«. Wenn Sie allein zufuß unterwegs sind, dann bilden Sie die ideale Zielscheibe für Gruppenspott und mögliche Angriffe.

Wenn Sie mit einer feindlich gesinnten Gruppe Kinder konfrontiert sind, lautet Ihre Strategie, wie immer, möglichen Problemen aus dem Weg zu gehen. Versuchen Sie, die Kinder einfach zu ignorieren und gehen Sie zügig weiter, bis Sie in Sicherheit sind. Diskutieren Sie nie mit ihnen herum und antworten Sie auch nicht auf Hohn und Spottreden. Wenn Sie sich nicht in Sicherheit bringen können, werfen Sie einschüchternde Blicke auf die Bande. Das könnte einen abschreckenden Effekt auf sie ausüben und sie dazu bringen, die Gruppe aufzulösen. Wenn sich die Kindergruppe so nicht zerstreuen läßt und Sie sich körperlich verteidigen müssen, treten Sie nach den Knien der Kinder bzw. Jugendlichen. Wenn die Kinder ihren Angriff trotzdem fortsetzen und Ihre Gesundheit bedroht ist, setzen Sie die Technik des Hodenquetschens und der Fingerstöße nach den Augen ein. Selbst wenn die Jugendlichen wirklich noch jung sind, wenn es deren Absicht ist, Sie zu verletzen, dürfen Sie keine Skrupel haben, Ihrerseits die Jugendlichen zu verletzen, um sich in Sicherheit bringen zu können.

Wenn Frauen geschlagen werden

Männer, die Frauen schlagen, leiden an Neurosen. Unbewußte und unbewältigte Zwänge treiben sie dazu, verschüttete Gefühle und Erinnerungen aus einer verdrängten Kindheit abzureagieren. Diese Männer sind unfähig, ihr Verhalten über ihr Bewußtsein zu steuern und ihre Sucht zu schlagen, zu unterdrücken. Hierin gleichen sie chronischen Alkoholkranken, die das Trinken ebenfalls nicht kontrollieren und aufgeben können. Zwischen solchen Ausbrüchen von Schlagwut durchleiden sie Schuldphasen, tiefe Gewissensbisse, Scham und all jene Emotionen, die bei normalen Menschen zu einer Verhaltensänderung führen würden. In Männern jedoch, die psychisch so gestört sind, daß sie Frauen schlagen müssen, bewirken diese Gefühle keine dauerhafte Besserung. Ebensowenig schützen diese Emotionen die potentiellen Opfer vor dem nächsten Angriff. Diese Krankheit richtet sich nicht speziell gegen eine bestimmte Rasse, Glaubensrichtung, Hautfarbe, Gestalt, Größe, Zugehörigkeit zu einer bestimmten sozialen Schicht oder gegen bestimmte Berufsgruppen. Ebensowenig bietet die Zugehörigkeit zu irgendeiner bestimmten Gruppe auch nur den geringsten Schutz gegen jemanden, der an dieser Krankheit leidet. Auf der anderen Seite können selbst scheinbar absolut harmlose Zeitgenossen, die in ihrer Umgebung wegen ihrer Sanftmut, Höflichkeit und ihrer Rücksichtnahme Frauen gegenüber geachtet werden, an dieser Krankheit leiden. Tatsächlich kennen wir mehrere Fälle, in denen der Mann sein rücksichtsvolles Verhalten Frauen gegenüber sowohl aus Schuldgefühlen als auch um einen Gegenbeweis für seine Krankheit zu liefern, in hohem Maße übertrieb. »Sie haben gesehen, wie höflich ich meiner Frau gegenüber immer bin. Ich hätte ihr ja einen Stoß versetzen können als sie nach mir stieß, aber ich fange grundsätzlich nie etwas an. Und nie hätte ich sie zusammenschlagen können.« Diese Art des Leugnens ist in Wirklichkeit die Beichte, mit der alles zugegeben wird und die gleichzeitig signalisiert, daß die Hoffnung auf Einsicht oder Heilung nicht besteht. Wenn man diese Krankheit nicht selbst offen zugibt, persönliche Anstrengungen unternimmt, um sie zu überwinden und dazu noch von Fachleuten auf diesem Gebiet unterstützt wird, dann ist es so gut wie aussichtslos, von ihr geheilt zu werden.

Die Opfer von Männern, die gewohnheitsmäßig Frauen schlagen, gehören drei Gruppen an. Zur ersten Gruppe gehören die, die ein- oder zweimal geschlagen werden, die Schwere und das Ausmaß ihrer Situation erkennen und ihre Verbindung zu dem betreffenden Mann abbrechen.

Zur zweiten Kategorie gehören die Opfer, die an einer Neurose leiden, die wie die Hand in den Handschuh zur Krankheit ihres schlagenden Gefährten paßt. Wie ihre Peiniger werden diese Opfer von ihrem Unterbewußtsein getrieben, Emotionen und Ereignisse abzureagieren, die in einer repressiven Kindheit ihre Wurzeln haben. In ihrem Fall identifizieren sie sich vollständig mit der Situation des Opfers in ihrer Vergangenheit. In ihnen herrscht ein derart tiefes Verlangen nach solchen Sanktionen, daß sie immer wieder in solche Situationen zurückkehren, obwohl sie das Gegenteil behaupten und obwohl sie dabei starken physischen Leiden ausgesetzt sind. Diese Behauptung läßt sich durch die Tatsache beweisen, daß sie jene Bindungen beibehalten, in denen sie ständig brutal behandelt werden, selbst körperlich verunstaltet oder in einigen Fällen sogar verkrüppelt werden. Trotz allem weigern sie sich, ihre »Lieben« zu verdammen. Ärzte in Ambulanzstationen können ein Lied von solchen »Opfern« wiederholter Tätlichkeiten singen. Solange sie sich vor Schmerz winden, solange die schwarzblauen Blutergüsse und Flecken anschwellen oder solange ihre

Knochen eingerichtet werden, verfluchen sie ihre »Lieben« und schwören, sie zu verlassen. »Niemals wieder« heißt es dann. Wenn sie jedoch ihren erfolgten Heilungsprozeß noch einmal überprüfen lassen, finden sie Ausflüchte für ihren Peiniger und suchen die Schuld bei sich selbst. »Hätte ich die Kinder ruhig halten können und wäre ich mit dem Essen wie versprochen rechtzeitig fertiggeworden, er wäre sicher nicht so wütend geworden.« »Sehen Sie Herr Doktor, ich weiß ja, wie gemein er werden kann, wenn er betrunken ist. Damals wußte ich, daß er betrunken ist und so hätte ich ihm aus dem Weg gehen sollen.« Solche Frauen ziehen sehr oft chauvinistische Ansichten aus ihrer Vergangenheit heran, um ihre Unterwürfigkeit und die Bereitschaft sich schlagen zu lassen zu rechtfertigen. Selbst in den 1980er Jahren hören wir noch solche lächerlichen Begründungen wie »er ist mein Mann und hat deswegen das Recht, mich zu schlagen«. Noch schlimmer, wir alle kennen den traurigen Satz »ich weiß, er liebt mich, weil er mich immer noch schlägt.«

Zur dritten Gruppe schließlich gehört der Typ von Frau, der im Prinzip bereit ist, seine Beziehung zu dem Mann, der ständig schlägt, abzubrechen, die der Mann aber nicht freigeben will. Die beiden sind wie zwei ineinanderverschlungene Hände, die sich entkrampfen müssen, um die Umklammerung zu lösen. Aber viele Männer wollen den Griff einfach nicht lockern. Sie bedrohen und erpressen ihre Opfer, sie können aber auch schmeicheln und betteln und ihre Opfer ständig verfolgen. Die unglücklichen Frauen, die zu dieser Gruppe gehören, können sich nur in Frauenhäuser flüchten oder zur Polizei; und wenn ihre Gesundheit oder ihr Leben auf dem Spiel stehen, bleibt ihnen nur der Kampf aus einer Notwehrsituation heraus.

Unser Rat an eine Frau, die mit einem notorischen Schläger zusammenlebt, ist einfach: sie muß ihn sofort verlassen. Sie darf auf keine Erklärung oder Entschuldigung eingehen, ihm einfach kein Gehör schenken. Wenn sie sich aus emotionalen Gründen nicht ganz von diesem Mann lösen kann, sollte sie sich selbst wenigstens professionelle Hilfe zugestehen. Hilfe erhält man am Lehrstuhl für Psychiatrie oder klinischer Psychologie der nächstgelegenen Universität, bei Gesundheitsbehörden oder in einem Krankenhaus, in dem Nervenleiden behandelt werden. Zeit und Aufwand für Hilfe und Behandlung können sich unter Umständen als lebensrettend erweisen. Eine Frau, die sich behandeln ließ, war zunächst mit der folgenden Erklärung bei dem Mann geblieben, der sie ständig schlug: »er schlägt mich zwar, aber er ist unseren drei Kindern ein guter Vater und Kinder brauchen einen Vater.« Während ihrer Behandlung begriff und akzeptierte sie schließlich die Tatsache, daß ihr Mann den Kindern ein schlechtes, ja gefährliches Beispiel war. Die Kinder zeigten nämlich bereits Ansätze zur Kriminalität, sie tyrannisierten die Nachbarn und schlugen kleinere Kinder zusammen. Während der Behandlung grub die Frau auch Erinnerungen an ihre eigene Jugend aus, Erinnerungen von Schreck und Angst bei den Ausbrüchen ihres betrunkenen Vaters. Obwohl er ihre Mutter nie schlug, identifizierte sie sich mit der Angst ihrer Mutter und brauchte dieses Element unbewußt dann auch in ihrer eigenen Ehe. Als sie von diesen unbewußten Fesseln befreit war, konnte sie sich auch von ihrem Mann lösen, der sich geweigert hatte, sich gemeinsam mit ihr behandeln zu lassen.

Bis hierher basierte unser Rat auf den beiden ersten Strategien der Conroy-Methode zur Selbstverteidigung: Ausschalten, Erkennen und Vermeiden von Gefahr. Es kann jedoch der Zeitpunkt kommen, wo das Leben einer Frau ernsthaft gefährdet ist. Wenn das der Fall ist, dann muß gekämpft werden. Damit meinen wir eine so wilde und entschlossene Attacke, daß der Schläger außer Gefecht gesetzt wird und die Frau sich in Sicherheit bringen kann. Psychologisch gesehen ist das schon schwierig, wenn man den Angreifer nicht kennt. Wieviel schwieriger aber ist ein solcher Gegenangriff, wenn es sich um den Menschen handelt, dem man lange Zeit verbunden war. Deshalb unsere Warnung: kämpfen Sie nur dann, wenn Sie jemanden außer Gefecht setzen wollen oder müssen.

Ein anschauliches Beispiel dazu aus der Praxis: wir hatten einen Kurs an der California State University, der sich über zehn Wochen erstreckte. In der achten Woche überraschte, ja erschreckte uns eine Studentin, die mit einem schwarzen Auge, geschwollenen Lippen und Schnittspuren an Armen und Beinen im Kurs erschien. Wir fragten, was vorgefallen war und sie reagierte darauf mit bitteren Tiraden gegen die Conroy-Methode zur Selbstverteidigung. Der Kern der Geschichte war der, daß sie versucht hatte ihren Mann daran zu hindern, mit seinen Freunden auf eine Zechtour zu gehen. Die beiden hatten eine erbitterte Diskussion, die damit endete, daß der Mann seine Frau in einen Sessel stieß. Sie sprang auf, blockierte die Tür mit ihrem Körper, riß ihm die Autoschlüssel aus der Hand, ließ sie in ihre Bluse hineingleiten und drohte »ich kenne mich in Selbstverteidigung aus und wenn Du mich anfaßt, dann zeig ich es Dir.« Der Ausgang der Geschichte läßt sich leicht voraussagen. Er griff nach den Schlüsseln, sie trat ihm zaghaft gegen das Schienbein und versetzte ihn dadurch in Wut. Er schlug sie ins Gesicht und stieß sie derart heftig von der Tür weg, daß sie über die Couch und durch die Glasplatte des Couchtisches flog. Dann stürzte er hinaus, ohne ein Wort oder auch nur einen Blick für seine verletzte Frau zu haben.

Nach diesem Bericht wurde für den Rest der Unterrichtsstunde der Vorfall durchdiskutiert. Die übereinstimmende Meinung war folgende:

Zunächst hatten die Drohungen der Frau Gefahr heraufbeschworen anstatt ausgeschaltet. Dann erkannte sie die Gefahr nicht und konnte sie infolgedessen auch nicht vermeiden. Statt dessen steigerte sie die Wut ihres Mannes, indem sie seine Schlüssel an sich riß und ihm den Weg versperrte. Schließlich und endlich war ihr Angriff völlig unangebracht, weil weder ihr Leben noch ihre Gesundheit in Gefahr waren. Und als sie dann zum Angriff überging, machte sie alles so falsch wie nur möglich. Sie ließ nämlich unsere ständigen Predigten außer acht, wonach man nur angreifen soll, um den Gegner außer Gefecht zu setzen, um dann sofort die Flucht zu ergreifen. Sie hätte nur dann angreifen sollen, wenn sie entschlossen gewesen wäre, an seinem Hodensack zu zerren, ihm das Knie zu brechen oder ihn zu blenden. Am Ende der Unterrichtsstunde gab das Opfer zu, völlig falsch gehandelt zu haben. Einstimmig war man dann dafür, daß beide zusammen eine Beratungsstelle aufsuchen sollten.

Abschließend ist zu sagen, daß die Aussichten auf Heilung für einen Mann, der Frauen schlägt, gering sind. Wie aus Klinikaufzeichnungen hervorgeht, wechseln diese Männer häufiger ihre Opfer als ihr Verhalten.

Gewalttätige Frauen

Aufgrund einer Reihe soziologischer Faktoren hat sich die Rolle der Frau in den letzten Jahren entscheidend geändert. Die meisten Änderungen für die Frauen waren positiver Natur und bedeuteten einen klaren Sieg über die repressiven Klischees. Und doch ist es zu einem alarmierenden Nebeneffekt gekommen. Dieser bezieht sich auf eine relativ kleine Gruppe von Frauen, die es den Männern in punkto Gewalt und Gewalttätigkeiten nachtun wollen. Diese Frauen haben ernste psychologische Probleme, die sich dadurch äußern, daß diese Frauen andere körperlich angreifen. Wir wollen Sie deshalb warnend darauf vorbereiten, Angriffen anderer Frauen mit einem Verteidigungsprogramm zu begegnen. Aus Polizeistatistiken geht eindeutig hervor, daß die Gewaltverbrechen, die von Frauen begangen werden, im Anstieg begriffen sind. Teenager-Banden in den Schulen nehmen zu, weil es unter den Mitgliedern als Zeichen von Mut gilt, besonders »tough« zu sein. Dieser Trend wird durch die traurige Tatsache noch bestätigt, daß politische Randgruppen und terroristische Vereinigungen viele weibliche Mitglieder haben. Sie müssen deshalb bei Ihren grundsätzlichen Überlegungen zu Ihrer persönlichen Sicherheit Frauen als prospektive Täter ebenso einkalkulieren wie Männer. Beim Abschätzen möglicher Gefahren müssen »sie« und »er« nach Bedarf ausgetauscht werden.

Wenn Ihnen Gefahr von einer Frau droht, müssen Ihre Methoden beim Verteidigungsangriff etwas anders aussehen. Wie in den bereits besprochenen Situationen raten wir Ihnen auch jetzt nur zum Kampf, wenn Ihr Leben in direkter Gefahr ist und keine Möglichkeit besteht zu entkommen. Die verwundbaren Körperbereiche sind bei einer Frau dieselben wie beim Mann mit Ausnahme des Genitalbereichs. Schläge gegen den Unterleib einer Frau können Schmerz zufügen, aber kaum zu einer ernsthaften Verletzung führen. Starten Sie Ihren Angriff mit einem Schrei, peilen Sie die am leichtesten zugänglichen verwundbaren Körperstellen an und geben Sie es der Frau, bis sie außer Gefecht gesetzt ist. Viele unserer Kursteilnehmerinnen glauben, daß es für eine Frau besonders schmerzvoll ist, wenn man sie an den Haaren zieht oder sie gegen die Brust schlägt und daß der Schmerz eine weibliche Angreiferin hilflos machen würde. Dies sind irrige Annahmen. Ihr Angriff muß wie immer zum Ziel haben, den Angreifer oder die Angreiferin kampfunfähig zu machen. Zielen Sie daher nach den Augen Ihrer Gegnerin, nach ihrem Hals oder ihren Knien *(siehe Abbildung 6–1)*.

**Abb. 6–1: Verteidigung
gegen eine Frau**

Einbruch

Einbruchsdelikte werden definiert als »gewaltsames Öffnen einer Wohnung und Betreten in der Absicht, ein Verbrechen zu begehen.« Laut Polizei-Statistik wird in der Bundesrepublik im Schnitt 720mal pro Tag eingebrochen, über 260 000 Einbrüche im Jahr mit einem Schadenswert von rund drei Milliarden DM! Einbruchsdelikte stellen eine relativ risikoarme Verbrechenstätigkeit dar, die Aufklärungsquote ist gering. Auch die Dunkelziffer ist hoch – viele Einbrüche kommen nicht zur Anzeige.

Was eingangs über den Anteil von Jugendlichen gesagt wurde, trifft in besonderer Weise beim Einbruchdiebstahl zu. Jugendbanden haben sich auf Einbruchsserien spezialisiert und werden oft genug dazu von erwachsenen Hehlern angehalten. In einigen Gegenden des deutschsprachigen Raums ist jeder zehnte Dieb ein Kind unter 14 Jahren. Auch der Anteil der Mädchen in diesem Bereich steigt ständig.

Sollten Sie das Opfer eines Einbruchsdelikts werden, müssen Sie dieses unverzüglich melden. Einbrecher »operieren« häufig mehrmals im gleichen Wohnbezirk oder sie gehen nach einem bestimmten Muster vor. Ihre Meldung kann zusammen mit anderen Informationen der Polizei eine wertvolle Hilfe bei der Erfassung des Täters sein.

Manche Einbrecher gehen sehr clever und gewitzt vor, ganz im Gegensatz zu den jeweiligen Opfern, die sich in ihrer Ahnungslosigkeit praktisch selbst ausliefern. Hier einige wahre Beispiele aus Polizeiakten.

Bei Frau Klein klingelt das Telefon. Sie meldet sich.
Anrufer: »Guten Abend Frau Klein. Ich mache gerade eine Umfrage für die Wissenschaftsabteilung der ZDF-Fernsehanstalt. Der Zweck dieser Studie ist, daß wir uns ein Bild unserer Zuschauer und ihrer Fernsehgewohnheiten und Fernsehpräferenzen machen wollen. Darf ich Ihnen ein paar Fragen zu Ihren Fernsehgewohnheiten stellen?«
Frau Klein: »Ja.« (Sie ist entzückt, dem ZDF ihre Ideen und Vorstellungen zu erläutern).
Anrufer: »Wieviele Fernsehstunden haben Sie pro Tag?«
Frau Klein: »Nun, nachdem ich bis 18.00 Uhr arbeite, kann ich mein Fernsehgerät erst kurz vor den 19.00-Uhr-Nachrichten einschalten.«
Anrufer: »Verfolgt in Ihrem Haushalt jemand anderes das Tagesprogramm?«
Frau Klein: »Nein, mein Mann arbeitet und die Kinder sind bis 16.00 Uhr außer Haus (unbedacht hat Frau Klein dem Anrufer mitgeteilt, daß ihr Haus den ganzen Tag über leer ist – die perfekte Einladung an einen Einbrecher.)
Anrufer: »Wie oft schauen Sie abends das Fernsehprogramm an?«
Frau Klein: »Freitag ist so gut wie der einzige Tag, an dem ich mich so richtig gemütlich hinsetzen und den ganzen Abend lang fernsehen kann. Dann

139

	sind die Kinder beim Sport und mein Mann auch, er ist der Trainer der Handballmannschaft.« (Frau Klein verriet damit, daß sie am Freitagabend allein zuhause ist – die perfekte Einladung an einen Vergewaltigungstäter.)
Anrufer:	»Um ein klares Bild eines Fernsehzuschauers zu bekommen, der einmal in der Woche abends vor dem Bildschirm sitzt, möchte ich einige persönliche Fragen an Sie richten.« (An dieser Stelle entlockt der mögliche Vergewaltigungstäter Frau Klein Informationen über ihr Alter, Größe, ihr Gewicht und ihr Familieneinkommen. Er entnimmt dem Telefonbuch ihre Adresse und bedankt sich bei ihr. Am darauffolgenden Freitag geht er dann mit den so erworbenen Informationen ans Werk.)

Frau Wagner, frisch geschieden, wollte auf schnellstem Wege ihre Möbel verkaufen, um zu ihrer Schwester zu ziehen. Sie setzte eine Verkaufsanzeige in ihr Kirchenblatt. Eine Frau meldete sich daraufhin und gab bei ihrem Anruf an, von der gleichen Gemeinde zu sein. Frau Wagner beschrieb die Möbel und gab den Preis an und reagierte hocherfreut, als die Anruferin meinte, das sei genau das Gesuchte. Die Anruferin fragte, ob sie am Mittwochnachmitttag wegen der Möbel vorbeikommen könne. Als Frau Wagner diesem Termin zustimmte, entschuldigte sich die Anruferin, sie habe für Mittwoch bereits einen anderen Termin vereinbart, wie es denn mit Freitag sei. »Nein«, bedauerte Frau Wagner, »um 13.00 Uhr beginnt mein Bridge Club und ich werde erst nach 16.00 Uhr wieder zurück sein.« »Könnte mir vielleicht sonst jemand aus dem Haus die Möbel zeigen?« fragte die Anruferin. »Es tut mir leid, aber um diese Zeit wird niemand da sein.« Dann einigten sich die Frauen auf Samstag und Frau Wagner erklärte der Anruferin noch den Weg zu ihrem Haus. Am Freitagnachmittag folgten die Einbrecher diesen Angaben und leerten die Wohnung. Eine Nachbarin sagte später, daß sie sah, wie Männer Möbel in einen Lastwagen luden, aber sie dachte sich nichts dabei, weil sie wußte, daß Frau Wagner ausziehen wollte.

Janet Rodrigues wollte ihren veralteten Fiat verkaufen. Sie gab eine Anzeige in der Los Angeles Times auf. Es meldeten sich verschiedene Leute, darunter auch ein Mann, der gezielte Fragen stellte betreffend des Zustands der Batterie, des Auspuffs, der Reifen und des Kassettenrecorders. Als sie versicherte, daß alles in bestem Zustand sei, wollte er den Wagen sehen. Sie verabredeten sich für den folgenden Vormittag am Parkplatz und Mrs. Rodriges gab dem Mann ihre Adresse. Am anderen Morgen mußte sie dann feststellen, daß er schon dagewesen war und mit ihrer Batterie, den Reifen, dem Kassettenrecorder und den Radkappen das Weite gesucht hatte.

Terry Millar freute sich nach einem Streit mit ihrem Freund auf ein Skiwochenende mit Freunden. »Der muß nicht denken, ich sitze zuhause und warte auf seinen Anruf.« Noch wütend hinterließ sie auf ihrem Anrufbeantworter folgende Nachricht: »Hallo, hier spricht Terry. Ich verbringe das Wochenende in Lake Tahoe und komme erst am Sonntag zurück. Bitte hinterlassen Sie Namen und Telefonnummer und ich werde am Sonntagabend zurückrufen.« Die Einbrecher waren von der erschöpfenden Auskunft so angetan, daß sie außer der gesamten Wohnungseinrichtung auch den Anrufbeantworter mitgehen ließen.

Franz Klug, Berufseinbrecher, durchkämmte die Morgenzeitung, um seinen Arbeitstag zu planen. Auf Seite 3 fand er seinen ersten Job: ein Foto von Herrn und Frau Schmidt, die einen zweiwöchigen Ferienaufenthalt auf Hawaii gewonnen hatten. Sogar der genaue Zeitplan der Reise war angegeben: Abflug 7.30 Uhr mit Lufthansa. Bei den Todesanzeigen fand er dann seinen zweiten Job. Um 11.30 Uhr fand die Beerdigung von Dr. Eduard Neureich-Meier in der Kapelle des Wald-Friedhofs statt. Im abgedruckten Nachruf stand, der Verstorbene sei ein bekannter Waffen- und Kunstkenner gewesen. Weil alle, die ihn kannten, wahrscheinlich an der Beerdigung teilnehmen würden, dürfte sich diese Adresse als problemlos erweisen. Ein Anruf um 11.00 Uhr bestätigte diese Annahme. Als dritten Job schließlich pickte er die Hochzeit von Lisa Baumann und Bob Steinberg um 16.30 Uhr im Schloß-Hotel mit anschließendem Empfang heraus. In der Mitteilung war zu lesen, daß Miss Baumann die Tochter von Dr. Winfried Baumann aus Bad Tölz war. Der Einbrecher hatte nur das Telefonbuch zu nehmen, um an die Adresse der Baumanns zu gelangen. Er sammelte Lisas Hochzeitsgeschenke ein und beschloß damit einen einträglichen Tag.

Frau Hu, Besitzerin einer bekannten und seltenen Jadesammlung nahm kurz nachdem ihr Mann zur Arbeit gegangen war einen Anruf entgegen. Der Anrufer gab sich als Arzt am St. Benedikt Hospital aus. Er teilte ihr mit, daß ihr Mann nach einem tragischen Autounfall in kritischem Zustand in seinem Krankenhaus läge und sie sofort kommen solle. Im Krankenhaus angekommen, mußte sie entdecken, daß ihr Mann nicht dort war. Nach Hause zurückgekehrt, traf sie ihre Jadesammlung nicht mehr an.

Und die Moral all dieser Geschichten: jeder, auch Einbrecher und Triebverbrecher, lesen Ihre Anzeigen und Familienmitteilungen in Zeitschriften, Zeitungen und Mitteilungsblättern. Achten Sie deshalb darauf, daß der Text Ihre Sicherheit nicht gefährdet. Ihr gesunder Menschenverstand muß Ihnen auch sagen, daß Sie persönliche Informationen nicht an Leute geben sollen, die Sie nicht kennen und denen Sie nicht trauen können.

Gewaltsamer Eindringling

Stellen Sie sich vor, Sie haben die notwendigen Sicherheitsvorkehrungen wie die Installation eines Spions nicht getroffen und ein Mann steht vor Ihrer Wohnungstür. Sie spüren, daß der Besucher nicht der ist, als den er sich ausgibt. Sie versuchen die Tür zu schließen, aber das gelingt Ihnen nicht, weil er sie mit Gewalt wieder öffnet. Ihre Strategie ist, die Tür irgendwie zu schließen und die Polizei zu rufen. Nachdem der Eindringling Gewalt bei Ihrer Tür anwendet, können Sie davon ausgehen, daß er Gewalt bei Ihnen anwenden würde, wenn er in die Wohnung gelangen könnte. Ihre beste Taktik ist sofortiger Angriff. Schreien Sie und machen Sie die Tür gerade so weit auf, daß Sie einen Fingerstoß in seine Augen machen können. Wenn er dann schmerzgepeinigt die Augen schließt, schlagen Sie die Tür zu. Verriegeln Sie die Tür auf jede nur mögliche Weise und sichern Sie auch andere mögliche Eingänge. Rufen Sie dann die Polizei *(siehe Abbildung 6–2)*.

Abb. 6–2: Verteidigung gegen einen gewaltsamen Eindringling

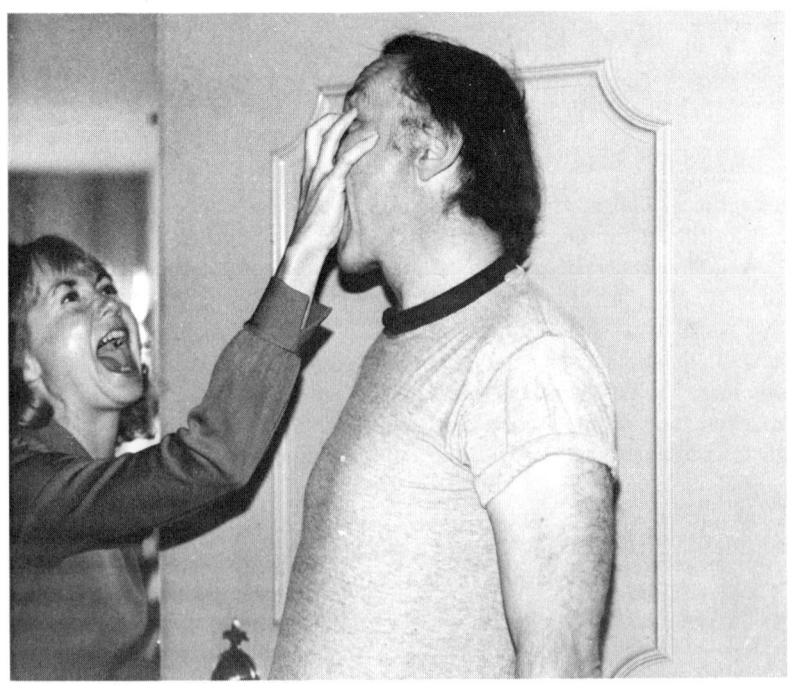

Wenn ein Angreifer mit Fesseln droht

Wir werden in unseren Kursen häufig gefragt, wie man reagieren soll, wenn ein Angreifer damit droht, sein Opfer zu fesseln. Diese simpel klingende Frage läßt sich keineswegs simpel beantworten. Ihr Nervenkostüm, Ihre Gefühlsverfassung und Ihre persönliche Einschätzung der Situation entscheiden darüber, wie die Antwort ausfällt. Wir vertreten den Standpunkt, daß man unter allen Umständen vermeiden sollte, in diese Situation zu kommen, denn gefesselt ist einem die Möglichkeit genommen zu kämpfen und sich in Sicherheit zu bringen. Es gibt natürlich Situationen, in denen man nichts dagegen unternehmen kann, dann zum Beispiel, wenn man sich mehreren Angreifern gegenübersieht, die Waffen bei sich haben.

Ein Angreifer wird sein Opfer aus einem von drei folgenden Gründen fesseln: einmal, um selbst leichter zu entkommen, zum zweiten, um sein Opfer zu quälen und drittens, um sein Opfer zu töten. Wenn sein Motiv dahin zielt, seine eigene Flucht dadurch zu sichern, könnten Sie ihn durch ein Gespräch dazu bewegen, Sie nicht zu fesseln. Wenn Sie unsere Strategie befolgen und den Forderungen des Räubers nachkommen, werden Sie ihm Ihre Wertsachen ausgehändigt und Kooperation demonstriert haben und ihn so in Sicherheit wiegen, daß Sie keine Gefahr für ihn darstellen. Sagen Sie ihm, daß Sie ihn nicht verfolgen werden, daß Sie den Raub nicht melden würden (in diesem Fall ist Lügen erlaubt), ja, daß Sie sich sogar in einen Schrank einschließen lassen würden, um ihm so für seine Flucht einen sicheren Vorsprung zu geben. Wenn der Angreifer jetzt immer noch darauf besteht, Sie zu fesseln, dann müssen Sie annehmen, daß er ein anderes Motiv hat als zu fliehen. Sie müssen deshalb den richtigen Augenblick abpassen, um den Gegenangriff zu starten. Wenn Sie zunächst den Anschein erwecken, in allen Punkten gehorsam zu sein und sich wenn nötig sogar binden zu lassen, dann sollte sich dabei eine Gelegenheit ergeben, Ihren Gegenangriff zu starten, Ihren Gegner kampfunfähig zu machen und zu fliehen.

Unser Eintreten dafür, sich unter keinen Umständen fesseln zu lassen, basiert auf den zahllosen Berichten über sadistische Morde, die an hilflos gefesselten Opfern begangen wurden. Sogar in unserer eigenen Nachbarschaft endete kürzlich ein Raub mit Mord. In Kalifornien öffneten die vier Angestellten eines Kinotheaters einen Safe. Sie wurden überfallen, ließen sich fesseln und wurden dann brutal niedergemetzelt, indem man ihnen die Kehlen von Ohr zu Ohr aufschlitzte. Der bekannte Schriftsteller Truman Capote beschrieb einmal eine ähnliche Tragödie. In seinem Buch »In Cold Blood« erleidet eine Familie einen schrecklichen Tod nachdem sie von ihren Mördern gefesselt worden ist mit der Versicherung, das sei lediglich eine Vorsichtsmaßnahme, damit den Angreifern bei ihrer Flucht ein Zeitvorsprung gegeben ist. Diese wahre Geschichte macht deutlich, wie wenig berechenbar Mörder reagieren. Capote berichtet, daß die Mörder bei ihrer Befragung zugaben, ihre Opfer zunächst wirklich nur deshalb zu binden, um besser fliehen zu können. Später kam ihnen dann zum Bewußtsein, daß »Tote schweigen« und so sicherten sie ihre Flucht absolut, indem sie die Tatzeugen abschlachteten.

Raub

Das Strafgesetzbuch definiert Raub als die gewaltsame Wegnahme einer Sache »mit Gewalt gegen eine Person oder unter Anwendung von Drohungen mit gegenwärtiger Gefahr für Leib und Leben« (§ 249 StGB). Der schwere Raub wird durch die Benutzung einer Schußwaffe, einer anderen Waffe oder Werkzeuges zur Einschüchterung, durch lebensgefährliche Gefährdung oder als Bandentat bestimmt (§ 250 StGB). 1984 ereigneten sich in der Bundesrepublik 28 012 Raubdelikte: 5489 Menschen wurden Opfer eines versuchten oder vollendeten Handtaschenraubes, 7755 Personen wurden in anderen Raubüberfällen auf Straßen, Wegen oder öffentlichen Plätzen verwickelt. Fast 2000 Menschen wurden in ihren Wohnungen überfallen.

Die Möglichkeit, daß Sie einmal Opfer eines Raubüberfalls werden, ist größer, wenn Sie in einer großen Stadt leben als in einem ländlichen Gebiet. Fast die Hälfte aller Raubüberfälle findet auf der Straße statt und wird von Männern unter 21 begangen. Erstaunlicherweise wird ca. 1/3 aller Raubüberfälle von Tätern unter 18 verübt.

Letzten Monat trug unsere Tageszeitung die folgende Überschrift: »Studentin durch Stiche getötet bei dem Versuch, ihre Mutter gegen Taschendiebe zu verteidigen.« Diese entsetzliche Tragödie hätte sich leicht vermeiden lassen können, wenn das junge Mädchen etwas von Selbstverteidigung verstanden hätte. Sie wäre dann nämlich nicht in die Höhe gesprungen, um dem Dieb einen Tritt in die Kehle zu geben und ihn damit zu Boden zu werfen. Diese Methode taugt nur für Kino und Fernsehen. Die Conroy-Methode zur Selbstverteidigung hätte sie gelehrt, die Handtasche sofort loszulassen *(siehe dazu Abbildung 6–3)*.

Eine fast unglaubliche Tragödie spielte sich kürzlich in San Francisco ab. Ein älteres Ehepaar drehte mit seinem Hund eine Runde, als ein Junge aus der Nachbarschaft an die beiden herantrat. »Geld her«, verlangte der

144

Abb. 6–3: Verteidigung gegen einen Räuber – händigen Sie ihm Ihre Wertgegenstände aus

Junge. Der alte Herr schubste ihn ärgerlich weg mit den Worten »mach daß Du fortkommst.« Daraufhin fuchtelte der Junge bedrohlich mit einer Pistole herum und ohne ein weiteres Wort schoß er ihn in die Brust und tötete ihn. So unglaublich dieser Vorfall auch klingen mag, solche Tragödien passieren heutzutage wirklich.

Wenn Sie sich einem Dieb gegenübersehen, dann ist Ihr Vorgehen ganz einfach, egal ob diese Konfrontation bei Ihnen zu Hause stattfindet oder irgendwo anders. Hören Sie sich die Forderungen des Täters aufmerksam an. Wenn er eine bestimmte Sache verlangt wie beispielsweise Ihre Brieftasche, dann händigen Sie ihm diese sofort aus. Fangen Sie kein Gespräch an. Wenn Sie zuhause sind und er bestimmte Wertgegenstände fordert, dann sagen Sie ihm, wo er diese findet. Alles, was Sie besitzen, können Sie notfalls wieder kaufen, – mit Ausnahme Ihrer Gesundheit. Wenn er das Geforderte erhalten hat, dann hat ein Profi-Einbrecher nichts Eiligeres zu tun als zu verschwinden und das ist ja schließlich auch Ihr Wunsch.

Es ist wichtig, eine genaue Beschreibung des Einbrechers zu geben, weil die Polizei bei der Auffindung des Diebes größere Chancen hat *(siehe dazu Kapitel 9.)* Wenn er Ihnen Anweisungen gibt wie »nicht die Polizei informieren«, dann stimmen Sie gehorsam zu, egal wie lächerlich im Grunde solche Beteuerungen sind. Wenn Sie dann sicher sind, daß er wirklich gegangen ist, informieren Sie sofort die Polizei. Melden Sie jeden Diebstahl, auch wenn die Beute gering ist. Als guter Bürger sind Sie geradezu verpflichtet zu dieser Art von Mitarbeit mit der Polizei. Dazu kommt, daß der Dieb anderen – möglicherweise auch Ihnen selbst – Schaden zufügen kann, wenn man ihm nicht das Handwerk legt.

Einen Spezialfall stellt ein drogenabhängiger Täter dar, der sich oft zu Verzweiflungstaten hinreißen läßt, um seiner Leidenschaft und seiner Abhängigkeit Genüge zu tun. Ein solcher Fall bedarf der Polizei gegenüber genauer Hinweise. Man kann ihn z.B. an irrationalen Äußerungen oder bizarren Handlungsweisen erkennen, die seine Entzugssymptome begleiten. Einem solchen Täter gegenüber ist es besonders wichtig, seinen Forderungen so schnell wie möglich nachzugeben. Wenn er das Gefühl bekommt, Sie würden Zeit gewinnen, könnte er durchdrehen und so mit größerer Wahrscheinlichkeit körperlich angreifen.

Während einer kürzlich auftretenden Welle von Raubüberfällen, bei denen die Handtaschen entrissen wurden, begannen viele Frauen, ihre Handtaschen in Papiertüten zu tragen. In dieser Zeit erlebte ein Handtaschenräuber eine böse Überraschung. Wie die Los Angeles Times berichtete, führte die fünfzigjährige Hollis Sharp jeden Abend ihren Hund spazieren. Dabei trug sie eine Papiertüte und eine kleine Schaufel bei sich, um hinter dem Hund sauberzumachen. Eines Abends hatte sie eine besonders große Menge an Hinterlassenschaften ihres Hundes in ihrer Tüte, als sie von einem 1,80 m großen 80-kg-Mann angegriffen wurde. Er packte sie von hinten und entriß ihr die braune Papiertüte. Stellen Sie sich seine Überraschung vor, als er den Inhalt der Tüte erblickt bzw. »erfaßt« hatte. (Gut gemacht Mrs. Sharp!)

Zwei oder mehr Angreifer

Wir müssen diesen Abschnitt mit einigen Bemerkungen über Gruppenpsychologie beginnen. Selbst die »harmloseste und netteste« Gruppe von jungen Männern kann gefährlich werden. Stellen wir uns einmal vor, eine solche Gruppe würde Ihnen in einer unbelebten Umgebung begegnen. Sicherlich hat diese Gruppe keinen Raub oder Angriff geplant und doch kann bei den jungen Leuten die Idee aufkommen, daß sich hier die Gelegenheit für einen »unschuldigen« Spaß biete. »He Charly«, ruft einer, »ist das nicht Dein Typ?« »Auf Charly, Du behauptest immer, ein guter Liebhaber zu sein«, stichelt ein anderer. Einige weitere Bemerkungen in dieser Richtung und Charly, durch einige Bierchen in Hochstimmung, entschließt sich, seine Männlichkeit unter Beweis zu stellen. »Auf geht's Freunde, ich zeig Euch, wie man's macht.« im Nu sind Sie umringt. Ihre Strategie muß sein, ohne körperliche Konfrontation so schnell wie möglich wegzukommen. Deshalb ist Ihre erste und wichtigste Taktik zu sprechen, aber sprechen Sie nicht mit Charly. Reagieren Sie nicht auf seine unzüchtigen Bemerkungen und – vielleicht am wichtigsten – versuchen Sie die Ruhe zu bewahren. Blicken Sie selbstsicher in die Runde und sagen Sie z. B. »Hört mal Jungs, ich möchte keinen Ärger haben«, und gehen Sie dabei langsam aber entschlossen weiter in Richtung Sicherheit. Auf diese Weise können Sie eine gerade aufgeflammte und potentiell gefährliche Situation entschärfen. Wenn die jungen Männer mit ihrem Wortgeplänkel fortfahren, ja Sie sogar schwer beleidigen, gehen Sie stetig weiter. Denken Sie dabei an den Satz »Worte können keine Verletzungen zufügen«.

Eine andere Art von Gefahr tritt auf, wenn zwei oder mehr Angreifer Sie zum Opfer eines Raubüberfalls oder einer Vergewaltigung ausersehen haben. Bei solchen Männern werden Sie durch Reden ebenfalls Zeit gewinnen, um herauszufinden, was sie von Ihnen wollen. Wenn sie Ihr Geld oder Ihre Wertgegenstände fordern, erfüllen Sie die Forderung umgehend. Wenn die Männer Sie vergewaltigen wollen, versuchen Sie, sie von ihrem Vorhaben abzubringen *(Anregungen dazu Kapitel 8)*. Wenn drei oder mehr Männer versuchen, Sie zu vergewaltigen und Sie das Gefühl haben, die

Abb. 6–4: Verteidigung gegen zwei Angreifer

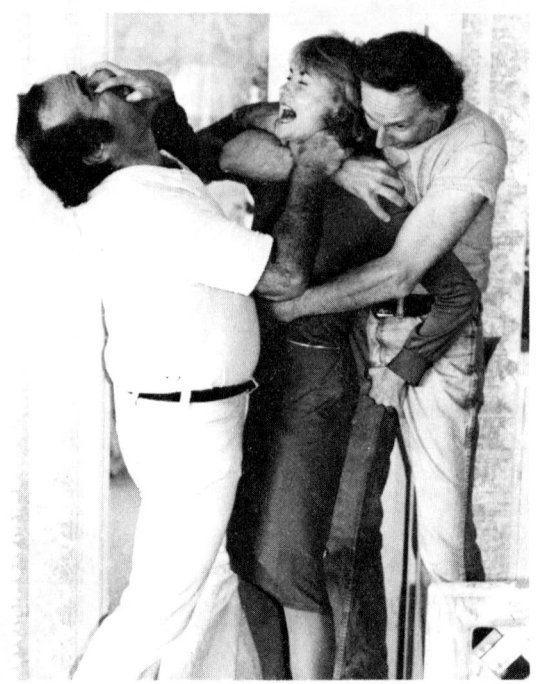

Vergewaltigung ohne ernsthafte körperliche Verletzungen zu überstehen, dann sollten Sie sie vielleicht über sich ergehen lassen. Gegen einen einzelnen Angreifer vorzugehen, ist schon schwierig. Drei Angreifer abzuwehren, ist dann dreimal so schwierig.

Wie können Sie gegen zwei oder mehr Männer ankämpfen, die die Absicht haben, Sie zu töten und gegen die Sie Ihr Leben verteidigen müssen? Wie in anderen Situationen, besteht Ihr Angriff aus Schreien, Augenstößen, Hodenquetschen, Handschlägen und Tritten. In dieser speziellen Situation müssen Sie Ihren Angriff gegen den Mann starten, der Ihnen am nächsten ist. Wenn jedoch ein Mann aus der Gruppe anfängt, Sie anzugreifen, gehen Sie vor, als ob alle angegriffen hätten. Jeder von ihnen ist als Ziel für Ihre Schläge und Tritte gut *(siehe Abbildung 6–4)*.

Angriff mit Verletzungsfolgen

In der Bundesrepublik stellen die Fälle der gefährlichen und schweren Körperverletzung etwa zwei Drittel aller Fälle von Gewaltkriminalität dar. 1984 erfaßte die Bundeskriminalstatistik 63 746 Fälle dieser Straftaten. Der überwiegende Anteil der tätlichen Angriffe auf Personen wird mit körpereigenen Mitteln, d. i. Hände oder Füße, ausgeführt. In etwa einem Drittel der Zwischenfälle werden gefährliche Gegenstände, Werkzeuge und Messer benutzt. Anders als in den USA ist der Anteil von Schußwaffen in der gewöhnlichen Straßenkriminalität noch gering.

Wenn Sie das Ziel eines gewalttätigen Angriffs sind, haben Sie keine Wahl – Sie müssen sich sofort und ohne Verzögerung wehren. Hoffen Sie nicht darauf, daß der Angreifer nach einigen Schlägen aufhört, greifen Sie sofort an. Gleichgültig, welche Nachteile Sie sich anfänglich auch einhandeln könnten, gleichgültig ob Sie bereits geschlagen, getreten oder mit einem Messer verletzt worden sind – kämpfen Sie mit hundertprozentigem Einsatz und versuchen Sie den Gedanken an die eigene Verletzung zu verdrängen.

Mord und Totschlag

1984 ereigneten sich in Deutschland insgesamt 3520 »Straftaten gegen das Leben«, wie der Gesetzgeber alle Fälle von Mord, Totschlag, Fahrlässige Tötung, Kindestötung und selbst den Abbruch von Schwangerschaft benennt. Von den 1051 Morden in dieser Statistik waren 143 Raub- und 80 Sexualmorde erfaßt. Trotz der relativ hohen Aufklärungsquote in dieser Verbrechenssparte ist die Zahl der Vorfälle in den vergangenen Jahren weiter gestiegen.

Bei Tötungsdelikten spielt die Beziehung zwischen Täter und Opfer eine besondere Rolle: Ein relativ geringer Anteil der Opfer wird von Fremden umgebracht, die überwiegende Zahl der Mörder und Totschläger findet sich im Familienkreis oder unter Freunden und Bekannten des Getöteten. Dies ist ein Grund für die hohe Aufklärungsrate.

Ein nicht unbeträchtlicher Teil der Morde erfolgt als Folge von Raubüberfällen, etwa 15–20% hierzulande, in den USA rund 25%. Viele dieser Opfer könnten heute noch leben, hätten sie die Conroy-Methode zur Selbstverteidigung befolgt.

Unsere Grundverhaltensmaßregel, die sagt, daß man bereit sein muß, mit Einbrechern zusammenzuarbeiten, hätte zweifelsohne viele Leben gerettet. Viele Mörder erklärten gegenüber der Polizei, sie seien »gezwungen« gewesen zu töten, weil die Opfer Widerstand leisteten als sie von ihnen lediglich etwas »wegnehmen und damit das Weite suchen wollten.«

Jede der gefährlichen Situationen, die wir in diesem Kapitel beschrieben haben, könnte mit einem Kampf auf Leben und Tod enden. Der Moment, in dem Sie erkennen, es geht um Leben und Tod, wird höchstwahrscheinlich panische Reaktionen bei Ihnen auslösen. Sie müssen so darauf vorbereitet sein, daß Sie Ihre Panik und Angst in aggressive Kampfwut umwandeln können. Eine Person, die versucht Sie zu töten, verdient Ihren ganzen Haß. Jedes Zurückschrecken vor der Möglichkeit, jemanden zu blenden, zu lähmen oder gar zu töten, muß überwunden werden. Sowohl moralische wie religiöse Vorschriften erlauben es, einen Menschen zu töten, wenn es um das eigene Leben geht. Ein Angriff auf Ihr Leben verlangt Ihren bedingungslosen Gegenangriff. Machen Sie sich dabei klar, daß viele Opfer gewaltige Energien und Kräfte freisetzen können in dem Moment, in dem sie erkennen, daß sie ermordet werden sollen.

Ihre Kampftaktiken sind dieselben, wie wir sie schon früher beschrieben haben, aber Sie müssen sie mit letzter Konsequenz verfolgen. Tritte, Schläge, Stöße und Augen- oder Hodenquetschen müssen mehrfach wiederholt werden. Konzentrieren Sie sich auf die am meisten verwundbaren Körperstellen wie die Augen und die Hoden. Setzen Sie Ihren Gegenangriff fort, bis absolute Sicherheit darüber besteht, daß der Mörder bewegungsunfähig oder bewußtlos ist.

Sexualmord

In diesem Abschnitt werden wir den Sexualmord behandeln, das schrecklichste und furchterregendste aller Verbrechen. Dieser Terror gehört zu den schlimmsten Alpträumen. Wenn Sie dieses Kapitel gründlich studieren, dann werden Sie entschlossen sein alles zu tun, um die Chance zu verringern, ein Opfer dieses selten vorkommenden Verbrechens zu werden. Versuchen Sie, den natürlichen Widerwillen und reines Vernunftdenken im Sinne von statistischer Wahrscheinlichkeit – »Sexualmorde passieren so selten, daß ich mich damit nicht befassen muß« – zu überwinden.

Es ist eine traurige Tatsache, daß die Selbstverteidigungskurse überquellen, wenn ein Sexualmörder serienweise mordet. Wenn er aber aus den Schlagzeilen verschwunden ist, dann läßt auch der Ansturm auf die Kurse nach. Die Erklärung dafür gaben wir in Kapitel 1, als wir den psychologischen Mechanismus der Ablehnung besprachen. Wir berichteten, wie Gedanken, die unangenehm sind und Angst verursachen, aktiv aus unserem Bewußtsein verdrängt werden. Dies erklärt auch, warum die Möglichkeit negiert wird, daß dieses schlimmste aller Verbrechen passieren kann, sobald kein Sexualmörder für Schlagzeilen sorgt. Infolge eines solchen »Ausschalt«-Prozesses sind Sie dann nicht darauf gefaßt, wenn es doch passiert.

Die abschreckenden und abstoßenden Fälle, die in diesem Abschnitt beschrieben werden, basieren auf Verbrechen von fünf Sexualmördern, die sich wirklich zugetragen haben. Indem Sie sich ein geistiges Bild der verschiedenen Täterpersönlichkeiten machen, wie diese ihre Opfer bestimmten und sich an sie heranmachten, wie sie ihre Opfer vergewaltigten und töteten, versuchen Sie sich vorzustellen »Wie hätte ich verhindern können, als Opfer ausersehen zu werden?« oder, wenn mit dieser Tatsache konfrontiert, »Was hätte ich tun können, um die Gefahr zu erkennen und zu verhindern?« Wenn Sie die Kurzbiographie der einzelnen Sexualmörder kennen, versuchen Sie sich Möglichkeiten vorzustellen, wie die Opfer die Tragödien hätten vermeiden, erkennen und eliminieren können. Wir hoffen, daß unsere Anregungen dazu Ihnen eine nützliche Vorstellungshilfe und Diskussionsbasis sein werden.

W. M., neunundzwanzig Jahre alt, männlich, Maschinen-Operator, vier Sexualmorde.

Das Großstadtleben in Anonymität und Isolation geriet im März 1964 plötzlich in den Mittelpunkt des öffentlichen Interesses. In schreienden Schlagzeilen hieß es »achtunddreißig sind Zeuge von Mord – nicht einer hilft«. Überall im Land fragten sich die Leute, »Wie konnte das passieren?« und »Warum griff keiner ein?«, »Warum rief nicht wenigstens einer die Polizei?« und »Hätte mir jemand geholfen, wenn ich das Opfer gewesen wäre?«

Folgende schreckliche Tatsachen lösten damals Fragen über Fragen und Schlagzeilen aus: Kitty Genovese, eine allein lebende junge Frau strebte um 3.00 Uhr morgens ihrem Apartmenthaus in New York zu. In derselben Nacht kreuzte Winston Moseley mit seinem weißen Sportwagen in dieser Gegend auf. Er suchte nach einem Opfer, mit dem er die Liste seiner seitherigen vier Sexualmorde und fünf weiteren Vergewaltigungen erweitern wollte. Bei seinem späteren Geständnis beschrieb Moseley seine Absichten wie folgt: »Ich machte mich einfach auf die Suche nach irgend einem weiblichen Wesen ohne Begleitung und ich hatte die feste Absicht, sie zu töten ... Ich rannte wesentlich schneller als sie es konnte. Ich sprang ihr auf den Rücken und stach mehrere Male zu.«

Verzweifelt schrie Kitty Genovese »Oh mein Gott, dieser Mann ersticht mich! Zu Hilfe, zu Hilfe.« Diese ersten Hilferufe zogen die Aufmerksamkeit eines Mannes in einem benachbarten Apartment auf sich, der den Angriff beobachtete. Dieser Mann schrie aus seinem Fenster »Lassen Sie sofort die Frau los.« Allerdings kümmerte sich der Mann nicht weiter um den Vorfall, weder rief er die Polizei noch kam er ihr zur Hilfe. Während Moseley zu seinem Wagen zurückrannte, schleppte sich Kitty Genovese zu ihrem Apartmenthaus, wo sie zusammenbrach. Bei seinem Geständnis hielt Moseley fest: »Ich hatte das sichere Gefühl, daß dieser Mann das Fenster schließen und sich wieder schlafen legen würde, nachdem er mich so angebrüllt hatte.« Seine Einschätzung der Lage erwies sich als richtig und so folgte er Kitty einige Minuten später, nachdem alles ruhig geblieben war.

»Sie krümmte und wand sich und ich weiß nicht, wie oft ich noch und wohin ich noch zustieß, bis sie schließlich ziemlich ruhig war«, setzte Moseley sein Geständnis fort. Nachdem sie bewußtlos war, riß er ihr die Kleider vom Leib und vergewaltigte sie. Während seiner letzten Stiche und während der Vergewaltigung »hörte ich eine Tür im Treppenhaus gehen, sie öffnete sich zweimal oder dreimal«, erzählte er vor Gericht, »aber als ich hochsah, erblickte ich niemanden.«

Gehen Sie jetzt die einzelnen Stationen des Verbrechens noch einmal durch und fragen Sie sich, was Sie jeweils hätten anders machen können.

1. Vermeide Gefahrenmomente. Zum Beispiel hätte ich a) an diesem Abend früher heimkommen können oder b) mich von Freunden begleiten lassen können oder c) ein Taxi nehmen und den Fahrer bitten können, zu warten, bis ich sicher mein Apartment erreicht hätte oder d) einen großen Hund bei mir haben sollen.

2. Erkenne Gefahrenmomente und weiche ihnen aus (von dem Zeitpunkt an, zu dem ich erkenne, daß ich verfolge werde). Ich hätte a) Moseleys Wagen auf und ab fahren bzw. in der Nähe parken sehen müssen, b) zielstrebig weggehen oder wegrennen sollen, c) »Feuer, Feuer« rufen müssen und/oder d) einen Geldbeutel fallen lassen sollen in der Hoffnung, der Angreifer würde sich mit Geld zufriedengeben.

3. Kämpfe. Denken Sie darüber nach, welche Taktiken Sie am besten hätten einsetzen können, sobald Sie angegriffen worden wären. Denken Sie dabei daran, daß Moseley nur mit einem Messer bewaffnet war und daß seine ersten vier Stiche nicht tödlich gewesen wären.

A. D., 31 Jahre alt, männlich, Automechaniker, 11 Sexualmorde.

Zwei Jahre lang – zwischen 1962 und 1964 – verbreitete sich unter den Frauen von Boston Angst und Schrecken. Ein Mann, den man den »Würger von Boston« nannte, beging nach Belieben Sexualmorde. Die Behörden schienen seinen Taten machtlos gegenüberzustehen. Seine Opfer entstammten allen Altersgruppen bis hin zu einer 75jährigen und einer 80jährigen Frau. Er vergewaltigte weiße und farbige Frauen, je nach Gelegenheit. »Attraktivität spielt dabei keine Rolle . . . sie war eine Frau,« soll er gesagt haben. Als man den »Würger von Boston« schließlich entlarvte, identifizierte man ihn als Albert De Salvo, einen früheren Preisringer, der schon zahlreiche Angriffsdelikte begangen hatte. Er selbst behauptete, mehr als 2000 Vergewaltigungen begangen zu haben. Bei seinem Geständnis gab er an, alleinstehende Frauen dadurch ausgespäht zu haben, daß er in den Einwohnerverzeichnissen von Apartmenthäusern nachgesehen habe. Er verschaffte sich durch die Angabe, er sei zu einer Reparatur bestellt, oder durch ähnliche Lügen, Zutritt zu Wohnungen. Er gab an, daß er einfach woanders hingegangen sei, wenn ein ausgesuchtes Opfer zögerte, ihn einzulassen oder seine Glaubwürdigkeit als Handwerker in Frage stellte. Sobald sein Opfer sich zur Wehr setzte, habe er die Flucht ergriffen. De Salvo gab zu, daß eine große Frau ihm bei seinem Angriff einen Finger bis auf den Knochen durchgebissen habe. Er bekam Angst und rannte davon. De Salvo wird als gut gewachsen, charmant und als Mann mit gepflegter Sprechweise beschrieben. Er war verheiratet und Vater von zwei Kindern.

De Salvo beschrieb bei seinem Geständnis seine »Arbeitsweise« wie folgt: Sobald er allein mit seinem Opfer in dessen Apartment war, wartete er bis sie ihm den Rücken zukehrte und er sie dann mit einer Bärenumarmung packen konnte. Sein modus operandi umfaßte Tätigkeiten wie das Ausziehen der Opfer, das Würgen mit Strümpfen etc. Er biß die Opfer in die Brust oder verletzte sie mit Messern, er legte die Körper in bizarre Positionen, steckte ihnen Besenstiele oder Weinflaschen in die Vagina und beging Sodomie an ihren Leichen.

An dieser Stelle sollten Sie anhalten und nachdenken darüber, wie Sie
1. hätten verhindern können, daß De Salvo Sie als Opfer aussucht,
2. hätten erkennen und vermeiden können, daß Sie angegriffen werden und
3. wie Sie sich erfolgreich gegen ihn hätten zur Wehr setzen können.

Hier einige auf der Hand liegende Antworten zu diesen Fragen:
1. Um eine gewisse Gefahrenquelle auszuschalten, lassen Sie sich nicht als alleinstehend im Meldeverzeichnis Ihres Apartmenthauses oder im Telefonbuch eintragen.
2. Um Gefahren zu erkennen und ihnen auszuweichen, lassen Sie keine fremden Personen aufgrund irgendwelcher mündlicher Angaben Ihre Wohnung betreten. Lassen Sie sich einen Firmenausweis zeigen und fragen Sie beim jeweiligen Arbeitgeber zurück.
3. Kämpfen Sie. Wieviele von De Salvos Opfern könnten heute noch am Leben sein, wenn sie sich zur Wehr gesetzt hätten? Niemand kann darauf eine Antwort geben, aber denken Sie daran, daß De Salvo selbst angegeben hat, daß er geflohen sei, als er gebissen worden war. Hier hat also der Mut des Opfers verhindert, daß diese Frau in der Statistik der Sexualmorde auftaucht.

E. K., 24 Jahre alt, männlich, arbeitslos, 6 Sexualmorde.

Bevor Sie das nächste Mal finden, Autostop sei eine angenehme Art zu reisen, denken Sie an die sechs jungen Frauen, die Edmund Emil Kemper III zur letzten Fahrt in ihrem Leben in seinen Wagen einlud. Während die Frauen auf dem Nebensitz nur daran dachten, wie sie ihr Ziel erreichen konnten, gab er sich am Steuer – nach eigenem Geständnis – seinen Phantasievorstellungen hin, in denen er »Frauen schlachtete, ihnen den Kopf abschnitt und sie auffraß.«

Dieser »gute Samariter« besaß die folgende persönliche Geschichte: Schon in jungen Jahren hatte er Puppen zerlegt. Mit neun Jahren schlachtete er seine Lieblingskatze, wobei »ich mit aller Kraft betete, daß Gott alle Menschen sterben lassen würde außer mir.« Zur Feier seines 15. Geburtstags ermordete er seine Großeltern. Sein Intelligenzquotient von 136 half ihm, Mordphantasien und die Vorstellung, Frauen zu enthaupten, schon vom Alter von neun Jahren an zu entwickeln. Seine Intelligenz half ihm auch, die Behörden so zu täuschen, daß sie ihn aus dem Gefängnis in ein Sanatorium für kriminelle Geistesgestörte überwiesen. Zur Feier seiner Entlassung aus dem Gefängnis ermordete er seine Mutter und einen Nachbarn. Mit zwanzig Jahren, einer Körpergröße von 2,05 m und einem Gewicht von 127 kg entzog er sich für sechs Monate jeder Beobachtung. Während dieser Zeit lockte er sechs Anhalterinnen in sein Auto, tötete sie, zerlegte sie in Teile und verstreute diese großflächig. Er gestand sogar perverse Sexualhandlungen mit diesen Einzelteilen. Wenn Sie das nächste Mal vorhaben, ein Auto anzuhalten, denken Sie an diesen »guten Samariter«, der so »entgegenkommend zu Anhalterinnen« gewesen ist.

Sicherlich fallen Ihnen beim Lesen dieser Zeilen eine Reihe Möglichkeiten ein, mit denen Sie verhindert hätten, eines der Opfer von Kemper zu werden. Wir wollen eine wichtige Tatsache herausstreichen: Steigen Sie niemals zu einem Fremden in den Wagen. Wir kennen keine Situation, die es rechtfertigen würde, von diesem Grundsatz abzuweichen. Selbst wenn Ihr Auto den Geist aufgibt und Sie in einer abgelegenen Gegend gestrandet sind, nehmen Sie das Angebot eines wohlmeinenden Fremden nicht an, der Sie zum Mitfahren einlädt. Bitten Sie ihn statt dessen, Ihnen Hilfe zu schicken.

Wenn Sie die Möglichkeit diskutieren, sich zur Wehr zu setzen, denken Sie an Kempers Größe. Unter unseren Kursteilnehmerinnen hielten es viele für unmöglich, gegen einen Riesen von 2,05 m und 127 kg zu kämpfen. Aber sind seine Augen nicht ebenso verwundbar wie die eines schmächtigen 1,50 m großen und nur 40 kg schweren Mannes? Sind seine Hoden nicht genauso schmerzempfindlich und verwundbar? Aber ja!

K. B., 27 Jahre alt, männlich,»Psychologe«, 10 Sexualmorde.

Erster Akt, Szene 1: Wir befinden uns in der Glitzerwelt von Hollywood, Kalifornien, in einer Diskothek. Darsteller: Sie und eine Freundin, Sie sind gemeinsam abends ausgegangen; junger Mann, groß, schlank, gelocktes Haar, ungewöhnlich gutaussehend, mit gepflegtem Schnurrbart und kultivierter Sprache,»Klinikpsychologe«.

Erster Akt, Szene 2: Besagter junger Mann nähert sich Ihnen. Er ist charmant und hinterläßt einen sehr angenehmen ersten Eindruck.

Erster Akt, Szene 3: Nach einem angenehm verbrachten Abend mit Tanz und gepflegter Konversation bietet der junge Mann Ihnen und Ihrer Freundin an, Sie in seinem Wagen nach Hause zu bringen; um Ihnen freie Bahn zu lassen, lehnt Ihre Freundin mit einer verschwörerischen Geste das Angebot für sich ab.

Zweiter Akt, Szene 1: Ort der Handlung: im Innern eines Wagens auf dem Hollywood Boulevard. Mitwirkende: Sie und Ihr »charmanter Märchenprinz«. Angeregtes Gespräch, während er an der Abzweigung zu Ihrem Haus vorbeifährt und mit Vollgas Richtung Pasadena jagt.

Zweiter Akt, Szene 2: »Ein kleiner Ausflug« endet auf einem Hügel mit romantischem Ausblick.

Dritter Akt, Szene 1: Ein Männergesicht nähert sich Ihnen quasi in Großaufnahme. Der Mann versucht, Sie zu erwürgen. Sie verlieren allmählich das Bewußtsein. Beim »Hinübergleiten« spüren Sie, wie Ihnen Kleidungsstücke vom Leib gerissen werden. Das Bild zeigt nackte Körperflächen, um anzudeuten, daß Sie vergewaltigt werden.

In Wirklichkeit bestritt dieser »Psychologe« seinen Lebensunterhalt teilweise als Strichjunge, teilweise als Leibwächter. Zu seinem bürgerlichen Namen Kenneth Bianchi erhielt er bald sein Alias »Würger der Berge«. Mit zwei Monaten von seiner Mutter verlassen, kam er zunächst in verschiedene Waisenhäuser, bis er schließlich mit 11 Monaten adoptiert wurde. Dadurch entstanden in seiner frühen Jugend deutliche emotionale Fehlentwicklungen. Im Alter von 11 Jahren erfuhr er, daß er ein Adoptivkind war und daß seine leibliche Mutter als Barfrau ein bewegtes Sexualleben führte. Seine Adoptivmutter zwang ihn, die Schuhe seines verstorbenen Adoptivvaters bei dessen Beerdigung zu tragen. Zu diesem Zeitpunkt war Bianchi gerade 14 Jahre alt. Nachdem er sich erfolglos im College versucht und danach geheiratet hatte, ging er auf die Straße, um seinen Lebensunterhalt zu verdienen. Einige seiner Opfer waren Prostituierte, andere jugendliche Ausreißer, die nach Almosen Ausschau hielten, wieder andere aber waren unschuldige Opfer, die er sich zufällig auswählte oder deren Bekanntschaft er in Begleitung seines Vetters und Komplizen Angelo Buono machte. Die gute Figur der beiden jungen Männer und ihr blendendes Aussehen machten es ihnen leicht, mit Frauen in Kontakt zu kommen. Moral der Geschichte: gutes Aussehen und charmante Konversation sollten Sie nicht soweit einlullen, daß Sie vergessen, daß ein Fremder ein Fremder ist. Es gibt keinen Ersatz dafür, daß man jemanden über eine längere Zeit hinweg kennen muß, bevor man ihm sein Vertrauen schenkt. Wir hoffen, diese Bemerkungen dienen Ihnen als Anlaß für eigene Gedanken und Diskussionen. Um Ihr geistiges »Vorbereitetsein« zu stärken, sollten Sie sich nun überlegen, wie Sie in einer ähnlichen Ausgangssituation gehandelt hätten.

R. S., 22 Jahre alt, männlich, Vagabund, 8 Morde.

Stellen Sie sich einen Landstreicher vor, der in eine fremde Stadt kommt und dort seine letzten paar Mark für Heroin ausgibt. Völlig mittellos entscheidet er sich, in Apartments einzubrechen, deren Bewohner gerade nicht anwesend sind. So will er versuchen, seine nächste Spritze zu finanzieren. Er geht von Tür zu Tür und klopft, bis irgendwo keine Antwort kommt, die Tür aber trotzdem nicht verschlossen ist. Er betritt dieses Apartment und findet dort zu seiner großen Verwunderung neun schlafende junge Frauen. Als diese Frauen aufwachen, bedroht er sie mit dem Messer und verlangt Geld von ihnen. Eine der Frauen spuckt ihm ins Gesicht und droht, ihn bei einer Gegenüberstellung jederzeit zu identifizieren. Das versetzt ihn derart in Wut, daß er sie mit einer Hand fesselt und sie nacheinander in einen anderen Raum zerrt. Eine einzige mutige Frau schlägt den anderen vor, sie sollten versuchen zu entkommen. Die anderen entscheiden sich jedoch, den Angreifer nicht noch mehr zu »provozieren«, da sie annehmen, er »wolle sie nur vergewaltigen.« Die mutige Frau versteckt sich unter einem Bett. Sie allein überlebt und kann den Hergang der Tat schildern. Ihre unglücklichen Zimmergenossinnen werden für ihre Kooperationsbereitschaft grausam belohnt: sie werden einzeln nacheinander ermordet.

Glauben Sie uns, dieser unglaublich klingende Vorfall hat sich wirklich ereignet. Es geschah im Jahr 1966 in Chicago, die Frauen waren Schwesternschülerinnen und bei dem vagabundierenden Mörder handelte es sich um Richard Speck. Es hätte eine ganze Reihe von Strategien gegeben, diesen tragischen Ablauf zu verhindern. Denken Sie an die zahlreichen Gelegenheiten und Möglichkeiten, die sich im Verlauf dieses Verbrechens den Frauen boten. Machen Sie sich auch klar, daß eine Situation, in der männliche und weibliche Rollen völlig vertauscht sind, undenkbar ist – eine Frau überwindet neun Männer. Oder können Sie sich vorstellen, daß eine einzelne Frau acht körperlich gesunde junge Männer festhält und systematisch ermordet? Niemals! Und doch ist es im umgekehrten Fall geschehen.

Zusammenfassung

Im vorangegangenen Kapitel haben wir uns mit 14 gefährlichen Situationen, wie sie immer wieder auftreten, ausführlich befaßt. Vermutlich können Sie sich weitere, in Ihrem Fall mögliche gefährliche Situationen vorstellen. Tun Sie das! Dieses geistige »Vorbereitetsein« ist das beste Mittel, die ersten beiden Prinzipien zur Selbstverteidigung wirkungsvoll anzuwenden: Gefahrenquellen ausschließen und mögliche Gefahrenmomente erkennen und ihnen ausweichen.

KAPITEL 7

Wie man Kinder vor möglichen Sexualtätern schützt

Einleitung

Jeder Junge und jedes Mädchen sind mögliche Opfer für jemanden, der darauf spezialisiert ist, Kinder zu belästigen. Das stereotype Opfer, wie man es sich im allgemeinen vorstellt, ein hübsches kleines Mädchen nämlich mit goldblonden Locken und rosa Schürzchen, gibt es laut Polizeistatistik nicht. Jungens werden genauso oft belästigt wie Mädchen, dicke Kinder genauso oft wie dünne, gutaussehende genauso oft wie schlicht oder hausbacken wirkende Kinder.

Psychiatrische Studien an Erwachsenen, die Kinder sexuell mißbrauchen, haben einige der Gründe aufgedeckt, warum jedes beliebige Kind zum Opfer werden kann. Ein Belästigungstäter stellt sich den Ablauf eines Dramas vor, an dessen Ende, im letzten Akt, der Täter einen Orgasmus hat.

Um dieses imaginäre Drama abzuspielen, stellt der Täter auf seine nun reale Bühne zwei Darsteller, sich selbst nämlich und das kindliche Opfer. Phantasie und Vorstellungskraft des Täters bestimmen jetzt, wie das Opfer aussieht. Die Phantasie diktiert jetzt auch die Rolle des Opfers. Die Phantasie bestimmt weiter den Verlauf der Handlung. Auf diese Weise wird das Opfer zur gesichtslosen Puppe, zur Leinwand, auf die der Belästigungstäter oder die Täterin seine bzw. ihre sexuellen Nöte projezieren. Sobald der Täter seine sexuelle Befriedigung erreicht hat, lösen sich Wahn und Zwangsvorstellungen und die Realität setzt ein. Jetzt wird das Opfer geschlagen, bedroht oder bestochen, damit es nichts erzählt. Manchmal wird das Kind auch getötet. Wir sind mit solchen Tragödien ja leider vertraut. Über den Kinder-Mörder von Atlanta hat man viel gelesen, auch der Autobahn-Mörder von Los Angeles ist uns bekannt. Beide zwangen ihre vielen Opfer zu homosexuellen Handlungen und töteten sie anschließend.

Personen, die über Kinder zu sexueller Befriedigung kommen, können in ihrem sonstigen bürgerlichen Leben und auch in ihrem übrigen Sexualverhalten durchaus normal auftreten, wenn sie nicht unter ihrem perversen Sexualzwang stehen. Leider haben sie weder glasige Augen noch einen stechenden Blick oder ein irgendwie auffälliges Verhalten in der Nähe von Kindern. Nein, sie können sogar gute Eltern sein oder nette Tanten und Onkel, liebevolle Brüder und Schwestern oder großzügige Nachbarn. Und weil ein abartig veranlagter Mensch sich so leicht hinter einer der aufgezählten respektablen Personen verstecken kann, tragen die Eltern auch eine in diesem Punkt schwere Verantwortung. Jedes Kind muß vor dieser Art von Verbrechern geschützt werden, die so schwer zu identifizieren und auszumachen sind.

Wenn ein Kind von einem Mitglied der Familie sexuell belästigt wird, dann nennt man das Blutschande. Wenn es von einem Fremden belästigt wird, nennt man das Kinder-Belästigung. Wie immer man diese Straftat auch nennen mag, sie gehört zu den abscheulichsten Verbrechen. Die Opfer tragen ein Leben lang an den Spuren dieses Verbrechens. Sie haben lebenslange Narben, die auch dann noch sichtbar sind, wenn die Wunden längst geheilt sind. Wie bei jedem anderen Angriff, ist auch hier Vorbeugen die beste Methode. Wenn aber einmal ein Fall von Kinderbelästigung eingetreten ist, dann ist es wichtig zu wissen, wie man den Fall aufnimmt und behandelt, denn vom falschen bzw. richtigen Verhalten hängt es ab, wie das Kind sein zukünftiges Leben meistert. In diesem Kapitel werden wir hauptsächlich die Strategien zur persönlichen Selbstverteidigung behandeln. Einen gleichen Stellenwert wird aber auch die Frage einnehmen, wie sich die Eltern eines Kindes verhalten sollten, das Opfer solcher sexueller Belästigungen geworden ist, um seine psychische Stabilität aufrecht zu erhalten.

Der Verantwortungsbereich der Eltern

Gefahrenquellen ausschalten. Wenn sich Eltern über Gefahren bewußt sind, dann bedeutet das bereits den Anfang des Ausschaltens von Gefahr. Seien Sie sich darüber klar und vergessen Sie nie, daß sexuelle Befriedigung für Tausende von anormal veranlagten Menschen nur dadurch erreicht wird, daß Kinder als Mittel zum Zweck verwendet werden. Diese perversen Menschen suchen den körperlichen Kontakt zu Kindern als ob diese Erwachsene wären oder sie benutzen Kinder als Objekte, die sie zum Onanieren bringen. Um auf unsere früheren Erklärungen noch einmal zurückzukommen, der perverse Mensch denkt sich in eine Szene aus seiner oder ihrer eigenen Kindheit hinein und sucht sich ein Kinderopfer, das in diesem schrecklichen Drama eine Rolle spielen muß. Ein typisches Beispiel einer solchen Person ist »Onkel Bob«, der sich häufig anbot, seiner Nichte vor dem Einschlafen vorzulesen. Er tat das bis sie acht Jahre alt war. Dann bot er seine Dienste auch bei der jüngeren, gerade vier Jahre alt gewordenen Schwester an. Kurz nachdem er seinen Job als »Kinderonkel« bei der Vierjährigen angetreten hatte, fragte sie ihre Mutter, »Warum legte Onkel Bob meine Hand zwischen seine Beine und machte so komische Geräusche?« Ihre entsetzte Mutter entdeckte so die traurige Tatsache, daß ihr sonst so »normaler« Bruder Bob ihre ältere Tochter drei Jahre lang sexuell mißbraucht hatte und sie sogar bedrohte, damit sie nichts davon berichtete. Seine zweite Nichte aber hatte sich durch seine Drohungen nicht einschüchtern lassen und ihre Neugier führte schließlich dazu, daß er überführt wurde.

Gefahr erkennen und vermeiden. Zweifellos werden sehr viele Fälle von Kinderbelästigung gar nicht bekannt, weil es Eltern gibt, die sich einfach nicht eingestehen können, daß so etwas ihren Kindern passiert, und daß es offensichtlich durch »normale« Erwachsene geschehen konnte. Wenn ein Kind sagt, daß es sexuell mißbraucht worden ist, dann empfehlen wir, diese Behauptung ernst zu nehmen.

Der zweite Schritt auf dem Weg zum Erkennen und Vermeiden von Gefahr ist jetzt der, den Kindern klarzumachen, daß sie sexuell mißbraucht werden können. Zurückhaltung und Respekt vor der Intimsphäre des einzelnen einerseits und die eindringliche Klarstellung andrerseits, daß die Geschlechtsteile nur von Ärzten oder Schwestern berührt werden, die dazu die Genehmigung der Eltern haben, sind ein Thema, das Eltern unbedingt schon bei drei- oder vierjährigen Kindern anschneiden müssen.

Der dritte Schritt zum Erkennen und Vermeiden von Gefahr schließlich besteht darin, daß man eine Atmosphäre schafft, in der ein Kind, das Opfer einer sexuellen Belästigung wurde, sich ermuntert fühlt, von dem Verbrechen zu erzählen. Viele ratsuchende Eltern haben schon gefragt, warum ihr Kind ihnen nichts erzählt hat, bis es nicht mehrere Male belästigt worden ist. Die Antwort dafür liegt im allgemeinen in der Eltern-Kind-Beziehung. Stellen Sie sich doch vor, wie schwer es für Sie als Neun- oder Zehnjährige gewesen wäre, normale sexuelle Themen mit Ihren Eltern zu besprechen. Diese Zurückhaltung multipliziert sich noch durch ein Vielfaches durch die Angst, die man hat, wenn man von einer unanständigen, verbotenen Aktivität berichten muß. Ein ganz ernstes Problem stellt sich dann, wenn Kinder ihren Eltern von einer Belästigung berichten und dann entweder nicht ernst genommen werden oder durch die Reaktion der Eltern das Gefühl bekommen, selbst in irgend einer Weise zu dem perversen Akt beigetragen zu haben. Eine solche direkte oder indirekte Anklage der Mitschuld kann einem Kind genauso einen Schaden für immer zufügen wie die perverse Handlung selbst.

Der Verantwortungsbereich der Kinder

Gefahrenquellen ausschalten. Wir empfehlen, daß man in der Familie solche Dinge wie Angriffe auf Kinder aus sexuellen Motiven diskutiert, wenn in den Nachrichten davon die Rede ist oder wenn man im Laufe der täglichen Unterhaltung auf dieses Thema stößt. Das hilft, das Stigma, das solchen Dingen anhaftet, abzubauen. Wir führen bereitwillig Verhaltensübungen für Kinder an Schulen durch für den Fall, daß einmal Feuer ausbricht. Ja, solche Übungen werden sogar vom Staat vorgeschrieben. Genauso selbstverständlich sollte man »Perversionsübungen« mit ihnen absolvieren und sie in dieser Richtung vorbereiten. Diese Perversionsübungen sollten in Form von Familiendiskussionen ablaufen mit folgenden Schwerpunkten:

1. Kinder müssen wissen, daß es Menschen gibt, die den Körper der Kinder für »unanständige, unrechtmäßige und ungesunde Praktiken« verwenden wollen.
2. Diese Personen reagieren normal und scheinen freundlich.
3. Sie werden versuchen, das Kind dazu zu bewegen, zu Fuß oder im Auto mitzugehen.

Ihr Kind muß die ganz klare Weisung haben, nie und unter keinen Umständen mit einem Fremden mitzugehen, egal wie rührend die Geschichte des oder der Fremden auch klingen mag. Manche Belästigungstäter locken Kinder an, indem sie in Polizeiuniform auftreten, andere lungern wochenlang in Parks oder an Schulen herum, bis sie ihr Opfer gefunden haben, andere wiederum versuchen es mit Bestechung oder unter Anwendung von Gewalt. Noch einmal: Es gibt keine charakteristischen Merkmale und keine sichere Erkennungsmethode, um Kinder zu warnen – ihr einziger Schutz besteht im Daraufvorbereitetsein und in umfassender Information durch die Eltern. Damit muß ein Kind selbst erkennen, daß ein Fremder, der Annäherungsversuche macht, Gefahr bedeutet. In dieser Situation ist Angst angebracht und kann sich als lebensrettend erweisen.

Auf einfache und lustige Weise kann man Kindern beibringen, drohende Gefahr zu erkennen und zu beseitigen, indem man ihnen verschiedene Rollen zu spielen gibt. Man geht von einer möglichen gefährlichen Situation aus und die eventuellen Folgen werden kurz durchdiskutiert. Dann übernimmt jeder Teilnehmer jede Rolle. Zum Beispiel gibt Mutter vor ein Fremder zu sein, der versucht Johnny, ihren sieben Jahre alten Sohn, in sein Auto zu locken. Als nächstes gibt Johnny vor, der potentielle Belästiger zu sein und versucht seine Mutter als mögliches Opfer in sein Auto zu locken. Indem man dem Kind beide Rollen überträgt, versteht es die Motive des Angreifers besser, erkennt es die Art der lauernden Gefahr und weiß es, was es zu tun hat.

Gefahr erkennen und vermeiden. Jetzt, wo die Kinder wissen, daß es pervers veranlagte Menschen gibt und daß sie nie mit Fremden mitgehen dürfen, müssen sie lernen, richtig zu reagieren, wenn sich ihnen ein möglicher Sexualtäter nähert. In dieser Situation ist es angebracht, unpersönliche Fragen wie nach dem Weg höflich zu beantworten und jede weitere Konversation zu vermeiden. Das Wichtigste jedoch ist, Abstand zu wahren, Kinder müssen wissen, daß sie eine Einladung zum Mitfahren, Süßigkeiten oder andere verlockende Angebote ablehnen müssen. Auf der Liste der erfolgreichen Verlockungen, die in sexueller Kinderbelästigung endeten, stehen Dinge wie »ich habe ein paar Hundebabies zuhause, mit denen Du spielen kannst«, »möchtest Du gerne einmal auf meinem Pony reiten«, »ich wohne da drüben über der Straße und habe gerade einen Schokoladenkuchen gekauft, zu dem ich Dich einladen möchte«, »Deine Mutter hat mich gebeten, Dich nach Hause zu fahren«. Auch wenn diese Vorschläge wie rührselige Stereotypen klingen, sie entstammen der Wirklichkeit, wie sie von schockierten Opfern dargestellt wurde.

Ihre Anweisungen an Ihre Kinder sind einfach: Sobald eine solche Gefahr erkannt ist, »Feuer, Feuer« schreien und an einen sicheren Ort rennen. In diesem Fall ist ein sicherer Ort dort, wo andere Leute sind – in einem Laden, an einer Tankstelle oder man rennt nach Hause, wenn es nicht zu weit ist.

Soll ein Kind kämpfen und wenn ja, wie?

Der Grad der Reife und die physischen Möglichkeiten von Kindern variieren in einem derart weiten Bereich, daß wir Ihnen hier keine genauen Empfehlungen zu bestimmten Techniken zur Gegenwehr geben können.

Auch unter den Experten herrschen verschiedene Meinungen. Einige von ihnen empfehlen, Kinder sollten, sobald sie sich einmal in den Fängen eines Angreifers befinden, so kooperativ wie möglich handeln. Andere Experten plädieren dafür, Kindern bestimmte Kampftechniken beizubringen. Unserer Meinung nach wissen Sie selbst aufgrund Ihrer eigenen Einschätzung am besten, was Sie Ihren Kindern beibringen sollten. Ziehen Sie dabei die folgenden Faktoren in Betracht: Körperliche, geistige und emotionale Reife, Körpergröße, Kampfbereitschaft, Körperbeherrschung und Kaltblütigkeit in außergewöhnlichen Situationen.

Wenn Sie sich dafür entscheiden, Ihr Kind zur Gegenwehr zu erziehen, dann betonen Sie, daß das Überraschungselement ihr bzw. sein größter Vorteil ist. Der erste Gegenangriff muß dem Kind seine Freiheit wiedergeben und nicht nur den Angreifer in Wut versetzen. Mit anderen Worten, die erste Runde ist höchstwahrscheinlich die einzige Runde in diesem Kampf.

Inzest

Inzest, d. h. sexuelle Aktivitäten zwischen engen Verwandten, gilt unter Psychiatern als das »Tabu-Verbrechen«. Diese Bezeichnung rührt von der Tatsache her, daß die meisten Opfer dieses Verbrechens als Kinder nicht bereit waren, darüber zu sprechen, wenn es passiert ist. Wenn sie als Erwachsene eine psychotherapeutische Behandlung suchen, erzählen sie oft, wie sie als Kind in sich hin- und hergerissen wurden und nicht wußten, ob sie den einen Elternteil beim anderen bloßstellen sollten und ob dann nicht der eine Elternteil ins Gefängnis gekommen bzw. aus dem Haus geworfen worden wäre. In diesen Fällen fühlt sich sehr oft das Opfer als der eigentlich Schuldige und macht sich selbst Vorwürfe wegen dieser sexuellen Übergriffe, ein Schuldgefühl, das sie auch als Erwachsene noch mit sich herumschleppen.

Inzest dürfte ziemlich häufig vorkommen. Wir können keine präzisen Statistiken angeben, weil die meisten dieser Verbrechen nicht gemeldet werden. Inzest kommt in allen sozialen Schichten, in allen Rassen und bei allen Religionen vor und äußert sich auf vielerlei Art. Einige weniger offensichtliche Beispiele sind: eine Mutter, die ihren Sohn auch dann noch selbst badet, wenn er sich schon fast im Tanzstundenalter befindet und die »seine Genitalien besonders gründlich wäscht, um sicherzustellen, daß sie auch wirklich sauber sind«; eine Mutter, die regelmäßig mit ihrer Tochter duscht und dabei darauf besteht, daß sie sich gegenseitig die Genitalien waschen, was zu beiderseitigem Orgasmus führen kann; ein Vater, der seiner Tochter einen Gutenachtkuß gibt und dabei seinen Penis gegen ihren Körper drückt, um eine Erektion zu erreichen; Brüder und Schwestern, die auch noch in der Pubertät im selben Bett liegen und sich mit Masturbation und Geschlechtsverkehr beschäftigen. Diese versteckteren Formen des Inzest hinterlassen beim Opfer genausoviel psychischen Schaden wie die offensichtliche Form des Inzest mit Geschlechtsverkehr zwischen Mutter und Sohn bzw. zwischen Vater und Tochter.

Wie können Sie feststellen, daß Ihr Kind ein Opfer dieses Verbrechens geworden ist? Unglückseligerweise kann man kein einfaches und klares Erkennungsmerkmal angeben. Wie bei jedem psychischen Trauma können bestimmte Symptome Sie aufmerksam machen. Wenn ein Kind wegen solcher Inzesthandlungen Ängste durchmacht, dann drückt es das zum Beispiel dadurch aus, daß es versucht, nicht in der Obhut eines bestimmten Verwandten zu bleiben. Ein ähnliches Symptom ist gegeben, wenn ein Kind plötzlich die Gegenwart einer Vertrauensperson verlangt, sobald es zu Bett geht. Ein weiteres Anzeichen besteht darin, daß ein Kind eine Regressionsphase durchläuft und in infantile Verhaltensweisen zurückfällt. Weitere mögliche Symptome werden im nächsten Abschnitt behandelt.

Wie läßt sich der psychologische Schaden möglichst klein halten, wenn ein Kind sexuell mißbraucht wurde

Selbst ein Kind, das entsprechende Verhaltensregeln gelernt und sich klug verhalten hat, kann sexuell belästigt worden sein. Das Einfühlungsvermögen und die richtigen Reaktionen der Eltern können den psychologischen Schaden und die nachhaltigen schädlichen Wirkungen auf Kinder minimalisieren, wenn diese sexuell belästigt worden sind. Wie physische Verletzungen benötigen auch psychische Wunden Zeit, um zu heilen. Die Eltern sollten wissen, daß der psychologische Heilungsprozeß in Stufen verläuft. In der ersten Phase wird das Kind gewöhnlich verdrängen oder verniedlichen, was passiert ist: »Ach es war ja nichts und ich habe es schon vergessen.«

Tage oder Wochen später tritt die zweite Phase auf. Erinnerungen und schmerzliche Gefühle dringen wieder in das Bewußtsein und verursachen Angst und unpassende Reaktionen. In dieser Zeit leidet das Kind unter Alpträumen, unter Ängsten, die anscheinend nicht mit dem Traume verknüpft sind und unter Schuldgefühlen über seither unbeachtete Tätigkeiten. Dazu kommen Irritationen und häufige plötzliche Stimmungswechsel. Darüber hinaus können sich spezifische psychologische Symptome entwickeln. Zu diesen gehören Bettnässen, Gesichts- oder Körperzuckungen, Phobien

(Ängste), Zwangsvorstellungen und Schulversagen. In dieser Situation wird das kindliche Opfer häufig den Zusammenhang zwischen diesen Symptomen und dem Übergriff nicht erkennen oder die Ursache für diese Symptome in sich selbst suchen und dadurch unter außergewöhnlich starken Schuldgefühlen leiden. Wenn diese Phase oder diese Symptome länger als einen Monat anhalten, sollte man professionelle Hilfe suchen. Ein Kinderpsychiater, ein Kinderarzt, ein entsprechend ausgebildeter Kinderpsychologe in einer Klinik oder eine Kinderfürsorgeklinik können die notwendige Analyse und Behandlung durchführen. Wir können nicht oft genug betonen, wie wichtig es ist, den Heilungsprozeß zu unterstützen und dafür zu sorgen, daß sich das kindliche Opfer umfassend von den Erlebnissen erholt. Genauso wie man mit falsch verheilten Knochen nie mehr richtig gehen kann, so kann ein nicht ausgeheiltes psychisches Trauma ein Kind für sein ganzes Leben zum Krüppel machen.

Um diesen Heilungsprozeß zu unterstützen, sollten Sie zunächst eine Atmosphäre schaffen, die es dem Kind leicht macht, über die Ereignisse zu sprechen, wenn es das will. Versuchen Sie nicht, das Kind zum Sprechen zu bringen oder es vom Sprechen abzuhalten, lassen Sie einfach die Tür offen. Wenn Sie ungewöhnliche Reaktionen beobachten oder wenn merkwürdige Symptome auftreten, bleiben Sie geduldig. Erklären Sie dem Kind, daß solche Reaktionen und Symptome normal sind und trösten Sie es auch damit, daß sie mit der Zeit vorübergehen werden. Das Wichtigste jedoch ist, dem Kind Gelegenheit geben, sein Trauma so oft zu beschreiben, wie es möchte. Dies fördert die psychologische Verarbeitung. Betonen Sie immer wieder das Fehlen jeglicher Schuld oder Verantwortung auf seiten des Kindes für das, was geschehen ist.

Die Anzeige von Kinderbelästigungen bei der Polizei. Man muß der Frage nach dem Eingreifen der Polizei und nach der Strafverfolgung hart gegenüberstehen. Wir treten sehr stark dafür ein, jedes Verbrechen dieser Art der Polizei zu melden und jedes kindliche Opfer vollständig an der Aufklärungsarbeit der Polizei zu beteiligen. Dieser Rat gründet sich auf sichere Prinzipien geistiger Gesundheit ebenso wie auf staatsbürgerliches Verantwortungsbewußtsein. Es hilft dem Kind außerordentlich, wenn es weiß, daß seine Eltern, die Polizei und alle Mitbürger böse auf den Angreifer sind, daß der Angreifer falsch gehandelt hat und bestraft werden muß und daß dabei die genannten Personen ihren Teil dazu beitragen. Argumente wie die folgenden gehören zu den oft gehörten Scheinargumenten: »Ich möchte keine Strafverfolgung, weil ich meinem Kind die Aufklärung des Verfahrens ersparen will«, »Je schneller wir alle das vergessen, desto besser« oder »Wir wollen jegliches Bekanntwerden des Falles verhindern«. Folgt man solchen Ratschlägen, dann kann der Heilungsprozeß erheblich beeinträchtigt werden. Versucht man zum Beispiel nicht, den Täter einer Bestrafung zuzuführen, dann verstärkt man dadurch das Gefühl des Kindes, schuldig zu sein soweit, daß es schließlich glaubt, auch seine Umwelt halte es für schuldig. Schließlich hätten seine Angehörigen doch keine Skrupel, den Täter zu bestrafen, wenn sie das Kind für unschuldig hielten. So oder ähnlich verlaufen die Gedanken des Kindes. Wir können unseren Kindern dadurch am besten zeigen, daß ein Verbrechen sich nicht auszahlt, wenn wir sie bitten, uns und der Polizei zu helfen, die Mißhandlung aufzuklären und den Täter festzunehmen und zu bestrafen. Selbst wenn die entsprechenden Maßnahmen Monate oder Jahre dauern sollten, wird das Endresultat den Aufwand mehr als rechtfertigen. Eine Justiz, die keine Strafverfolgung anstrebt, wird für ein Kind ein trauriges Beispiel dafür darstellen, daß sich Verbrechen auf Kosten der Schwächeren lohnen. Auch für die Eltern kann es wohltuend sein, wenn sie ihre Wut auf den richtigen Punkt lenken – auf den Wunsch nach Gerechtigkeit.

KAPITEL 8

Vergewaltigung

Lassen Sie »es« nicht einfach im Liegen über sich ergehen

Das Strafgesetzbuch definiert Vergewaltigung im § 177 als die Nötigung einer Frau »mit Gewalt oder durch Drohung mit gegenwärtiger Gefahr für Leib und Leben zum außerehelichen Beischlaf mit ihm oder einem Dritten«. Juristisch gesehen gehört die Vergewaltigung zu den »Straftaten gegen die sexuelle Selbstbestimmung« zu der auch die Verbrechen wie sexuelle Nötigung nach § 178, das Erzwingen einer irgendwie gearteten sexuellen Handlung, exhibitionistische Handlung oder Förderung der Prostitution Minderjähriger gehören.

Bei der deutschen Polizei wurden 1984 rund 6000 Fälle von Vergewaltigung zur Anzeige gebracht, wobei die Dunkelziffer bei diesem Delikt die Zahl der gemeldeten Verbrechen nach Meinung der Fachleute um das Zehnfache übersteigt. Scham, Angst vor dem Täter, Scheu vor den polizeilichen Verhören und der Bloßstellung vor Gericht verhindern in zahlreichen Fällen, daß sich die Opfer an die Behörden wenden. Das gleiche gilt für den Bereich der sexuellen Nötigungen, wo 1984 3813 Fälle erfaßt wurden. Nicht nur, daß der Täter in diesen Fällen unerkannt bleibt, auch das Opfer läuft Gefahr, psychologische Folgeschäden davonzutragen. In vielen deutschen Städten gibt es deshalb Telefondienste und Frauennothilfen, an die man sich um Hilfe und Rat wenden kann, ohne die Anonymität zu verlieren. Gerade der psychologische Aspekt erhält eine besondere Bedeutung, beachtet man die Tatsache, daß die Bundeskriminalstatistik eindeutig feststellt, daß junge, heranwachsende Mädchen und Frauen der Altersgruppe 14 bis 21 Jahre die am weitesten gefährdete Zielgruppe für sexuelle Straftaten darstellen.

Was passiert mit den Tätern? Insgesamt werden etwa 70% der zur Anzeige kommenden Vergewaltigungen aufgeklärt, allerdings weniger als die Hälfte jener sexuellen Nötigungen und Vergewaltigungen, die im Zug eines Überfalls durch einen Täter oder eine Gruppe von Tätern erfolgt sind. Nimmt man aber die große Dunkelziffer nicht angezeigter Taten in Betracht, so setzt sich die Erkenntnis durch, daß nur ein geringer Teil dieser Verbrecher vor Gericht kommen.

Weitere Nachforschungen ergaben die folgenden Tatsachen in bezug auf Vergewaltigungen (beachten Sie dabei bitte, daß es sich hier um statistische Aussagen handelt). Der »typische Vergewaltigungstäter« ist ein ungelernter Arbeiter mit niedriger Intelligenz, ca. 18 Jahre alt, unverheiratet. Er besitzt kein Selbstvertrauen in seine sexuellen Fähigkeiten. Die wahrscheinlichste Tatzeit ist ein Samstag im August, zwischen 20.00 Uhr abends und 2.00 Uhr morgens.

Menachem Amier berichtet in seiner Untersuchung »Typische Ablaufschemata von Vergewaltigungen« (Originaltitel: Patterns in Forcible Rape), daß 76% aller Vergewaltigungstäter ihre Überfälle sorgfältig planen und ihr Opfer schon einige Zeit vor der Tat »auswählen«. Die allgemeine Annahme, ein solcher Triebtäter »flippe einfach aus« und greife aus einer momentanen Stimmungslage heraus an, ist falsch. Amier analysierte 646 Fälle. Nach seinen Ergebnissen setzte der jeweilige Täter in 85 % dieser Fälle körperliche Gewalt und/oder Waffen ein. Nach Amier wurden in 56 % aller Fälle die Frauen zuhause, in 18 % im Freien und in 15 % im Auto vergewaltigt. 48 % der Täter suchten sich ihre Opfer unter Fußgängerinnen. Amiers Beschreibung nach sind 70 % aller Vergewaltigungstäter vorbestraft, darunter 85 % wegen früherer Vergewaltigungen.

Polizeiberichten zufolge kannten 50 % aller Männer, die zum ersten Mal eine Frau vergewaltigten, ihr Opfer persönlich. Denken Sie also daran, daß Ihr Angreifer auch unter Ihren Bekannten sein kann, ja, daß er sich vielleicht schon Ihr Vertrauen erworben haben könnte als Fahrstuhlführer, als Kommilitone oder als jemand, der Ihnen regelmäßig Lieferungen zustellt.

Historischer Hintergrund

Unser heutiges Verhalten zum Thema Vergewaltigung hat tiefe historische Wurzeln. Im biblischen Zeitalter gebührte nur den Männern Besitz. Frauen waren ein Teil ihres Besitzes. Der Wert einer Frau reflektierte Reichtum und Macht ihres Besitzers (Vater) und ihre Jungfräulichkeit war Teil des ausgehandelten Preises. Strenge religiöse und gesellschaftliche Regeln bestimmten, wie der »weibliche Besitz« zu schützen war und was Angreifern und Besitz im Falle zugefügten Schadens geschehen würde. Bei den Babyloniern wurde ein Mädchen von ihrem Vater bis zur Hochzeit unter Verwahrung gehalten. Nach der Heirat »gehörte« sie dann ihrem Ehemann. Zu keiner Zeit ihres Lebens war eine Frau frei und unabhängig, nie konnte sie allein leben. Wenn eine Frau vergewaltigt wurde, solange sie bei ihrem Vater lebte, wurde sie zwar als schuldlos angesehen, aber sie galt eben als »beschädigte Ware«. Wenn sie als verheiratete Frau vergewaltigt wurde, gab man ihr die Schuld daran und sie wurde ebenso bestraft wie ihr Peiniger, indem man beide in einen Fluß warf und sie ertrinken ließ. Wenn ein Ehemann seiner Frau »vergeben« wollte, konnte er in den Fluß springen und sie retten. Der Vergewaltigungstäter konnte auf Dekret des Königs gerettet werden.

Ausführlich weist Susan Brownmiller in ihrem informativen Buch mit dem Titel »Against our Will« (Gegen unseren Willen) auf diese historischen Zusammenhänge hin. Sie erläutert darin, wie die Hebräer das babylonische Recht hinsichtlich Vergewaltigung änderten und auslegten. Die Hebräer sahen nämlich die Tochter auch als verkäufliches Eigentum ihres Vaters an, aber sie modifizierten die Verantwortung für die Bewahrung der Jungfräulichkeit. Wenn eine Jungfrau innerhalb der Stadtmauern vergewaltigt wurde, dann machte man sie dafür verantwortlich, weil sie nicht laut oder nicht laut genug um Hilfe gerufen hatte. Deshalb wurden in einem solchen Fall der Vergewaltigungstäter und sein Opfer zu Tode gesteinigt. Wenn sie aber außerhalb der Stadtmauern vergewaltigt wurde, wo ihre Schreie ungehört blieben, dann hatte der Vergewaltigungstäter dem Vater des Mädchens 50 Schekel zu zahlen und mußte sie heiraten. Wenn sie aber verlobt war, wurde der Täter zu Tode gesteinigt, während das Mädchen straflos blieb und von ihrem entehrten Vater als Ausverkaufsware verschleudert wurde.

Im jüdisch-christlichen Verhalten nach einem Krieg findet man einen weiteren Beweis dafür, daß Frauen als bewegliches Eigentum betrachtet wurden. Frauenkörper wurden von unseren siegreichen Vorfahren als Prämie angesehen, von der man nach Belieben Gebrauch machen konnte. Von frühester vorbiblischer Zeit bis zum letzten Krieg vergewaltigten Soldaten die Frauen der Besiegten. Sie taten dies aus mehreren Gründen. Zum einen wollten sie natürlich die Besiegten weiter diffamieren, zum zweiten wollten sie die Frauen der Besiegten erniedrigen und last but not least konnten sie damit den während der Schlacht aufgestauten Emotionen freien Lauf lassen. Die Frauen von Besiegten gaben außerdem nützliche Sklavinnen, Konkubinen und »Brutstätten« für die Sieger ab. Und es ist traurige Wahrheit, – auch heute noch werden solche Methoden praktiziert, woraus zu schließen ist, daß die heutige Menschheit biologisch die gleiche ist wie ihre Vorväter vor tausend und mehr Jahren und daß sich an ihrem Verhalten nichts geändert hat.

Falsche Vorstellungen und Behauptungen im Zusammenhang mit Vergewaltigung

Aufgrund der emotionalen Last, die dieses Thema enthält, gibt es oft falsche Vorstellungen darüber, was in Vergewaltigungstätern und ihren Opfern vorgeht. Zum Beispiel haben uns Kursteilnehmerinnen berichtet, sie hätten von ihren Vätern und Freunden gehört, daß Frauen aus anatomischen Gründen unter Gewaltanwendung nicht vergewaltigt werden können. Männer haben uns auch schon erzählt, daß eine Frau bei der ganzen Sache schon mitmachen wollen muß, damit sie überhaupt klappen kann. Das stimmt beides nicht. Es gibt keine anatomische Möglichkeit, um zu verhindern, daß ein Mann in eine bedrohte oder gefesselte Frau eindringt.

Eine weitere falsche Behauptung ist die, wonach »eine Frau mit hochgehobenem Rock schneller rennen kann als ein Vergewaltigungstäter mit heruntergelassenen Hosen«. Diese witzige, aber gleichermaßen lächerliche Feststellung hat mir (Dr. Conroy) gegenüber niemand geringerer als ein Richter des Bundesstaats Kalifornien gemacht. Ich hielt gerade eine Vorlesung über Vergewaltigung, als er mich mit seiner undurchdachten Bemerkung unterbrach. Sie stimmt ganz einfach nicht. Es kommt nämlich nur ganz ganz selten vor, daß eine Frau einem Mann davonrennen kann. Uns ist jedenfalls noch keine Vergewaltigung zu Ohren gekommen, die damit begann, daß eine Frau ihren Rock hob und ein Mann daherhoppelte, dem die Hosen und der Gürtel um die Knöchel schlackerten.

Dann gibt es da noch die bekannte falsche Behauptung, die typisch ist für männlichen Chauvinismus, wonach Frauen sich insgeheim danach sehnen, vergewaltigt zu werden. Psychologische Nachforschungen in dieser Richtung konnten diese Behauptung jedenfalls nicht bestätigen. Die Annahme und Behauptung, alle Frauen hätten insgeheim diesen Wunsch, entspringt höchstens dem Wunschdenken der Männer. Die große Mehrzahl der Frauen empfindet Abscheu vor dem Gedanken, zu Geschlechtsverkehr gezwungen zu werden. Man muß sorgfältig unterscheiden zwischen normalen, liebevollen Phantasiespielereien zu verführen oder verführt zu werden und dem neurotischen Wunsch, unter Gewaltanwendung vergewaltigt zu werden. Die zuerst genannten Phantasievorstellungen enthalten positive und liebevolle Elemente, während letztere pervers sind.

Eine andere, weit verbreitete falsche Vorstellung ist die, daß Vergewaltigungstäter in erster Linie sexuelle Befriedigung anstreben. Analysen über Beweggründe von Vergewaltigungstätern zeigen ganz im Gegensatz, daß sie vor allem darauf aus sind, tätlich anzugreifen und Verletzungen zuzufügen. Den meisten Tätern ist es völlig egal, wie ihr Opfer aussieht. Das Opfer ist für sie nämlich nur ein Objekt, ein Mittel zum Zweck, und nicht ein menschliches Wesen. Häufig kann der Täter sich an nichts, an keine persönlichen Merkmale seines Opfers erinnern. Außerdem haben psychologische Analysen einer Reihe von Triebtätern erbracht, daß die Opfer für sie Ersatz für jemanden aus ihrer Vergangenheit darstellten, jemanden, den sie gehaßt haben, dem gegenüber sie ihren Haß aber nicht zum Ausdruck bringen konnten.

Eine weitere falsche Meinung ist die, jeder normale Mann könne unter entsprechend günstigen Umständen zu einer Vergewaltigung verleitet werden. Für diese Behauptung gibt es überhaupt keine schlagenden Beweise. Ein normaler Mann würde sich dann ja in dem Maße zur Vergewaltigung einer knapp bekleideten Dame hinreißen lassen wie er sich verführen lassen könnte, ein teures Diamantkollier aus einem Juweliergeschäft zu stehlen oder einen Mercedes aus einem Ausstellungsraum zu entwenden. Frauen sind genauso wenig für eine Vergewaltigung verantwortlich, wie Diamanten und Autos dafür verantwortlich gemacht werden können, gestohlen zu werden. Richter Archie Simonson aus Wisconsin versuchte eine Verbindung herzustellen zwischen der Aufmachung einer Frau und der dadurch geweckten sexuellen Erregung, die zu Vergewaltigung führt. Der Richter hatte über einen Fall Recht zu sprechen, bei dem ein 16jähriges Mädchen von drei Jungen im Treppenhaus ihrer Schule vergewaltigt wurde. Simonson statuierte, daß die Vergewaltigung die »normale Reaktion« der Jungen auf sexuelle Bereitschaft bzw. Großzügigkeit und provozierende Kleidung gewesen ist. Das Opfer trug damals Jeans, Bluse und Sweater. (Ist das provokativ Archie?) Er fuhr mit seiner unrealistischen Tirade fort, indem er den Zusatz anbrachte, »ich predige Frauen immer wieder, hört mit dem Foppen und Necken auf«. Glücklicherweise führte dieser Exzeß richterlichen Chauvinismus zu Simonsons Abberufung von seinem Posten.

Noch ein weiteres Beispiel dafür, daß ein richterlicher Kommentar nicht notwendigerweise ein gerechter ist. Diesmal liefert es Richter Walter Pickett vom Connecticut Common Pleas Court. Richter Pickett hatte über einen Fall von Vergewaltigung mit Entführung Recht zu sprechen, bei dem einer der vier Angreifer nicht zu einer Erektion kommen konnte. Pickett befand, daß dieser keiner Verurteilung zugeführt werden müsse, weil niemand »für einen bloßen Versuch zur Verantwortung gezogen werden könne«. Die unausgesprochene Ansicht, daß Frauen dafür verantwortlich sind, wenn sie vergewaltigt werden, führte vor einigen Jahren im israelischen Parlament zu der folgenden lächerlichen Anregung: Um die gestiegene Anzahl der Vergewaltigungen in Tel Aviv zu reduzieren, sollten Frauen nach Einbruch der Dunkelheit per Gesetz aus den Straßen verbannt werden. Zu dieser Anregung meinte die damalige Premierministerin Golda Meir: »Sperrstunde und Ausgehverbot für Frauen? Aber Frauen begehen doch keine Vergewaltigungen. Besser würde man das Ausgehverbot den Männern verordnen«.

Dann gibt es da noch das Märchen, wonach Frauen »Vergewaltigung schreien«, wenn überhaupt nichts passiert ist. Eine kürzlich angestellte Studie der New Yorker Polizei stellte die Dinge richtig. Danach soll nämlich die Rate der Vergewaltigungs-Falschmeldungen bei nur 2% liegen, was exakt der Rate für andere Falschmeldungen entspricht.

Eine weitere falsche Behauptung ist die, wonach ein Vergewaltigungsopfer verurteilt und ins Gefängnis wandern kann, wenn es seinen Peiniger schwer verletzt. Ein UPI-Bericht, der am 7. Juni 1979 in der Los Angeles Times veröffentlicht wurde, zerstreut diese Bedenken: »Der Oberste Gerichtshof von Maine hat das Recht gebilligt, zum Tode führende Kraftanstrengung einzusetzen, wenn es darum geht, einen Sexualangriff abzuwehren«. In dem Artikel hieß es, daß Leland B. Philbrick aus Old Town in Maine den Sexualangriff von Charles Porterfield aus Cape Elizabeth erfolgreich abwehren konnte, indem sie ihn erschoß. »In seiner Entscheidung bestätigte der Oberste Gerichtshof ein Gesetz, wonach jemand einen Angreifer abwehren kann, der sich in sexueller Absicht unter Anwendung von Gewalt an einem vergehen will; Straffreiheit ist auch dann gegeben, wenn die Abwehrreaktion für den Angreifer tödlich endet«. Es ist möglich, daß der Wortlaut dieses Gesetzes von einem Bundesstaat zum anderen variiert, aber der Inhalt dieses Gesetzes ist allgemein gültig.

Wir möchten die falschen Behauptungen zum Thema Vergewaltigung wie folgt richtigstellen. Dichtung: Vergewaltigungstäter suchen sich ihre Opfer unter Fremden. Wahrheit: mehr als 50% aller Opfer waren ihren Tätern bekannt. Dichtung: Vergewaltigung ist ein impulsives Vergehen. Wahrheit: die meisten Vergewaltigungen werden im voraus geplant. Dichtung: die meisten Vergewaltigungstäter sind sexbesessene perverse Menschen. Wahrheit: die meisten Täter führen ein normales, heterosexuelles Leben und kommen in puncto Sex voll auf ihre Kosten. Dichtung: die meisten Vergewaltigungen ereignen sich in dunklen Straßen. Wahrheit: mehr als 50% aller Sexualverbrechen passieren im Haus. Dichtung: Schwarze vergewaltigen Weiße. Wahrheit: Vergewaltigungstäter und Opfer haben normalerweise dieselbe Hautfarbe. Dichtung: nur sogenannte »Flittchen« werden vergewaltigt. Wahrheit: jeder kann ein Vergewaltigungsopfer werden und der soziale Stand spielt bei diesem Verbrechen überhaupt keine Rolle. Die Zeitschrift »Family Weekly« berichtete am 25. Juni 1978 »Eine Rechtsberatungsstelle für Vergewaltigungsopfer in Florida hat festgestellt, daß ihr jüngstes Opfer zwei Monate und das älteste 85 Jahre alt war«. Dichtung: Frauen können sich vor Vergewaltigungstätern nicht schützen. Wahrheit: es steht völlig außer Frage, daß Frauen, die psychologisch gut vorbereitet und mit den Methoden der Selbstverteidigung vertraut sind, die Vergewaltigung durchaus verhindern können und das auch schon unter Beweis gestellt haben.

Psychologie des Vergewaltigungstäters

Die Möglichkeit, vergewaltigt zu werden, besteht für jede Frau, ungeachtet dessen wie hübsch, wie flach geformt, wie jung oder wie alt sie ist. Psychiatrische Studien bekannter Triebtäter erbrachten, daß die Täter speziell dieses Verbrechen aus vielen verschiedenen Gründen begingen. Obwohl es schwierig ist, den »typischen Vergewaltigungstäter« auf einen allgemeinen Nenner zu bringen, möchten wir doch die folgenden Hinweise dazu geben:

Zum psychotischen Typ. Dieser Typ ist unter Vergewaltigungstätern recht häufig. Meist sind es schwer gestörte Männer, die den sexuellen Kontakt suchen, um ihre Wahnvorstellungen abzureagieren. Ein Täter aus dieser Gruppe kann sich aufgrund seiner schweren Geisteskrankheit leicht vorstellen, daß Sie oder er völlig andere Personen sind. Er droht mit Gewaltanwendung, um Sie so dazuzubringen, an seinen Wahnvorstellungen teilzunehmen.

Es gibt viele Ursachen für so schwere psychologische Störungen. Schizophrenie und manische Psychosen sind allgemein bekannte Krankheiten, die solche Wahnvorstellungen hervorrufen können. Andere Ursachen sind zeitweiliger Wahnsinn oder die Auswirkungen von Drogenkonsum auf das Gehirn. Auslösende Drogen können Alkohol, LSD, PCP (Angel Dust) und Speed (Amphetamine) sein. Männer mit solchen Wahnvorstellungen können häufig gesund und vernünftig wirken und passen kaum in das stereotype Klischee vom verrückten Triebtäter – glasige Augen, wirre Reden usw. Es lassen sich also keine einfachen Anhaltspunkte angeben, um aus dem Handgelenk eine Diagnose zu stellen. Je bizarrer die Forderungen des

Mannes, je unrealistischer seine Vorschläge, je verwirrter er zu sein scheint, desto wahrscheinlicher ist er als Psychopath einzustufen. Wenn Sie sich einem psychopathischen Vergewaltigungstäter gegenübersehen, lautet unsere generelle Verhaltensregel einmal mehr: Vermeiden Sie Gefahr, indem Sie nett mit ihm sprechen, widersprechen Sie seinen Wahnvorstellungen nicht, stellen Sie ihn nicht als Verrückten hin und greifen Sie erst dann an, wenn Ihr Leben oder Ihre Gesundheit direkt gefährdet sind.

Alkohol ist wahrscheinlich die häufigste Ursache für zeitweilige Psychosen und es gibt zahlreiche Beispiele dafür, daß betrunkene Männer Frauen angreifen, wobei diese Männer in nüchternem Zustand sich ganz anders verhalten hätten. Kürzlich wurde vor Gericht ein Fall behandelt, in dem ein Mann nach einem Streit mit seiner Frau eine Bar in der Nachbarschaft aufsuchte und dort ein harmloses Gespräch mit einer Frau begann. Sie zeigte Verständnis für seine Eheprobleme und war sich nicht darüber klar, daß er betrunken war. Anschließend war sie dann so unklug, sich von ihm nach Hause fahren zu lassen. Auf dem Parkplatz versuchte er, sie zu vergewaltigen. Glücklicherweise wurden ihre Schreie von anderen Gästen in der Bar gehört, die die Polizei benachrichtigten. Der Mann zeigte sich ganz geknickt, als er wieder nüchtern war und konnte sich in keiner Weise an den Vorfall erinnern.

Der Prozeß um den sogenannten »Son of Sam« in New York sorgte für Schlagzeilen. Dieser Fall ist ein Beispiel für eine schwere Psychose, die zu Mord führen kann. Der junge Mann, um den es hier geht, hörte die Stimme eines Hundes, die ihm befahl, junge Frauen mit einem Revolver Kaliber 44 zu erschießen. Psychiatrische Untersuchungen nach seiner Festnahme ergaben, daß er an Schizophrenie litt und von psychotischen Wahnvorstellungen zu seinen Taten getrieben wurde. Psychosen, die zu Vergewaltigungen führen, waren schon das Thema zahlloser Filme und Fernsehsendungen. Meist lief die Handlung dann so ab, daß der Psychopath sein Opfer in eine Situation brachte, in der sie die Rolle der Freundin oder der Mutter des Angreifers spielen oder als Prostituierte auftreten mußte. Aber so kommt es im Leben selten vor.

Zum perversen Typ. Vergewaltigungstäter kommen auch in der Gruppe sexuell pervers veranlagter Männer vor. Hier stellt sich der Mann mit blühender Phantasie spezielle Frauen vor, an denen er sadistische sexuelle Handlungen vornehmen will. Wenn sein Phantasiegebilde ihn zu erdrücken droht oder er durch das naive Verhalten einer Frau weiter angespornt wird, dann vergewaltigt er sie.

Dafür ein aktuelles Beispiel von einer Leserin: seit zwei Jahren kannte sie einen verheirateten Mann mittleren Alters, der in ihrem Apartmenthaus wohnte. Sie kannte seine Frau auch und glaubte die beiden glücklich verheiratet. Mehrmals hatte sie beobachtet, wie der Mann in der Eingangshalle und in der Garage den Reißverschluß an seinem Hosenschlitz öffnete. Sie hatte diesen offensichtlich zusammenhanglosen und harmlosen Zwischenfällen keine Aufmerksamkeit geschenkt. Eines Abends traf sie ihn zufällig im Fahrstuhl. Er fragte, ob sie ihm wohl mit einer Glühbirne aushelfen könne. Sie dachte sich nichts dabei und lud ihn ein, in ihrem Wohnzimmer zu warten, während sie nach der gewünschten Glühbirne schaute. Als sie mit der Glühbirne in der Hand ins Wohnzimmer zurückkam, sah sie voll Entsetzen, wie er seine Genitalien zur Schau stellte. Er bat sie inständig, mit ihm sexuelle Beziehungen aufzunehmen. Er sagte, daß er sich ihr doch schon viele Male gezeigt hatte und sicher war, daß ihr sein Anblick angenehm war. Er hatte das abendliche Zusammentreffen natürlich arrangiert, hatte mit der angeblich benötigten Glühbirne gelogen und hatte nicht die Absicht, die Wohnung zu verlassen, bevor sie sich ihm nicht hingegeben hatte.

Zum Opportunist. Dieser Typ des Vergewaltigungstäters legt Ihr freundliches Lächeln, eine nette Geste, eine harmlose Unterhaltung falsch aus. Er glaubt, daß Sie sexuelle Beziehungen zu ihm aufnehmen wollen. Wenn er in dieser Richtung eindeutig wird und Sie ihn vor realistische Tatsachen stellen, wird er ärgerlich und droht mit Vergewaltigung. Wir haben von einer jungen Frau gehört, die die Gewohnheit hatte, per Autostop zu »reisen«. Eines Tages bot ihr ein gut gekleideter Mann in einem teuren Wagen an, sie mitzunehmen. Sie unterhielt sich nett mit ihm und bemerkte zu spät, daß er in einen menschenleeren Bereich hinter einem Kaufhaus fuhr. Er wurde nach dem Versuch, sie zu vergewaltigen, festgenommen. Zu seiner Entlastung brachte er hervor, daß sie »sehr nett und unheimlich aufreizend auf ihn gewirkt hatte«, daß »sie keinen BH trug und die Konturen ihrer Hüften sehr deutlich zu sehen waren als sie ihren Rock anhob«. Er fühlte sich von ihr »verführt«. Sie meinte dagegen, daß sie nicht verführerisch wirken wollte, daß sie nur darauf bedacht war, sicher ihren Bestimmungsort zu erreichen und daß sie völlig überrascht war, als er plötzlich das Auto anhielt und sexuelle Handlungen von ihr verlangte. Als sie ablehnte, beschimpfte er sie, riß ihr die Bluse auf und drückte sie hart gegen die Tür. In diesem Augenblick kamen glücklicherweise Leute aus dem Kaufhaus, die ihre Schreie hörten und dann sahen, wie sie sich bemühte, aus dem Wagen zu flüchten. Die sich völlig widersprechenden Aussagen von Mann und Frau zu dieser Situation sind besonders erwähnenswert. Für die

Frau war das Fahren per Autostop eine kostensparende Methode, um nach Hause zu kommen. Sie war gekleidet wie Frauen ihrer Altersgruppe nun einmal gekleidet sind. Für den Mann wirkte und agierte sie wie ein Mädchen zum »Auflesen«, das deutlich kundtat »ich stehe zur freien Verfügung«. Der »Opportunist« unter den Vergewaltigungstätern sieht eine Frau durch seine Emotionen und Wünsche in gefilterter Form und das gefilterte Ergebnis hat mit Ihrer eigenen Selbsteinschätzung kaum etwas gemeinsam.

Strategien

Eine Frau, der Vergewaltigung droht, muß damit rechnen, ihr Leben zu verlieren. Tragischerweise ist es schon vorgekommen, daß Frauen ermordet worden sind, weil sie einem Vergewaltigungstäter Widerstand geleistet haben. Hätten sie die Vergewaltigung über sich ergehen lassen, hätten sie ihr Leben nicht verloren. Wir stehen voll hinter dem Sprichwort »Es ist besser seine Jungfräulichkeit zu verlieren als sein Leben«. Leider bedeutet das Befolgen dieses Rats nicht automatisch Sicherheit unter allen Umständen und in jeder Situation. Es gibt Angreifer, die gerade ein gefügiges Opfer ermorden. Aus Statistiken geht jedoch hervor, daß die meisten Täter ihre Opfer freilassen, wenn sie ihre sadistischen Bedürfnisse befriedigt haben. Es gibt Schätzungen, wonach etwa 2 % aller Mordopfer auch Vergewaltigungsopfer sind und nur 2 % aller Vergewaltigungen oder versuchten Vergewaltigungen mit einem Mord enden. Deshalb kommen weniger als zwei Morde auf tausend Vergewaltigungen. Wir raten Ihnen grundsätzlich zu kämpfen, wenn Ihr Leben in unmittelbarer Gefahr ist oder wenn Ihnen körperlicher Schaden droht und man in der gegebenen Situation mit einem Gespräch nichts mehr ausrichten kann und an Flucht auch nicht zu denken ist.

Nachfolgend die Erlebnisse von Frauen, die sich aus einer fast schon sicheren Vergewaltigung herausreden konnten. Von einer Kursteilnehmerin erfuhren wir das folgende Beispiel, das sich erst kurz zuvor zugetragen hatte:

Einer jungen Frau gelang es mit Witz und Intelligenz, zwei Kidnappern zu entkommen, die ihr mit Vergewaltigung drohten. Der gefährliche Vorfall begann auf dem Heimweg vom College. Ein Lieferwagen fuhr an den Randstein heran, ein gutgekleideter junger Mann stieg aus und fragte sie nach einer bestimmten Straße. Dann sagte er, »ich bin nicht sicher, ob ich auch alles richtig verstanden habe. Würden Sie bitte auch dem Fahrer den Weg erklären?« Als sie sich durch die offene Tür in den Wagen hineinbeugte, um sich auf dem Stadtplan zu orientieren, der auf dem Nebensitz ausgebreitet war, erhielt sie einen Stoß und landete im Wagen. Die Tür knallte zu und der Lieferwagen fuhr los.

»Wir haben Dich beobachtet, Baby. Uns gefällt Deine Art zu gehen und wir wollen mit Dir zu einer Party, die für Dich ein unvergeßliches Erlebnis werden wird«, sagte der Fahrer, während sein Komplize sie mit einem Schnappmesser bedrohte.

Unsere Kursteilnehmerin berichtete vor der Klasse, wie brillant sich die junge Frau in dieser Situation verhielt, als sie sagte:»He Jungs, ich steh voll auf Eure Macho-Welle. Meine Freundin Jill und ich sind richtig scharf auf sowas.« Sie unterstrich ihre Worte mit einem Lächeln und tätschelte dabei das Knie des Fahrers. Dann beschrieb sie in blumiger Weise den angeblichen Traumkörper ihrer Freundin und machte den beiden so richtig Appetit. Sie gab ihnen dann den Weg zu Jills Haus an, eine Adresse, unter der in Wirklichkeit ihr älterer Bruder in einer Wohngemeinschaft mit drei anderen Männern lebte. Bei der angegebenen Adresse angekommen, wollte sie Jill holen, aber die beiden Männer bestanden darauf, mit ihr bis an die Tür zu gehen. Als ihr Bruder die Tür aufmachte, stürzte sie ihm schreiend entgegen. Ihr Bruder und die Mitbewohner überwältigten die Angreifer, die vor Gericht gestellt und wegen Entführung und versuchter Vergewaltigung verurteilt wurden. Sie sehen also, hier konnte ein Opfer sein Leben retten, Vergewaltigung vermeiden und seine Angreifer ihrer gerechten Strafe zuführen ohne physisch kämpfen zu müssen.

Unsere zweite wahre Geschichte handelt von einer Hausfrau, die in der Nähe einer Baustelle wohnte. An einem heißen, sonnigen Tag erschien ein Bauarbeiter, der ihr schon früher zugelächelt hatte, plötzlich an ihrer Tür. Er fragte, ob er hereinkommen und ein Glas Wasser trinken dürfte, weil auf der Baustelle die Wasserversorgung zusammengebrochen sei. Nachdem ihr der Anblick des Mannes schon seit mehreren Wochen vertraut war, schöpfte sie keinerlei Argwohn und reagierte mit gut nachbarlichem Verhalten. Kaum aber war er im Haus, als sie auch schon die Quittung für ihr argloses Verhalten bekam. Er zerrte sie brutal ins Schlafzimmer und riß ihren Rock hoch. Blitzschnell reagierte sie, entspannte ihren Körper und sagte so ruhig wie möglich, »Mach schnell, bitte, mein Mann und ein paar Bowling-Freunde können jeden Moment hier sein. Ich muß kaltes Bier und belegte Brote bereitstellen. Wenn er uns hier so vorfindet, wird er uns beide töten«. Wie gehofft, ließ der Mann sie los und ergriff die Flucht. Überflüssig zu erwähnen, daß ihr Mann sich gar nicht auf dem Weg nach Hause befand, ja, daß er nicht einmal eine Bowling-Kugel besitzt. Die Frau rief die Polizei und der Angreifer wurde noch auf der Baustelle festgenommen.

Bei unserem letzten Beispiel dafür, wie man sich mit Mut und Ideen aus einer mißlichen Lage befreien kann, geht es um eine Kellnerin, die ebenfalls den Anschein erweckte, ihrem Angreifer zu Willen zu sein. Sie wurde von einem Eindringling im Schlaf gestört, der durch ihr Badezimmerfenster im zweiten Stock in ihr Schlafzimmer vorgedrungen war. Während er sich auszog, bedrohte er sie mit einem Eispickel.»Ich hab nichts dagegen, aber ich will nicht schwanger werden. Mein Verhütungsmittel ist im Badezimmer, ich bin in einer Sekunde wieder da«. Wie sie gehofft hatte, ließ er sie aufstehen und ins Badezimmer gehen. Sie ließ die Tür weit offen stehen, damit er keinen Verdacht schöpfte, drehte den Wasserhahn auf, um andere Geräusche zu übertönen und ergriff splitternackt durch das Fenster die Flucht. Und hier jetzt der unglaubliche Teil ihrer Geschichte: sie rief die Polizei vom Nachbarhaus an. Prompt waren die Beamten zur Stelle und fanden den Vergewaltiger in spe nackt auf ihrem Bett liegen, wobei ihm die Vorfreude deutlich anzusehen war.

Die Opfer in diesen Beispielen, denen es gelang zu fliehen, haben zwei Dinge gemeinsam: sie gingen ruhig und überlegt vor und sie spiegelten den Angreifern gegenüber vor, ihnen freiwillig nachgeben zu wollen. Dadurch ließen die Angreifer in ihrer Wachsamkeit nach, sodaß die Frauen Zeit gewannen, ihre Flucht zu planen. Diese Frauen hatten insofern Glück, als sich ihre Angreifer als ansprechbar erwiesen und auf eine vernünftige Weise reagierten. Ein anderer Typ von Angreifer ist stärker von der Idee besessen, seinem Haß und seiner Wut auf Frauen Luft zu machen, und so interessiert ihn das Versprechen mitzumachen und die sexuelle Befriedigung selbst weniger.

Wenn es Ihnen nicht gelingt, sich aus der bedrohlichen Situation herauszureden, und wenn es keine Möglichkeit zur Flucht gibt, sollen Sie sich dann für Kampfmaßnahmen entscheiden oder nicht? Diese Entscheidung hängt von der Bewertung der folgenden Faktoren ab: 1. Um wieviele Angreifer handelt es sich? 2. Sind Waffen im Spiel? Inwiefern ist durch diese Waffen Ihr Leben bedroht? Wo befinden sich diese Waffen? 3. Welche Körperwaffen können Sie im Moment einsetzen und welche empfindlichen Stellen können Sie damit treffen? und 4. Wie und wohin können oder wollen Sie fliehen?

Im folgenden beschreiben wir drei Situationen, in denen der Versuch, durch ein Gespräch freizukommen, fehlgeschlagen ist oder fehlschlagen müßte. Dann müssen Sie sich entscheiden, ob Sie nachgeben oder kämpfen wollen. Unser erstes hypothetisches Opfer Judy steht eines Abends an einer gut beleuchteten Bushaltestelle. Plötzlich spürt sie einen muskulösen Arm um ihren Hals, sie wird hochgehoben und in die nahegelegenen Büsche gezerrt. Sie wird zu Boden geschleudert und ein Mann wirft sich auf sie.

Seine Augen flackern vor Wut und sie riecht Alkohol und Schweiß. »Du wirst sowieso sterben, aber wenn Du jetzt ruhig bist und Dich nicht wehrst, dann werde ich Dich schnell und schmerzlos töten. Im anderen Fall mußt Du leiden.« Wir wollen an dieser Stelle die Szene verlassen und folgendes festhalten: (1) Judy besitzt keine Möglichkeit, ein besänftigendes Gespräch anzufangen oder zu fliehen. (2) Ein irrational handelnder Angreifer bedroht unmittelbar ihr Leben. (3) Der körperliche Angriff hat bereits eingesetzt und verlangt einen lebensrettenden Gegenangriff. Im Gebüsch hat Judy unterdessen instinktiv erkannt, daß ihre beste Taktik jetzt das Augenquetschen mit den Daumen ist. Während ihr Angreifer an ihrer Bluse zerrt, schreit sie gellend und quetscht ihre Daumen in seine Augen. Dann rollt sie ihn von ihrem Körper, springt auf die Beine und tritt solange gegen seinen Kopf, bis er bewegungsunfähig ist. Dann rennt sie weg und sucht nach Hilfe, wobei sie laut schreit »Feuer, Feuer«.

Unser zweites hypothetisches Opfer Sarah hat keine Wahl mehr und muß die Vergewaltigung über sich ergehen lassen bei dem Versuch, ihr Leben zu retten. Sie kommt gerade von der Arbeit und geht durch eine vertraute Straße in einer vertrauten Gegend. Es gibt für sie keinen Grund, besonders vorsichtig zu sein, denn es ist noch heller Nachmittag und es gibt weitere Fußgänger in Sichtweite. Plötzlich hält ein Auto am Bordstein und eine forsche Stimme ruft »Hallo Lady, wo gibt es hier in der Gegend eine Polizeistation?« Sie dreht sich um, um zu antworten und sieht, wie das Auto endgültig anhält. Aus den beiden geöffneten Türen stürzen sich drei Rowdies heraus und werfen sich auf sie. Instinktiv versucht sie zu schreien und wegzurennen. Ihr Schrei erstickt in der Hand, die ihr den Mund zuhält, während weitere Hände sie um die Hüfte und um die Knie packen. Als nächstes hört sie, wie die Türen zugeschlagen werden und das brutale Lachen der vier Rowdies, während der Wagen voll beschleunigt. Unter den Entführern beginnt eine Diskussion, wer sie zuerst vergewaltigen soll. Gleichzeitig bindet einer der vier ihr mit einem Taschentuch die Augen zu. Der Mann, der ihr den Mund zuhält, flüstert »Wir wollen nur ein wenig Spaß haben, Baby, wehr Dich nicht und sei friedlich und Du wirst unverletzt davonkommen«. Dies ist der Zeitpunkt, an dem Sarah sich für eine Taktik entscheiden muß. Ihr Leben befindet sich nicht in unmittelbarer Gefahr. Solange ihre Augen verbunden bleiben, brauchen die Rowdies sie ihrer Meinung nach nicht zu töten, um dadurch ein Wiedererkennen zu verhindern. Auf der anderen Seite ist es äußerst unwahrscheinlich, daß sie sich gegen vier starke Männer erfolgreich zur Wehr setzen kann. Der Versuch, sich zu wehren, könnte ihre Angreifer aufstacheln, sodaß sie nicht ohne Verletzungen davonkommen würde. Ihre einzig mögliche Taktik ist es, ruhig zu bleiben, sich auf mehrmalige Vergewaltigung einzustellen, nichts zu unternehmen, was zusätzliche Tätlichkeiten provozieren könnte und trotz allem möglichst viele Einzelheiten zu speichern, anhand derer sie die Täter später identifizieren kann. Viele Vergewaltigungsopfer haben in ähnlichen Situationen »mitgespielt« und sind ohne physische Wunden davongekommen. Auch in unserer Geschichte ließen die Vergewaltigungstäter Sarah schließlich frei, gefesselt und mit verbundenen Augen, geknebelt – aber sie ist noch am Leben.

Unser drittes hypothetisches Opfer Margarita sieht sich plötzlich einer anderen Art von Angriff gegenüber. Bevor sie ihrem Angreifer noch richtig ins Gesicht sehen kann, blickt sie in die Mündung einer Pistole. »Tu was ich Dir sage oder ich werde Dich töten«, hört sie ihn sagen. Sie folgt seinen Befehlen und setzt sich in seinen Wagen. Mit der Pistole in der Hand zwingt er sie, in eine abgelegene Gegend zu fahren. Während der ganzen Fahrt führt sie ein Gespräch mit ihm und versucht dabei, ruhig und nachgiebig zu wirken. Unterdessen stellt sie sich fieberhaft auf die Möglichkeit ein, daß er seine Pistole weglegt. Wenn dieser Moment eintritt, dann wird dies der günstigste Zeitpunkt sein, zum Gegenangriff überzugehen. Soll sie die Technik des Augenquetschens oder des Hodenquetschens anwenden? Mit welcher Technik soll sie fortfahren, um ihn bewegungsunfähig zu machen? Wie soll sie am besten fliehen? Dies sind die Fragen, über die sie fieberhaft nachdenkt. »Fahr jetzt dort hinüber in das Feld, dort will ich Dirs endlich geben.« Sobald das Auto anhält, legt er seine Pistole unter den Sitz und greift nach seinem Reißverschluß. Jetzt ist der Moment zum Gegenangriff gekommen. Margaritas Hände fliegen blitzschnell vom Lenkrad zu den Seiten seines Kopfes und ihre Daumen graben sich in seine Augenhöhlen. Voller Panik greifen seine Hände nach seinen geblendeten Augen, während sein Kopf vor Schmerz vornüberfällt und dadurch sein Genick freiliegt. So fällt es ihr nicht schwer, einen Doppelhandschlag gegen den unteren Teil seines Schädels zu führen. Geblendet, halb besinnungslos und von Schmerzen gepeinigt ist er für den Moment völlig hilflos. Sie greift hinüber zum Türgriff auf seiner Seite, reißt die Tür auf und stößt ihn mit ihren Beinen aus dem Wagen, wobei sie sich gegen ihre Türseite stemmt. Ohne die Tür noch lange zu schließen, jagt sie mit dem Wagen fort in die Freiheit.

Sollten Sie irrtümlicherweise glauben, die Wahrscheinlichkeit verletzt zu werden sei größer, wenn man zum Gegenangriff startet, dann werden die folgenden Zahlen Sie sicher vom Gegenteil überzeugen. Aus einem Bericht des Verbrechensbekämpfungskomitees der Stadt Denver geht hervor, daß von 915 versuchten Vergewaltigungen, mit denen sich das Komitee befaßte, 304 zu Gunsten der Opfer endeten. 24 % der Opfer flüchteten in die

Freiheit, 18% setzten sich körperlich zur Wehr und 15% trieben ihre Angreifer mit Schreien in die Flucht. Die Studie schloß mit dem Hinweis, daß weniger als 9% der Frauen, die Widerstand leisteten, »schwerere Verletzungen davontrugen als Kratzer und blaue Flecken.«

Anatomie einer Vergewaltigung

Nachfolgend geben wir Ihnen eine hypothetische Abfolge, damit Sie sich sozusagen im Zeitlupentempo bildhaft vorstellen können, wie eine Vergewaltigung ablaufen könnte.

Szene 1: Der Vergewaltigungstäter sucht sich ein Opfer aus
Der Täter, der dringend aggressive Vorstellungen abreagieren muß, sucht sich ein Opfer aus. Es muß einen ungeschützten, anfälligen Eindruck machen, es muß also entweder verwirrt oder geistesabwesend sein, willensschwach, betrunken oder berauscht oder es muß schlafen. Das Opfer seiner Wahl ist Fremden gegenüber freundlich und macht einen hilfsbereiten Eindruck. Das Opfer ist völlig arglos und ist geistig unvorbereitet.

Szene 2: Der Vergewaltigungstäter nimmt Kontakt zu seinem ausgesuchten Opfer auf
Der Täter versucht das Opfer in ein Gespräch zu verwickeln, indem er nach der Uhrzeit oder nach dem Weg fragt. Das Opfer gibt freundlich und bereitwillig Auskunft.

Szene 3: Der Vergewaltigungstäter gewinnt Kontrolle über sein Opfer
Der Täter macht sein Opfer durch Drohungen, Einschüchterungen und möglicherweise durch Waffengewalt gefügig. Das Opfer, durch die direkte Lebensbedrohung total verschreckt, fühlt sich hilflos und fügt sich.

Szene 4: Körperliche Mißhandlung
Der Täter sagt dem Opfer, welche physischen Aktivitäten er erwartet, Aktivitäten sexueller Art, die beim Täter zu einem Orgasmus oder zu anderer physischer Befriedigung führen. Diese können vaginalen, analen oder oralen Geschlechtsverkehr bedeuten, aber auch wechselseitige Selbstbefriedigung, Selbstbefriedigung des Täters unter lüsterner Betrachtung des Opfers oder das Schlagen des Opfers beinhalten. Das terrorisierte Opfer »macht nach bestem Können mit«, um sein Leben zu retten.

Szene 5: Nach der Vergewaltigung
Der Täter beendet den Vergewaltigungsakt und befiehlt dem Opfer unter erneuten Drohungen, nicht zu schreien, nicht wegzurennen und ihn nicht bei der Polizei anzuzeigen. Einige Vergewaltigungstäter entschuldigen sich bei ihren Opfern, andere Täter bitten sogar um ein erneutes Treffen. Das Opfer setzt seine Kooperationsbereitschaft im Gefühl der Erleichterung, noch am Leben zu sein, solange fort, bis es sicher ist, daß der Täter weg ist.

Welche Maßnahmen sind nach einer Vergewaltigung zu ergreifen?

☐ **Beobachten Sie genau und erinnern Sie sich an Details.** Erstellen Sie eine möglichst vollständige Beschreibung vom Aussehen des Täters. Dabei ist es nützlich und hilfreich, wenn Sie Einzelheiten dessen, was der Täter gemacht und gesagt hat, sobald wie möglich niederschreiben. Beobachten Sie, in welche Richtung der Täter geflohen ist und welches Fluchtmittel er benutzt hat. Verwendet er zu seiner Flucht einen Wagen, versuchen Sie, Fahrzeug-

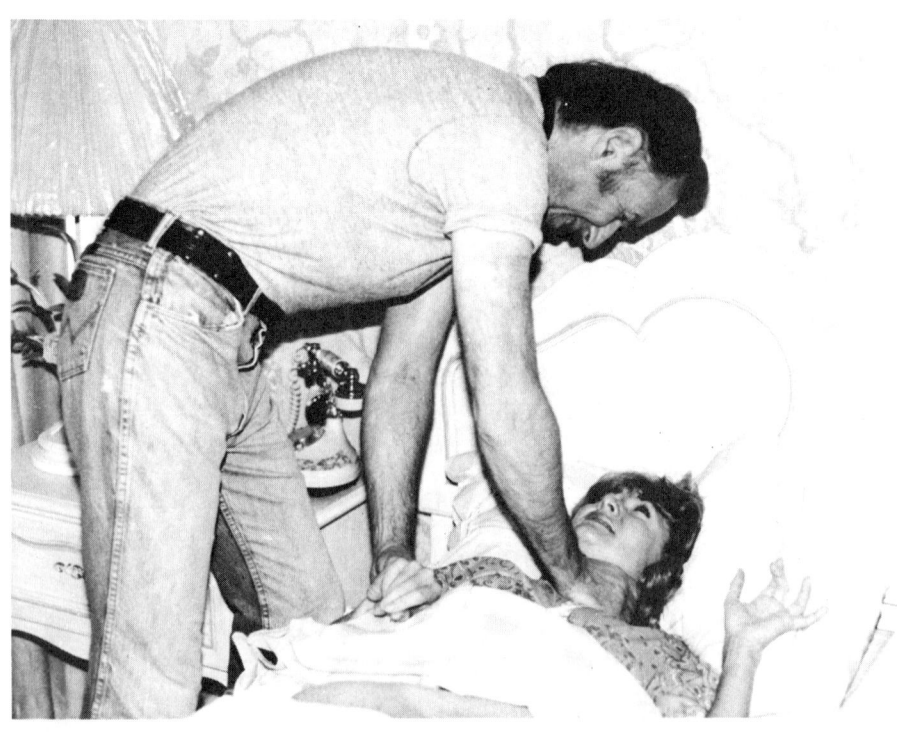

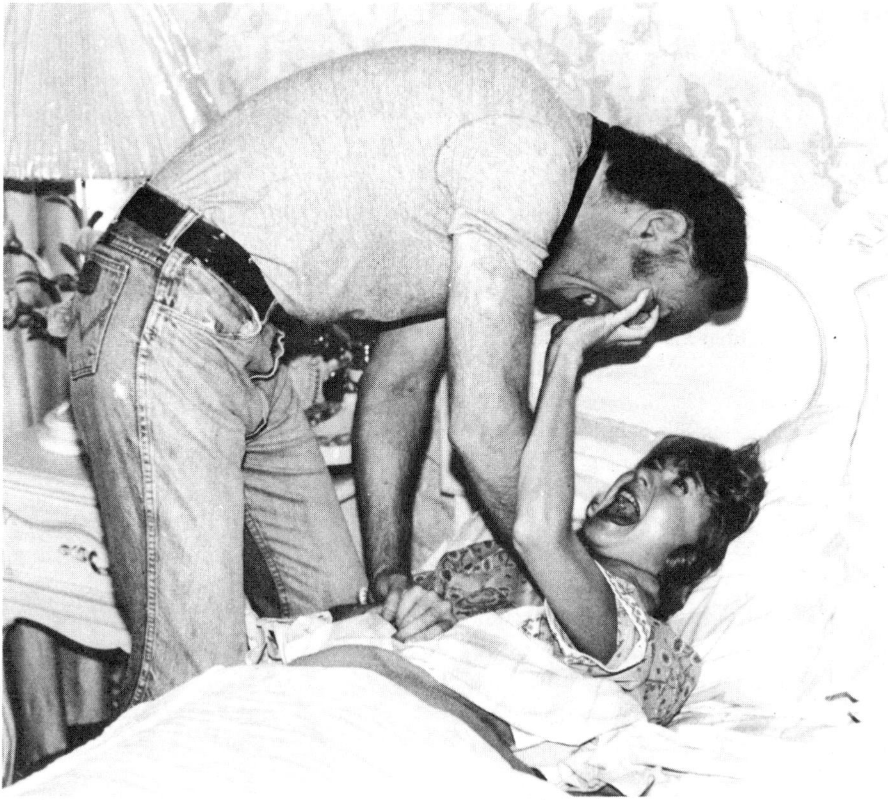

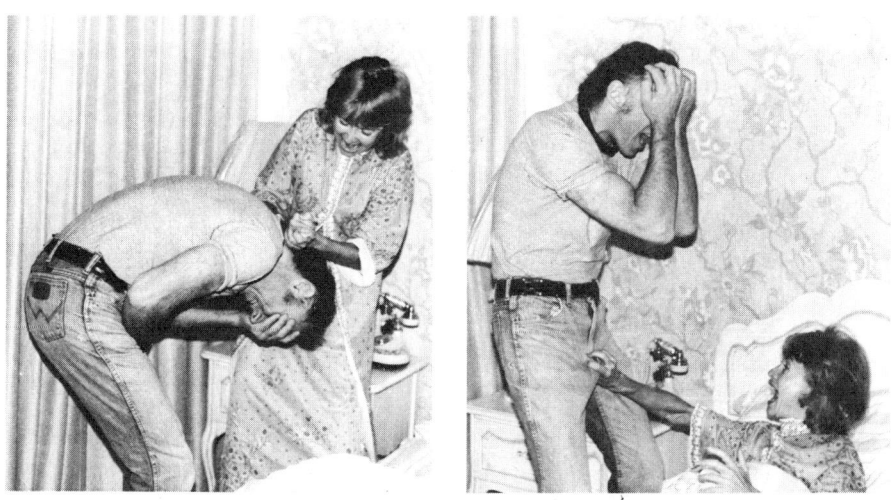

Abb. 8–1: Verteidigung gegen einen Vergewaltigungstäter

typ und Kennzeichen zu notieren. Auch wenn man sich die Autonummer nur unvollständig merken kann, stellt sie eine wesentliche Information für die Polizei dar und hilft, den Fluchtwagen zu identifizieren, wenn Farbe, Marke und eventuell Baujahr bekannt sind. Bewahren Sie sorgfältig jeden Gegenstand auf, den der Täter eventuell zurückläßt wie z. B. eine Waffe oder ein Kleidungsstück. Um keine Spuren zu zerstören, sollten Sie weder baden noch duschen, Ihre Kleider nicht wechseln und auch die Wohnung nicht in Ordnung bringen.

☐ **Melden Sie den Vorfall sofort der Polizei.** Geben Sie dem diensthabenden Polizisten am Telefon folgende Informationen durch: Ihren Namen, die Tatsache, daß Sie vergewaltigt worden sind und Ihren genauen Aufenthaltsort. Stellen Sie sich darauf ein, daß Sie sofort am Telefon Fragen nach der Täterbeschreibung und nach einer möglichen Waffe beantworten, da die Polizei umgehend eine Fahndung einleiten wird. Viele Frauen haben uns bestätigt, daß sie bei ihrem ersten Telefongespräch mit der Polizei noch unter einer derartigen Schockeinwirkung standen, die es ihnen unmöglich machte, den Täter zu beschreiben. Dies braucht nicht der Fall zu sein, wenn Sie sich geistig richtig vorbereiten. Die Polizei wird einen Beamten zu Ihnen schicken, der Ihnen helfen soll. Viele Kriminalpolizeistellen haben für diesen Aufgabenbereich weibliche Mitarbeiter. Fällt es Ihnen schwer, mit einem Mann über den Tathergang zu sprechen, fragen Sie nach einer Beamtin.

☐ **Rufen Sie eine Freundin an.** Während Sie auf das Eintreffen der Polizei warten, könnte es hilfreich für Sie sein, eine reifere und verständnisvolle Freundin oder Verwandte anzurufen. Wenn Sie im Moment niemanden erreichen können, rufen Sie die Vergewaltigungs-Hilfsstelle z. B. eines lokalen Frauenvereins an. Dort wird man versuchen, Ihnen jemanden zur Hilfe zu schicken.

☐ **Arbeiten Sie bei der Befragung durch die Polizei mit.** Wenn die Polizei kommt, beantworten Sie alle Fragen bis ins Detail. Unterdrücken Sie die Annahme, die Polizei halte Sie für mitverantwortlich. So brach z. B. eine Frau in Panik aus, als sie gefragt wurde, welche Kleidung sie getragen hatte, weil sie befürchtete, der Polizeibeamte unterstelle ihr so gekleidet gewesen zu sein, daß sie den Angriff selbst provoziert hätte. Es gehört zu den Pflichten der Polizeibeamten, soviel Tatsachenmaterial wie möglich zu sammeln, um so ein möglichst genaues Bild darüber zu erhalten, wie der Vergewaltigungstäter vorgeht und welchen Frauentyp er als Opfer aussucht.

Einzelheiten über Ihre Person und Ihren Fall können dabei hilfreich sein. Sie müssen sich ebenso auf Fragen über den genauen Verlauf der Vergewaltigung gefaßt machen. Ein Gespräch über sexuelle Aktivitäten ist schon im Normalfall sehr schwierig. Es kann fast unmöglich werden, wenn Sie mit zerrissener Kleidung an einer Straßenecke stehen und von Fremden in Uniform »verhört« werden. Meistens wird die Polizei Ihnen mehrmals die gleichen Fragen stellen oder in verschiedenem Zusammenhang immer wieder auf den gleichen Punkt zurückkommen. Wiederum dient das nicht dazu, Ihnen Furcht einzuflößen, vielmehr soll dies Ihnen helfen, sich an entscheidende, wenn auch sehr schmerzhafte Teilereignisse zu erinnern. Ein Polizeibeamter beschrieb diese Situation einmal mit einem sprichwörtlichen Vergleich: »Ich fühlte mich wie der Elefant im Porzellanladen, jede Frage, die ich stellte, brachte das arme Opfer nur noch mehr durcheinander.« Ein anderer Beamter gestand uns einmal, daß er seine Gefühle hinter einer knallharten Fassade verbarg, weil er befürchtete, sonst zusammenzubrechen und zusammen mit dem mißhandelten Opfer in Tränen auszubrechen.

☐ **Lassen Sie sich ärztlich untersuchen.** Als nächstes müssen Sie sich auf eine genaue ärztliche Untersuchung einstellen. Der Arzt wird Ihre Verletzungen diagnostizieren und gerichtsverwertbare Beweise für eine Vergewaltigung festhalten. Dabei wird er eine vollständige Allgemeinuntersuchung durchführen und zusätzlich nach Symptomen eines Traumas suchen. Der Arzt oder die Ärztin werden darüberhinaus eine Unterleibsuntersuchung vornehmen, um innere Verletzungen festzustellen und um Analysenproben zu entnehmen. Anhand dieser Proben lassen sich Samenreste nachweisen und analysieren. Aufgrund bestimmter gesetzlicher Vorschriften könnte bei dieser Untersuchung die Anwesenheit eines Polizeibeamten notwendig sein, ebenso könnte ein Polizeifotograf aufgefordert werden, Bilder von Ihren äußeren Verletzungen zu machen. Dies kann in höchstem Maße unangenehm für Sie sein, wenn Sie sich nicht geistig und gefühlsmäßig auf diese Situation vorbereitet haben. Dabei besteht die beste Vorbereitung darin, daß Sie sich mit dieser Prozedur schon vorab auseinandergesetzt haben und sich immer wieder daran erinnern, daß Sie nur der Polizei helfen, Ihren Angreifer festzunehmen. Die meisten Geschlechtskrankheiten haben eine Inkubationszeit von mindestens einer Woche und auch eine Schwangerschaft kann frühestens nach 11 bis 18 Tagen nach dem Geschlechtsverkehr festgestellt werden. Sie sollten daher auch Ihren Hausarzt aufsuchen.

Man fragt uns oft nach der »Pille für den Tag danach«, eine Hormonpille, die zu jedem Zeitpunkt im Zyklus eine Menstruation bewirken kann. Dieses Mittel setzt man *nicht* routinemäßig ein. Wenn es Ihnen jemand empfiehlt oder Sie von sich aus dieses Mittel nehmen wollen, raten wir Ihnen dringend, zunächst einen Arzt zu konsultieren, der diese Pille genau kennt und insbesondere ihre Nebenwirkungen abschätzen kann.

In der Zeit nach einer Vergewaltigung oder nach einem ähnlich traumatischen Erlebnis empfehlen wir jedem Opfer, bei nahen Angehörigen oder Freunden zu bleiben und die nächsten Tage nicht allein zu sein. Wir ermutigen die Opfer, über ihre schreckliche Erfahrung zu sprechen und nicht zum Vergessen Zuflucht zu nehmen. Tatsächlich hilft es, psychologische Wunden zu heilen, wenn man solche Dinge ausspricht. Es ist ratsam, innerhalb einer oder zwei Wochen zu einem normalen Tagesablauf zurückzukehren.

☐ **Meldung auf dem Polizeirevier.** Nach der medizinischen Untersuchung werden Sie aufgefordert werden, das Polizeirevier aufzusuchen und noch einmal eine ausführliche Beschreibung des Angriffs zu geben. Rechnen Sie damit, daß man Sie mit vielen Wiederholungen ausfragt. Wir dürfen Sie noch einmal daran erinnern, daß die Polizeibeamten Erfahrung darin haben, unter emotionalem Streß stehende Opfer von Gewaltverbrechen zu befragen. Versuchen Sie das Gefühl zu unterdrücken, Sie würden angeklagt oder bedroht. Das Vorgehen der Polizei dient nur dem Zweck, soviele Detailinformationen wie möglich zu erhalten. Dadurch steigen die Chancen auf eine Festnahme und juristische Überführung des Triebverbrechers. Man wird Ihnen das Verbrecheralbum vorlegen, gehen Sie es sorgfältig durch. Arbeiten Sie mit dem Polizeizeichner eine Phantomzeichnung aus. Auf all diese Routineprozeduren können Sie sich ebenso einstellen wie auf die immer wiederkehrende Wiederholung von Einzelheiten des Angriffs. Ebenso wird man Sie fragen, ob Sie vor Gericht als Zeugin auftreten wollen. Wir fordern Sie dazu auf, nach besten Kräften das Ihrige zur Aufklärung des Falles beizutragen – nach besten Kräften heißt hier, soweit es Ihr Gewissen erlaubt und auf jede erdenkliche Art, die zur Heilung der seelischen Wunden, die man Ihnen zugefügt hat, führen kann.

☐ **Rechtliche Schritte.** Wenn Ihr Angreifer festgenommen ist, werden Sie ihn bei einer polizeilichen Gegenüberstellung identifizieren müssen. Man wird Sie auffordern, alle in Frage kommenden Anklagepunkte gegen ihn vorzubringen. Viele Frauen brechen in diesem Stadium in Panik aus und verweigern die Aussage, was unter Umständen dazu führen kann, daß der Täter auf freien Fuß gesetzt werden muß. Wenn eine Frau nicht auf Anklageerhebung besteht, erhält der Täter praktisch einen Freibrief, sein

Verbrechen zu wiederholen. In jeder größeren Stadt gibt es spezielle Strafverfolgungsbehörden. Die Staatsanwälte dieser Behörde werden Kontakt zu Ihnen aufnehmen, Sie erneut befragen und Ihnen das weitere Vorgehen der Justizbehörden erklären. Scheuen Sie sich nicht davor, sich durch genaue Rückfragen über jeden einzelnen rechtlichen Schritt zu informieren. (Vergleichen Sie auch den Abschnitt »Vorgehen nach einem Verbrechen« auf Seite 197).

Sehr häufig wird ein Strafverteidiger bei der Verteidigung eines Vergewaltigungstäters auf die folgende weitverbreitete Strategie zurückgreifen: »Wie könnte ein solch gut aussehender, gut gekleideter und intelligenter junger Mann (dessen charmante Ehefrau bzw. dessen zärtliche Freundin Sie dort im Gerichtssaal sehen) mit einer derart brillanten Ausbildung, mit beruflichem Erfolg, jemand, der so regelmäßig wie er in die Kirche geht, wie könnte ein solcher junger Mann sich eines solchen Verbrechens schuldig machen? Würde jemand wie er eine Frau wie diese, von so offensichtlich niedrigen moralischen Auffassungen usw. usw. angreifen und gar vergewaltigen?« Es mag durchaus juristisch zulässig sein, Ihr derzeitiges und vergangenes Sexualleben und andere persönliche Verhaltensweisen zu durchleuchten. Die deutsche Strafprozeßordnung gibt Ihnen das Recht nicht nur als Zeuge, sondern auch als Nebenkläger aufzutreten. Sichern Sie sich deshalb die Hilfe eines Anwalts. Entsprechende Adressen erhalten Sie von den erwähnten Frauennotdiensten.

Reaktionen nach einer Vergewaltigung

Aus psychiatrischer Sicht reihen wir eine Vergewaltigung zu den schweren psychologischen Traumata ein. Dieses schreckliche Erlebnis muß auf emotionaler Ebene behandelt und verarbeitet werden. Wissenschaftliche Untersuchungen über die Reaktion von Vergewaltigungsopfern stützen die Vermutung, daß diese Opfer mit ihrer Vergewaltigung auf ähnliche Weise umgehen wie die meisten Menschen auf andere schwere traumatische Ereignisse wie den Tod eines nahen Angehörigen, Erdbeben oder Terroristenanschläge reagieren.

Im ersten Stadium eines »Vergewaltigungs-Syndroms« durchläuft das Opfer angesichts der Härte der gerade durchlaufenen Umstände Perioden totaler Panik, Angst, geistiger und körperlicher Erstarrung, Appetitlosigkeit, Schlaflosigkeit, Alpträumen, von Antriebslosigkeit und von Weinkrämpfen – oder der Unfähigkeit, überhaupt weinen zu können. Zeitweise setzt das Gedächtnis total aus. Diese Reaktionen dauern zwischen mehreren

Stunden und einigen Tagen. Sie weichen nur allmählich einem Prozeß des Einordnens dieser traumatischen Ereignisse in die gesamte Lebenserfahrung. In dieser Phase bereitet das Sprechen über das, was geschehen ist – zur Polizei, zu Freunden und Verwandten – besondere emotionale Qualen.

Die nächste Phase ist gekennzeichnet durch Zweifel an sich selbst und durch Schuldgefühle. Das Opfer fragt sich selbst: »Was habe ich getan, daß dies ausgerechnet mich getroffen hat?« »Inwiefern bin ich verantwortlich?« »Ich hätte mich doch anders verhalten sollen, den Angriff früher erkennen und vermeiden sollen,« »Hätte ich lieber kämpfen sollen, anstatt nachzugeben und mein Leben zu retten?« »Befand ich mich tatsächlich in Lebensgefahr?« Dieser Selbstzweifel begleitet die tiefer liegenden Schuldgefühle. Daher müssen sich die Opfer klarmachen, daß es kein Verbrechen ist, vergewaltigt zu werden. Es ist eine fast universelle Erscheinung, daß das Opfer einer Vergewaltigung oder eines sonstigen tragischen Ereignisses solche Schuldgefühle durchlebt. Zu den beschriebenen Reaktionen kommen weitere, für diese Phase typische, Reaktionen: Depressionen, Kontaktschwierigkeiten, die Unfähigkeit, mit dem normalen Tagesablauf fertigzuwerden, Ungeduld und plötzliche Wutanfälle. Als weitere Symptome treten Angst vor Männern, Todesangst, Angst vor dem Alleinsein und Angst vor der Dunkelheit auf. In diesem Stadium fühlt sich selbst eine emotional stabile Frau total hilflos und verloren, es gelingt ihr nicht, ihr Leben in den Griff zu bekommen. So entsteht ein Teufelskreis: ihre Unfähigkeit, sich selbst zur Vernunft zu bringen verstärkt nur die genannten defizitären Gefühle. Diese Phase dauert gewöhnlich vier Wochen lang.

In der nächsten Phase entsteht heftige Wut, die sich hauptsächlich gegen den Angreifer richtet. »Ich hätte ihn umbringen sollen.« »Ich hoffe, daß die Polizei ihn festnimmt und am höchsten Baum aufknüpft.« »Ich werde mir eine Pistole kaufen, ihn ausfindig machen und abknallen.« Dies sind keineswegs ungewöhnliche Gedanken für eine Frau in diesem Stadium ihrer Reaktionen. Auch diese Zeit dauert einige Wochen. Während allen drei Phasen konzentriert sich das gesamte Denken eines Opfers auf die Vergewaltigung.

Der letzte Teil der Reaktionen auf die Vergewaltigung, die sogenannte Lösungsphase, dauert zwischen 6 und mehr als 12 Monaten. In dieser Zeit gewinnt die Frau zunehmend die Fähigkeit zurück, über die traumatischen Ereignisse nachzudenken, wobei gleichzeitig die emotionale Ebene immer weiter entlastet wird. Sie gewinnt allmählich eine sichere Haltung gegenüber den Ereignissen und akzeptiert die Tatsache, daß in ihrem Leben viele Dinge passieren, die sie nicht steuern kann. Sie erkennt, daß man solche Dinge am besten hinter sich läßt. Zunehmend gewinnt das Opfer Klarheit darüber, daß es nutzlos ist, in solch vergangenen Ereignissen einen allzu großen emotionalen Aufwand zu stecken. Es ist besser, seine Wunden zu zählen und den gegenwärtigen Kampf mit dem Leben wieder aufzunehmen. Während dieser Lösungsphase werden immer wieder Echos vergangener Gefühlswallungen auftreten, die sich in Schreikrämpfen, Alpträumen oder plötzlichen Panikgefühlen äußern, wenn das Opfer durch irgend etwas an den Angriff erinnert wird. Zum Beispiel kennt man den typischen Fall des »Jahrestags-Syndroms«. Dieser Ausdruck aus der Sprache der Psychiatrie steht für das Phänomen, daß ein Opfer in der Umgebung, in der die traumatischen Ereignisse geschahen, zur gleichen Tageszeit, am selben Tag der Woche oder genau am Jahrestag ähnlich schmerzhafte Empfindungen durchlebt wie am Tag der Tat selbst. Solche verstärkten Reaktionen am Jahrestag sind durchaus normal. Sie gehören zu den Kennzeichen psychischer Verarbeitung und der Einordnungsprozesse in die allgemeine Lebenserfahrung. Auf diese Weise werden traumatische Erfahrungen auf normale und gesunde Art in die Persönlichkeit integriert. Das Wissen um die Normalität solcher Prozesse stellt schon für sich allein, aber auch mit seinen Konsequenzen eine wesentliche Hilfe dar. In diesem Sinne haben wir schon viele Frauen beraten, die allein aus der Einsicht in diese einfache Tatsache erheblichen Nutzen zogen.

Opfern von Vergewaltigungen fällt danach jegliche sexuelle Aktivität sehr schwer, und auch dies ist nur zu erwarten. Jedes dieser Opfer wird sich an die erniedrigende und lebensbedrohende Erfahrung erinnern, die mit diesem Überfall zusammenhing. Wir raten den Partnern von Vergewaltigungsopfern zu Verständnis, daß es Monate dauern kann, bis ihre Partnerinnen die Fähigkeit zurückgewinnen, sexuelle Beziehungen als angenehm zu empfinden. In einigen Fällen leiden auch die Ehemänner von Vergewaltigungsopfern an schweren, langwierigen psychologischen Schäden. Viele Männer, die sich mit einer Scheidung oder gar Untreue abfinden können, verkraften die Vergewaltigung ihrer Frau nicht. Eine traurige Statistik über die traumatischen Auswirkungen einer Vergewaltigung zeigt, daß in mehr als 50% aller Fälle die Beziehungen zwischen Eheleuten bzw. zwischen unverheirateten Paaren innerhalb eines Jahres nach der Vergewaltigung völlig abbrechen.

Ein Opfer kann durchaus die emotionalen Nachwirkungen einer Vergewaltigung dämpfen und den Heilungsprozeß beschleunigen. Eine vergewaltigte Frau kann lernen, mit ihrem Problem zu leben. Sie muß sich nicht an ihre Rolle als leidendes Opfer klammern. Wir werden so oft gefragt, ob Vergewaltigungsopfer einen Psychiater konsultieren oder sogar eine vollständige Psychotherapie absolvieren sollen. Untersuchungen in dieser Richtung weisen darauf hin, daß eine Beratung in den kritischen Phasen dem Opfer und ihm nahestehenden Menschen weitreichende Hilfe bietet. Ist eine Beratung notwendig, sollten das Opfer und seine Familie unserer Empfehlung nach den Hausarzt, einen Facharzt für Geistes- und Gemütskrankheiten oder ein Krankenhaus für Gemütsleiden aufsuchen.

Beratungsdienste für Vergewaltigungsopfer gibt es inzwischen im ganzen Land. Zu ihren Aufgaben gehört es, Vergewaltigungsopfern mit Ratschlägen und Informationen zur Seite zu stehen, damit die Opfer sich an die richtigen Stellen für medizinische und juristische Hilfe wenden. Hoffentlich werden in den kommenden Jahren weitere solcher Beratungsdienste eingerichtet. Viele der Beraterinnen sind selbst Opfer von Vergewaltigungen und sprechen daher aus eigener Erfahrung. Unserer Meinung nach sollten alle Frauen nach einem körperlichen Angriff, gleichgültig ob sie tatsächlich vergewaltigt worden sind oder nicht, eine solche Beratungsstelle aufsuchen. Existiert eine solche in Ihrer unmittelbaren Umgebung nicht, raten wir in jedem Fall zu einem entsprechenden Ferngespräch, das unter allen Umständen seinen Preis wert ist. In jeder größeren Stadt kennt die Auskunft die entsprechenden Telefonnummern.

Die Erfahrung eines Opfers

Nur eine Frau die selbst vergewaltigt worden ist, kennt den Horror und den anhaltenden Schaden eines solchen Überfalls. Wir wollten in diesem Kapitel einen echten Fall beschreiben und suchten daher unsere Unterlagen nach einer möglichst lebhaften Schilderung durch. Die folgende Beschreibung stammt wörtlich aus dem Munde von Carolyn Craver, einer Reporterin aus San Francisco. Ein Vergewaltigungstäter aus Berkeley, bekannt unter dem Namen »Stinky«, beging die Tat am 14. Januar 1978. Er brach in ihre Wohnung ein, indem er durch das Schlafzimmerfenster ihres sechsjährigen Sohns stieg, und vergewaltigte sie drei Stunden lang. Der Redakteur Alison Wells schrieb ihre Geschichte für die vierteljährlich erscheinende Zeitschrift »Self Determination«, Band II 1978, 2. Heft.

›Tief im Innern hegte ich die Überzeugung, daß Vergewaltigungen nur bei anderen Frauen vorkämen, mehr noch, daß nur ein ganz anderer Typ von Frau in Frage käme. Welcher Typ das auch sein mochte, auf jeden Fall würde es nicht mich treffen.

Gegen Mitternacht machte ich das Licht aus. Ich muß wohl schon geschlafen haben, als ich plötzlich die Umrisse eines Mannes auf mich zukommen sah. Er bedeckte mein Gesicht mit einer behandschuhten Hand und kniete sich auf meine Arme. Mit seiner freien Hand hielt er ein Messer an meine Kehle und machte mir klar, daß er mich umbringen würde, wenn ich auch nur einen Laut von mir geben oder mich sonstwie wehren würde. Dann verband er mir die Augen, wobei er mir weiterhin den Mund zuhielt, sodaß ich weder schreien noch beißen konnte. Wieder packte er das Messer und schnitt mich in die Hand.

Genau in diesem Moment hörte ich meinen Sohn vor meiner Schlafzimmertür rufen. Er befahl mir, meinen Sohn in sein Bett zurückzuschicken. »Wenn Dein Sohn hereinkommt, murkse ich ihn ab«, zischte mein Angreifer. Meine ganze Angst galt meinem Sohn. Ich glaubte auch nicht das Geringste riskieren zu können. Der Gedanke, daß meinem Sohn irgend etwas zustoßen könnte . . . und die entsetzliche Idee, daß ich überhaupt nichts zu seinem Schutz unternehmen konnte, lähmte mich total.

Zunächst fragte er mich nach Geld und für einen kurzen Moment hoffte ich, lediglich beraubt zu werden. So sagte ich ihm, mein Portemonnaie liege im Wohnzimmer, er aber machte keinerlei Anstalten, es zu holen. Ich trug ein bodenlanges Nachthemd, das er mir bis über den Hals zog, um mich anschließend zweieinhalb bis drei Stunden lang zu vergewaltigen.

Ich war entsetzt. Ich war total entsetzt. Er hatte ein Messer. Alle paar Minuten, wenn ich gerade wieder soweit war zu denken, »Vielleicht kann ich jetzt was tun«, nahm er sein Messer und hielt es mir unsanft an den Hals oder an die Gurgel, um mich an seine Existenz zu erinnern.

Er gab mir dauernd Befehle, »Dreh Dich auf den Rücken; dreh Dich auf den Bauch«. Er drehte mich verkehrt herum mit dem Kopf nach unten und beging Sodomie.

Ich war mir darüber klar, daß Sex ihn kaum interessierte, daß er sich lediglich an meiner Angst freute und mich einfach beherrschen wollte. Die stundenlangen sexuellen Handlungen waren fürchterlich. Er erreichte seine Höhepunkte, wenn ich vor Entsetzen außer mir war und wenn er mir gröbste Gewalt antat.

»Wenn Du alles tust, was ich Dir sage, dann verlasse ich Dich so, wie ich Dich aufgefunden habe«. Er brachte mich an die Tür zum Zimmer meines Sohnes, die offen war, und sagte, »war doch prima oder?« Er befahl mir fünfzehn Minuten zu warten, bevor ich den Raum verlassen durfte. »Ruf ja nicht die Polizei, sonst komme ich wieder und leg Dich und Deinen Sohn um«. Er schloß die Schlafzimmertür und ich hörte ihn dann noch im Haus. Eine Weile stand ich regungslos da, ich stand einfach an der Tür.

Dann hörte ich schließlich nichts mehr. Ich rief, »Ist da jemand?« Keine Antwort. Ich rief noch einmal, »Ist da jemand?« Ich glaube, ich zählte dann bis zwanzig. Ich lief aus dem Schlafzimmer ins Wohnzimmer und sah da das offene Fenster. Ich lief in alle Zimmer und machte überall im Haus Licht an.

Das Scheußliche an Vergewaltigungen ist die Wirkung dieses Verbrechens auf andere Leute. Die Reporter interviewen immer die Vergewaltigungsopfer, nie ihre näheren Angehörigen oder Menschen, die ihnen sonstwie nahestehen. Für meine Zwillingsschwester muß es der Schock ihres Lebens gewesen sein, als sie um 5.00 Uhr morgens einen Anruf der Polizei aus Berkeley erhielt, mit dem ihr mitgeteilt wurde, daß ihre Schwester gerade vergewaltigt worden ist. Sie konnte es einfach nicht glauben.

Ich wollte darüber sprechen. Ich war sicher, daß die Leute ja überhaupt keine Ahnung haben, wie schrecklich so eine Vergewaltigung ist. Bei allen Interviews mit Vergewaltigungsopfern kamen ja immer nur geschönte Versionen von Vergewaltigung auf. Und dabei ist Vergewaltigung so entsetzlich schrecklich. Es ist fast so, als

191

ob man getötet wird. Ich kann mir wenigstens nichts vorstellen, was schrecklicher wäre als Vergewaltigung, egal, was mir auch passsieren würde. Und ich wollte, ich mußte der Welt klarmachen, wie schrecklich das war.

Mehr oder weniger unterschwellig gibt man den Frauen die Schuld, wenn sie vergewaltigt werden. Immer trifft es das Opfer und so setzt sich eine Idee in mir fest. Wenn jemand eine Bank beraubt, geht niemand hin zum Kassierer und wirft ihm vor »Hätten Sie nicht ein Schild an Ihren Schalter gehängt, der Verbrecher hätte nicht gewußt, wo das Geld ist. Dann wäre er auch nicht hereingekommen und hätte Sie beraubt.« Kein Mensch bedrängt einen Bankier vor Gericht mit Fragen wie »Haben Sie in Ihrer Bank jemals ungesetzliche Transaktionen zugelassen, die es irgendwie gerechtfertigt erscheinen lassen, daß Ihre Bank beraubt wurde?« Auf der ganzen Welt wird kein Opfer eines Verbrechens auf die gleiche miese Art behandelt wie Vergewaltigungsopfer. Obwohl man mich persönlich nicht so behandelte – das Berkeley Police Department behandelte mich absolut freundlich und mit vollem Respekt – machte es mich wütend, wenn ich an andere Vorfälle dachte, von denen ich gehört hatte oder über die ich Bescheid wußte.

Meiner Meinung nach gibt es viele Möglichkeiten wie Frauen aufhören können, die Rolle des Opferlamms übernehmen zu müssen. Eine Möglichkeit ist zur Polizei zu gehen und für mich ist das die wichtigste Möglichkeit. Meiner Meinung nach muß jede vergewaltigte Frau Anzeige bei der Polizei erstatten. Ich werde jedem ins Gesicht treten, der mir hier entgegenhält, »Ja schon, aber die Behandlung durch die Polizei war so schlimm wie die Vergewaltigung selbst.« Das stimmt nicht. Gleichgültig, was die Polizei tut, gleichgültig wie die Strafverfolgungsbehörden vorgehen, und gleichgültig, zu welchen Tricks die Strafverteidiger greifen – nichts ist so schlimm wie eine Vergewaltigung. Ich habe es am eigenen Leib erfahren und niemand kann mir widersprechen. Wenn man keine Anzeige bei der Polizei erstattet, bedeutet dies, nicht alles zu tun, einen gemeingefährlichen Vergewaltigungstäter hinter Gitter zu bringen. Es bedeutet auch eine offene Einladung für diesen Mann ... Sie sagen praktisch zu Ihrem Peiniger, »Du kannst nicht nur mich vergewaltigen, Du kannst Dir jede nehmen, denn ich werde nichts unternehmen. Daran kannst Du sehen, wie schwach wir Frauen sind und wie wir ewig Eure Opfer bleiben, denn wir werden wegen einer Vergewaltigung nichts unternehmen.« Für mich ist eine Frau, die zuvor von Stinky vergewaltigt worden ist und die dies nicht der Polizei gemeldet hat, für meine Vergewaltigung genauso verantwortlich wie Stinky selbst. Wenn es nämlich irgendwo ein Opfer gibt, das keine Anzeige erstattet hat, dann hätte gerade diese Frau die Information haben können, die zur Festnahme von Stinky geführt hätte. Und so ließ sie die Tür offen zu meiner Vergewaltigung. Für diese Unterlassung gibt es für mich keine Entschuldigung, gleichgültig unter welchen Umständen. Jede Frau muß nach einer Vergewaltigung Anzeige erstatten, es ist einfach notwendig, sonst bleibt eine offene Einladung an diesen Mann, die nächste Frau zu vergewaltigen. Wie kann irgendeine Frau ... wie könnten Sie bewußt diese Tür offen lassen? Für irgendwen? Für eine Schwester? Dieses Verbrechen würden Sie nicht Ihrer schlimmsten Feindin wünschen.

Wenn ich darüber sprechen konnte, wenn ich zu irgendeinem X-Beliebigen darüber sprechen konnte, es half. Lassen Sie mich nochmals sagen, es half, einfach darüber zu sprechen, und ich meine damit nicht die Interviews und Gespräche im Fernsehen. Ich meine damit, wenn jemand an meiner Seite im Flugzeug sich drei Minuten mit mir unterhielt, dann fing ich schon an und berichtete, ich sei ein Vergewaltigungsopfer.

Ich glaube, immer und überall darüber zu sprechen, hat die Sache gebessert. So ist daraus kein Alptraum entstanden. So ist es Realität. Ich bin das Opfer einer Vergewaltigung. Stinky hat mich vergewaltigt. Ich kann es drehen und wenden, gleichgültig was ich auch unternehme, jemand ist mitten in der Nacht in mein Haus eingebrochen und hat mich vergewaltigt. Ich glaube, wenn Frauen darüber nicht sprechen, dann wird es für sie zum Alptraum. So wird es zu diesem persönlichen, geheim gehaltenen und entsetzlichen Alptraum. Diese Frauen müssen mit Ängsten leben, die in meinem Leben keine Rolle mehr spielen ... Mit der Wut, mit den psychischen Wunden und dem unglaublichen Gefühl tiefsten Verletztseins.‹

Bericht über einen Erfolg

Die Geschichte handelt an einem warmen, sonnigen Tag im August 1981. Die 28jährige Lynn O'Donnell aus San Francisco und ihre 31jährige Freundin Kathy Test aus New York, beide Produzentinnen beim Fernsehen, genossen ein Picknick auf der Point Reyes-Halbinsel in Nordkalifornien. Nach ihrem Polizeiprotokoll näherte sich ihnen plötzlich ein mit einem Gewehr bewaffneter Mann und verlangte ihr Geld. Sie erfüllten seine Forderung, aber der Mann beachtete die Geldbörsen nicht. Stattdessen zwang er sie, mit ihm in einen abgelegenen, uneinsehbaren Bereich zu gehen.

Dort befahl er ihnen, sich mit dem Gesicht nach unten auf den Boden zu legen, und drohte, Mrs. O'Donnell zu töten, wenn sie sich bewegen würde. Mrs. O'Donnell berichtete, daß sie den Gewehrlauf auf ihrem Rücken liegen und beide Hände des Mannes an ihrem linken Handgelenk spürte, während er versuchte, sie mit einer Schnur zu fesseln. In diesem Moment entschied sie sich zu kämpfen. Mit ihrer rechten Hand riß Mrs. O'Donnell den Gewehrlauf an sich, drehte das Gewehr und feuerte blind auf ihn. Der Schuß ging nicht los. Blitzschnell hatte auch ihre Freundin die Situation erfaßt. Sie griff nach einer Weinflasche und schlug sie dem Angreifer über den Kopf. Sie setzten den Kampf fort, indem sie den Gewehrlauf auf seinem Kopf zerschlugen, ihm in die Hoden traten und seine Brille zertrümmerten. Dann rannten sie los.

Wenige Tage später wurde als mutmaßlicher Täter der 36jährige Leonard Frank Tate aus West Covina, Kalifornien, festgenommen. Sein Kopf wies schwere Platzwunden auf, seine linke Hand war gebrochen und sein linkes Bein war schwer verletzt. Mr. Tate besaß ein Vorstrafenregister mit drei Gefängnisaufenthalten wegen Einbruchs, mit mehreren Verurteilungen wegen Entführung und Körperverletzung.

Sheriff Al Howenstein aus dem Marin Sheriff's Department lobte die Opfer dafür, daß sie den richtigen Moment zum Gegenangriff abgewartet und »ihren Kopf gebraucht hatten«.

KAPITEL 9

Helfen Sie der Polizei, Ihnen zu helfen

Obwohl häufig das Gegenteil behauptet wird, sind weitaus die meisten Mitarbeiter der Schutz- und Strafverfolgungsbehörden intelligente, zielstrebige und engagierte Frauen und Männer, deren ganzer Einsatz Ihrem Schutz und Ihrer Sicherheit dient. Über die Arbeit der Polizei besteht weitgehende Unkenntnis. Dies könnte der Grund dafür sein, weshalb viele Verbrechen nicht gemeldet werden. Auch Walter Berns, ein Wissenschaftler im American Enterprise Institute for Public Policy Research, begründet in seinem Buch »For Capital Punishment« damit seine Aussage, wonach 97,5 % aller Verbrecher in den USA in unserer Zeit nicht gefaßt werden. Im folgenden Kapitel beschreiben wir bis ins Detail die Vorgänge, die Sie erwarten können, wenn Sie ein Verbrechen zur Anzeige bringen. Diese Informationen werden Sie beruhigen, sollten Sie einmal in die Lage kommen, ein Verbrechen anzeigen zu müssen.

Die Beschreibung des Angreifers

Im Idealfall sollte jedes Verbrechen sofort angezeigt werden. Je früher die Polizei genaue Informationen erhält, desto früher kann sie Ihren Angreifer festnehmen. Eine allgemeine Beschreibung des Überfalls und der äußeren Merkmale des Angreifers, Kleidung, Sprache, Akzent und Ausdrucksweise müssen der Polizei sofort mitgeteilt werden. Zu einer vollständigen Beschreibung des Täters und der Tat gehört auch die Art, wie sich der Täter Ihnen genähert hat und auf welche Weise er geflohen ist. Wenn man grundsätzlich wachsam ist und genau beobachtet, wird man auch bei einem Angriff wichtige Einzelheiten bemerken *(Siehe Abbildung 9–1)*. Die Polizei fragt nach den folgenden Informationen über alle Gesetzesübertreter.

Abb. 9–1: Zur Beschreibung eines Angreifers

Fehlende Körperteile
Bein
Arm
Ohr
Finger
Fuß
Hand

Deformierte Körperteile
Bein
verkürztes Bein (Hinken)
Arm
Finger
Hand
Säbelbeine

Tätowierungen
Arm
Hand
Finger
Brust und Hals
Bilder
Zeichnungen
Namen
Wörter
Buchstaben

Narben im Gesicht
Wange
Kinn
Stirn
Lippen
Nase
Ohr
Augenbrauen

Spezielle Merkmale im Gesicht
Muttermale
Pockennarben
Leberflecken
Sommersprossen
Pickel
Lippen, dick
Lippen, dünn
Kinn, vortretend
Kinn, fliehend
hohle Wangen

Zähne
fehlende Zähne
Gold
abgebrochene Zähne
falsche Zähne
verfaulte/
verfärbte Zähne
vorstehende Zähne
unregelmäßiges Gebiß

Narben am Körper
Arm
Hand
Handgelenk
Hals
Brust
Brandwunden

Sprache
Sprachstörungen
Dialekt
Lispeln
Stottern
Hasenscharte
undeutliche Aussprache
schnelle Sprechweise
leise Sprechweise
gepflegte Sprache

Augen
Fehlen
Schielen
Sonnenbrille
normale Brille
hervortretende Augen
Augenzucken
schräger Augenschnitt

Haare
gefärbt
lang
dünn/schütter
glattes Haar
gewelltes Haar
buschiges Haar
kleingelocktes Haar
Perücke/Toupet
Bürstenschnitt
Glatze

Bartwuchs
Schnurrbart
Kinnbart/Spitzbart
Vollbart
unrasiert
Augenbrauen, buschig

Ohren
Segelohren
Gelochte Ohrläppchen
abstehende Ohren
anliegende Ohren
groß
klein

Nase
krumm
Hakennase
Himmelfahrtsnase
lang
breit
flach
schmal
dünn

Gesicht
Neger/Weißer
Gesichtszüge
hohe Wangenknochen
lange Gesichtsform
breite Gesichtsform
dünne Gesichtsform
runde Gesichtsform

Gesichtsfarbe
dunkel
fahl
rötlich
hell
mittel

Vorgehen nach einem Verbrechen

Wenn Ihnen Wertgegenstände gestohlen worden sind, benötigen Sie eine vollständige Liste der abhanden gekommenen Gegenstände. Ist jemand verletzt worden, sollte ärztliche Behandlung in Anspruch genommen werden. Wir raten dringend, diesen Hinweis zu befolgen, die Erfahrung zeigt, daß ein Opfer infolge seiner Angst und Panik auch schwere Verletzungen ignoriert. Sie werden vermutlich aufgefordert werden, die Verbrecheralben bei der Polizei durchzuarbeiten, um nach Möglichkeit Ihren Angreifer zu identifizieren. Diese Bücher dienen zur leichteren Identifizierung von Wiederholungstätern. Sie sind nach Kriterien wie Alter, Geschlecht, Volksgruppenzugehörigkeit, Art des Verbrechens und Vorgehensweise (modus operandi, M. O.) geordnet. Läßt sich Ihr Angreifer anhand des Verbrecheralbums nicht identifizieren, wird ein Polizeizeichner versuchen, nach Ihrer Schilderung eine Phantomzeichnung Ihres Angreifers anzufertigen. Hierfür gibt es einige sehr spezielle Techniken, mit deren Hilfe erstaunlich genaue Bilder hergestellt werden können.

Sobald ein Verdächtiger festgenommen ist, wird man Sie voraussichtlich zu einer Gegenüberstellung bitten. Dabei sollen Sie Ihren Angreifer aus einer Gruppe von ähnlichen Personen herausfinden. Bei diesem Verfahren wird Ihre eigene Identität geschützt. Nach einer positiven Identifizierung wird man den Beschuldigten formell verhaften, seine Personalien festhalten und ihm eventuell Gelegenheit geben, gegen Kaution freizukommen. Danach wird dem Angeklagten formell die Anklage vorgelegt, in der die einzelnen Anklagepunkte und Gesetzesübertretungen aufgeführt sind. Man setzt einen Gerichtstermin fest und bestellt Rechtsbeistände. Der Vertreter der Staatsanwaltschaft wird Ihre Anklagepunkte vorbringen und Sie über Ihre Teilnahme am Prozeß belehren. Sie müssen natürlich für diese Dienste nichts bezahlen, da die Justizbehörden für die Strafverfolgung im Zusammenhang mit derartigen Verbrechen an Bürgern zuständig sind. Für den Prozeß über Ihren Fall kann der Angeklagte ein Verfahren mit einem Richter oder eines mit Geschworenen wählen. Diese Verfahrensfragen lassen sich manchmal schon innerhalb einer Woche, manchmal aber erst nach Monaten klären. Beim Prozeß selbst müssen Sie unter Eid aussagen, den Angeklagten im Gerichtssaal identifizieren und nach bestem Wissen alle Umstände des Verbrechens noch einmal aufführen. Der Strafverteidiger wird Sie möglicherweise ins Kreuzverhör nehmen. Das darf Ihnen kein Kopfzerbrechen bereiten und keine Angst einjagen, da Sie ja die Wahrheit sagen. Gleichgültig welche und wieviele Fragen man Ihnen stellt, Ihre Antworten werden immer der Wahrheit entsprechen. So können Sie Ihr

Selbstvertrauen und Ihre Haltung bewahren, auch wenn man Sie hart ins Kreuzverhör nimmt. Keine Frau sollte aus bloßer Furcht ein Verbrechen verschweigen und sich vor dem beschriebenen juristischen Verfahren drücken.

Zusammenfassung

Es gibt drei Hauptgründe, weshalb es in Ihrem ureigenen Interesse liegt, jeden Angriff, jeden Raub und jede Bedrohung Ihrer Sicherheit zur Anzeige zu bringen. Erstens: Die Polizei handelt nur aufgrund von Informationen, die sie von Bürgern erhält. Ohne Meldungen aus der Bevölkerung hat die Polizei keine Chance, die Zahl der Verbrechen in Grenzen zu halten. Durch richtiges Informieren erhält die Polizei die größte Möglichkeit, die Sicherheit aller Bürger, Ihre Sicherheit zu garantieren. Polizeibeamte klagen oft darüber, daß viele Menschen Verbrechen nicht melden, von denen sie Zeuge wurden oder in die sie verwickelt waren. Dadurch entsteht ein Teufelskreis, der die Arbeit der Polizei unwirksam macht und so Kriminelle zu weiteren Taten ermuntert.

Zweitens: Wenn Sie ein Verbrechen nicht anzeigen und die Polizei den Täter nicht festnimmt, besteht immer die Möglichkeit, daß er andere oder Sie selbst wieder angreifen wird. Wiederholt ein Vergewaltigungstäter sein Verbrechen gegen Sie und Sie wollen dann zur Polizei gehen, dann ist die Wahrscheinlichkeit geringer, daß man Ihnen glaubt und ihn verurteilt. Es liegt daher im höchsten Maße in Ihrem eigenen Interesse, alles in Ihrer Macht stehende zur Festnahme des Täters beizutragen. Lassen Sie uns diesen Punkt durch eine wenig bekannte Statistik unterstreichen: Dreiviertel aller Schwerverbrechen wie Vergewaltigung, schwere Körperverletzung und Mord werden von Wiederholungstätern begangen. Ein Täter setzt also offensichtlich seine Tatserie fort, wenn er nicht festgenommen wird. Wird jedoch ein Verbrecher einmal festgenommen, angeklagt und verurteilt und wird er dann nach Verbüßung seiner Haftzeit wieder freigelassen, ist eine Wiederholung seines Verbrechens weniger wahrscheinlich. Das Wissen um die Existenz seiner Polizeiakte, anhand derer er leicht wieder identifiziert werden kann, wird möglicherweise einen Täter von der Wiederholung seiner Tat abhalten.

Drittens: drängen wir Sie aus moralischen Gründen dazu, jedes Verbrechen staatlichen Behörden zu melden. Es gehört zu Ihren Pflichten als verantwortungsbewußte Staatsbürgerin, zur Durchsetzung unserer bestehenden Gesetze beizutragen. Es gehört ebenso zu den Pflichten eines verantwortungsbewußten Staatsbürgers, ein Verbrechen, in das man verwickelt wurde oder dessen Zeuge man war, bei einer zuständigen Stelle zu melden, wie die Gesetze selbst zu achten. Wenn wir unsere freiheitliche Gesellschaftsordnung beibehalten wollen, müssen alle Bürger zusammenhelfen, den Gesetzen unseres Landes Geltung zu verschaffen.

Das folgende Beispiel soll illustrieren wie wichtig es ist, jeden Verbrecher zu melden und zu verfolgen. Eine Frau aus Riverside, Kalifornien, zeigte ihren Vergewaltigungstäter an. Sie überstand auch die ersten Vernehmungen durch den Staatsanwalt. Beim Prozeß aber wurde sie durch das Kreuzverhör, in dem sie der Verteidiger durch die Mangel drehte, derart eingeschüchtert, daß sie schließlich total frustriert fälschlicherweise angab, der Mann, den sie angezeigt hatte, sei nicht ihr Vergewaltigungstäter. Der Prozeß wurde sofort abgebrochen und der Mann freigelassen – frei für eine neue Vergewaltigung, die er fünf Monate später beging. Sein zweites Opfer kam nicht so glimpflich davon wie das erste. Nachdem er die zweite Frau vergewaltigt hatte, schlug er sie derart zusammen, daß sie an den Folgen starb. Hätte die erste Frau ihrer Verpflichtung der Gesellschaft gegenüber Genüge getan, würde die zweite Frau auch heute noch leben.

In einem Interview für die Ausgabe vom 24. September 1978 der Zeitschrift »Family Weekly« fragte man den Direktor des FBI, William H. Webster, »Was wirkt am abschreckendsten auf potentielle Verbrecher?« Seine Antwort: »Das wichtigste Abschreckungsmittel besteht in verantwortungsbewußten Bürgern, die sich innerhalb des vorgegebenen Justizsystems an der Aufrechterhaltung von Recht und Gesetz beteiligen. Dazu gehört, daß man die Gesetze selbst achtet und zu ihrer aufrichtigen, objektiven und ungeteilten Geltung beiträgt. Dies bedeutet auch die sofortige Anzeige von Verbrechen, deren Zeuge oder Opfer man geworden ist. Dies umfaßt weiterhin die Bereitschaft, vor Gericht als Zeuge aufzutreten oder der Justiz als Schöffe zur Verfügung zu stehen.«

KAPITEL 10

Wie man sich zur Selbstverteidigung in Form bringt

Wir überziehen den Begriff Selbstverteidigung sicher ein wenig, wenn wir darunter auch verstehen wollen, sich gegen Krankheit und Übergewicht zu verteidigen, zwei weitverbreitete Geiseln unserer Zeit. Andrerseits wird niemand die Bedeutung täglicher Turnübungen für unser Leben in Frage stellen wollen. Körperliche Übungen können aus vielerlei Tätigkeiten bestehen. Meine (Dr. Conroys) 80 Jahre junge Mutter hält sich durch ihre Arbeit in Haus und Garten fit. Ich selbst zähle mich zu den überzeugten Joggern und laufe jeden Tag zwischen 2 und 5 Kilometern. Vielleicht entscheiden Sie sich fürs Fahrradfahren, für Tennis oder Schwimmen oder Sie schließen sich einem Gesundheitsklub an.

Wenn Ihr normaler Tageslauf noch keine Gymnastikübungen enthält, wenn Sie nicht die Zeit oder die Möglichkeit haben, dann empfehlen wir Ihnen, wenigstens fünfzehn Minuten täglich für die folgenden Übungen zu opfern. Mit diesen Übungen stärken und straffen Sie Ihren ganzen Körper. Die Übungen verbessern den Zustand Ihrer Herzkranzgefäße, stärken Ihre Körperkraft, erhöhen Ihre Beweglichkeit und Ausdauer und bereiten Ihren Körper gleichzeitig auf das Training der spezifischen körperlichen Fertigkeiten zur Selbstverteidigung vor. Denjenigen unter Ihnen, die nicht regelmäßig Gymnastik treiben, empfehlen wir, mit einem Minimum an Übungswiederholungen zu beginnen. Steigern Sie die Anzahl Ihrer Übungen ständig.

Die ersten Tage eines Konditionsprogramms sind die härtesten, wie jeder, der schon einmal konsequent trainiert hat, bestätigen wird. Muskeln und Gelenke zeigen ihren Protest durch Steifheit und Schmerzen. Diese Unannehmlichkeiten verschwinden mehr und mehr, während Ihr Körper durch verbesserte Blutzirkulation, durch erhöhte Muskelspannkraft und durch größere Beweglichkeit der Gelenke seinen verbesserten Zustand signalisiert. Der Preis in Form von vorübergehenden Beschwerden wird reichlich aufgewogen durch gesteigertes Selbstvertrauen und körperliches Wohlbefinden.

Spezielle Übungen

Kopfkreisen. Diese Übungen stärken Ihre Halsmuskulatur und machen sie geschmeidiger. Stehen oder sitzen Sie aufrecht und recken Sie den Hals nach oben. Lassen Sie dann Ihr Kinn auf Ihre Brust sinken. Drehen Sie Ihren Kopf soweit wie möglich nach rechts, rückwärts, links und nach vorwärts. Nach vier Drehungen im Uhrzeigersinn wiederholen Sie diese Streckbewegungen in umgekehrter Drehrichtung *(siehe Abbildung 10–1)*.

Abb. 10–1:
Kopfkreisen

Armkreisen. Diese Übungen machen Ihre Oberarme geschmeidiger und kräftigen Ihre Schultern. Stehen Sie aufrecht, beide Beine etwa 10 cm voneinander entfernt. Strecken Sie Ihre Arme seitlich waagrecht in Schulterhöhe aus. Halten Sie dabei das Ellbogengelenk gestreckt und die Handflächen nach unten. Machen Sie mit den Armen zunächst kleine Kreisbewegungen und lassen Sie die Kreise allmählich immer größer werden *(siehe Abbildung 10–2)*.

Abb. 10–2:
Armkreisen

Liegestützen. Diese Übungen stärken Ihre Arme, Schultern, Halsmuskeln und Rücken. Legen Sie sich mit dem Gesicht nach unten auf den Boden und legen Sie dabei Ihre Handflächen unter Ihren Schultern auf die Unterlage. Drücken Sie mit den Händen gegen den Boden, bis Ihre Arme bei gestrecktem Körper ebenfalls gestreckt sind. Lassen Sie Ihren Oberkörper wieder langsam zu Boden und wiederholen Sie diese Liegestütze *(siehe Abbildung 10–3)*.

Abb. 10–3: Liegestützen

Grätschsitz. Diese Übungen verbessern die Beweglichkeit des Rückens und der Hüften. Setzen Sie sich auf den Boden und strecken Sie die Beine mit gestreckten Knien seitlich weit auseinander. Greifen Sie mit der rechten Hand nach Ihrem rechten Knöchel und strecken Sie Ihren linken Arm über den Kopf. Senken Sie in dieser Haltung den Oberkörper in Richtung auf Ihr rechtes Bein. Verbleiben Sie in dieser Haltung acht Sekunden lang. Wiederholen Sie diesen Bewegungsablauf nach links. Beugen Sie sich anschlie-

ßend in der Hüfte nach vorne und setzen Sie Ihre Ellbogen zwischen Ihren Knien auf den Boden. Verbleiben Sie in dieser Position ebenso acht Sekunden lang und wiederholen Sie dann die gesamte Übungsfolge *(siehe Abbildung 10–4)*.

Kerze. Diese Übungsfolge stärkt die Beweglichkeit von Rücken und Beinen. Legen Sie sich auf den Rücken, beide Arme seitlich am Körper entlang,

Abb. 10–5: Kerze

◀ **Abb. 10–4: Grätschsitzübung**

Handflächen nach unten und Beine geschlossen. Ziehen Sie Ihre Knie hoch zur Brust, strecken Sie dann die Beine und den Körper nach oben, bis Sie senkrecht und damit im rechten Winkel zum Boden stehen. Senken Sie nun Ihre Beine über den Kopf, bis Ihre Zehenspitzen den Boden berühren.

Abb. 10–6: Aufsetzen

**Abb. 10–7:
Streckübungen aus knieender
Position**

Bringen Sie Beine und Körper anschließend wieder in die Vertikale, danach in die Position Knie an Brust und senken Sie dann die Beine wieder in die Ausgangslage ab. Wiederholen Sie die gesamte Übungsfolge *(siehe Abbildung 10–5)*.

Aufsetzen. Diese Übung stärkt Ihre Bauch- und Rückenmuskulatur. Legen Sie sich auf den Rücken, kreuzen Sie die Arme über der Brust und winkeln Sie die Knie leicht ab. Beugen Sie nun Kopf und Schulter nach vorne. Senken Sie sich langsam wieder in die Liegeposition ab und wiederholen Sie die gesamte Übungsfolge *(siehe Abbildung 10–6)*.

Streckübungen aus kniender Position. Diese Übungen strecken und festigen die Muskulatur Ihrer Oberschenkel, Ihre Bauch-, Brust- und Schultermuskulatur. Setzen Sie sich mit aufrechtem Oberkörper auf Ihre Fersen, halten Sie dabei die Knie etwas auseinander, Ihre Hände greifen nach Ihren Zehen. Drücken Sie nun Ihre Hüften nach vorne und oben, bis Ihr Rücken einen Bogen macht und Ihre Arme ausgestreckt sind. Verbleiben Sie in dieser Position vier Sekunden lang. Wiederholen Sie die ganze Übung langsam *(siehe Abbildung 10–7)*.

Streckübungen mit gekreuzten Beinen. Diese Übung verbessert die Geschmeidigkeit Ihres Rückens und stärkt die Beinmuskulatur. Stellen Sie sich aufrecht hin, schlagen Sie das rechte Bein mit leicht angewinkeltem Knie über das linke Bein. Beugen Sie sich in der Hüfte nach vorne und versuchen Sie die Handflächen auf den Boden zu bringen. Verharren Sie in dieser Position acht Sekunden lang und wiederholen Sie anschließend die Übung gegengleich *(siehe Abbildung 10–8).*

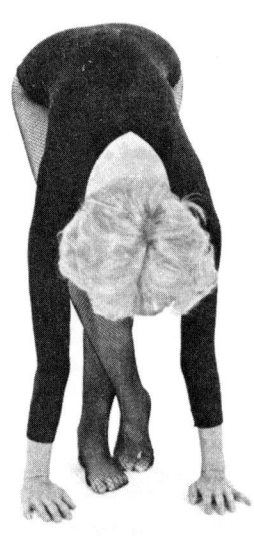

Abb. 10–8:
Streckübungen mit gekreuzten Beinen

Kniebeugen. Diese Übung stärkt Ihre Oberschenkelmuskulatur. Stellen Sie sich aufrecht hin, Abstand zwischen Ferse und Ferse ca. 10 cm; beugen Sie sich leicht nach vorne, winkeln Sie die Knie ab und senken Sie das Gesäß soweit wie möglich ab, dabei müssen Ihre Fersen auf dem Boden bleiben. Drücken Sie sich in aufrechte Position zurück. Wiederholen Sie den Bewegungsablauf *(siehe Abbildung 10–9).*

Trittbewegungen aus dem Sprung. Diese Übung kräftigt Ihre Beine, steigert Ihre Beweglichkeit und Ihre Koordinationsfähigkeit. Gleichzeitig reduziert sie rundliche Hüften. Stehen Sie mit geschlossenen Beinen und springen Sie

Abb. 10–9: Kniebeugen

auf beide Füße. Springen Sie anschließend auf Ihren rechten Fuß und treten Sie dabei den linken Fuß nach vorne, wobei Sie das Fußgelenk abgewinkelt halten. Wiederholen Sie die Übung gegengleich und setzen Sie die Bewegungsfolge rhythmisch fort, wobei Sie die Höhe der Trittbewegung allmählich steigern. Wiederholen Sie den Bewegungsablauf zur Seite und nach hinten *(siehe Abbildung 10–10)*.

Abb. 10–10: Trittbewegungen aus dem Sprung

Abb. 10–11: Hochstrecken der Beine

Hochstrecken der Beine. Diese Übung verbessert die Beweglichkeit für Tritte und strafft die Hüftmuskulatur. Legen Sie sich auf eine Seite und heben und senken Sie das obere Bein mit möglichst großer Geschwindigkeit. Wiederholen Sie diese Übung auf der anderen Seite *(siehe Abbildung 10–11).*

Das Fallen auf die Arme. Diese Übung steigert Ihre Schnelligkeit und stärkt Ihre Oberarmmuskulatur. Knien Sie sich auf einen Teppich oder eine andere weiche Oberfläche. Strecken Sie Ihre Arme nach vorne. Lassen Sie sich nach vorwärts fallen und fangen Sie sich mit sich abwinkelnden Armen weich auf *(siehe Abbildung 10–12).*

Abb. 10–12: Auf die Arme fallen

Rumpfbeugen seitwärts. Diese Übung stärkt und strafft Ihr Zwerchfell. Stellen Sie sich aufrecht mit den Fersen in Schulterbreite auseinander hin. Heben Sie den rechten Arm senkrecht über Ihren Kopf und beugen Sie sich soweit wie möglich nach links. Halten Sie diese Position acht Sekunden lang. Wiederholen Sie die Übung dann nach der anderen Seite *(siehe Abbildung 10–13).*

Abb. 10–13: Rumpfbeugen seitwärts

Kreislauftraining. Schwimmen, Jogging, Seilhüpfen und Fahrradfahren stärken Ihr Kreislaufsystem. Wir empfehlen ein tägliches Programm mit diesen Aktivitäten dringend.

Übungsgegenstände

Obwohl sich die von uns empfohlenen Taktiken zur Selbstverteidigung leicht durchführen lassen, erfordert ihre Beherrschung ein Mindestmaß an Training. Da Sie natürlich das Augenquetschen, Stöße, Schläge und Tritte nicht an Menschen üben können, sollten Sie beim Training Ersatzziele verwenden. Einige der folgenden »Spiele« erfordern die Hilfe eines Freundes oder einer Freundin, der/die den Zielgegenstand halten muß. Sie können Ihre Schnelligkeit und Präzision steigern, wenn Ihr Freund bzw. Ihre Freundin das Ziel bewegt, während Sie es treffen wollen. Ein solches spielerisches Training wird Ihre Fähigkeit perfektionieren, ohne vorankündigende Hilfsbewegungen Schläge auszuteilen.

Bälle. Jeder Ball stellt ein ausgezeichnetes Ziel dar. Halten Sie sich immer folgende Punkte vor Augen: 1.»Telegrafieren« Sie nicht, daß Sie einen Schlag anbringen wollen, 2. Zielen Sie 15–20 cm durch die Oberfläche hindurch, die Sie treffen wollen und 3. Stellen Sie sich nahe genug an das Ziel, um durch dieses hindurchschlagen zu können.

Abb. 10–14: Übung des Augenquetschens an einem Ball

Abb. 10–15: Trittübungen an einer zusammengerollten Turnmatratze

1. Lassen Sie einen Freund oder eine Freundin einen Ball fest in beiden
   Händen vor seinem/ihren Körper in Taillenhöhe halten. Treffen Sie den
   Ball als ob Sie einen Doppelhandschlag gegen den Nacken führen
   würden.
2. Üben Sie den Kniestoß nach dem Hodensack, wobei Ihr Partner den Ball
   in Hüfthöhe an der Seite hält. Schlagen Sie den Ball mit dem Knie aus den
   Händen Ihres Partners.
3. Üben Sie das Augenquetschen mit dem Daumen, wobei Ihr Partner den
   Ball seitlich von seinem Kopf hält. Greifen Sie mit Ihren Händen heftig
   nach den Seiten des Balles und quetschen Sie Ihre Daumen in die
   Balloberfläche *(siehe Abbildung 10–14)*.
4. Üben Sie den Fingerstoß nach den Augen an einem Ball. Dabei hält der
   Partner den Ball seitlich oberhalb des Kopfes. Biegen Sie die Finger
   leicht ab und stoßen Sie den Ball aus den Händen des Partners.

Zusammengerollte Turnmatratzen oder Sofakissen. Zusammengerollte
Turnmatratzen oder Sofakissen stellen ausgezeichnete Übungsziele dar.
Rollen Sie die Matratze fest zusammen und stellen Sie sie auf ein Ende.
1. Markieren Sie mit Klebeband ein X auf der Matratze oder dem Kissen,
   um die Knieposition darzustellen. Üben Sie den Tritt nach vorne, zur
   Seite und nach hinten *(siehe Abbildung 10–15)*.

213

2. Legen Sie eine zusammengerollte Matratze oder ein Kissen auf ein Sofa oder einen Stuhl und üben Sie daran den Doppelhandschlag.
3. Knicken Sie die Matratze oder das Kissen leicht nach vorne und üben Sie daran den Kniestoß nach dem Hodensack.
4. Üben Sie den Sprung mit beiden Knien in den Rücken mit Hilfe von einigen übereinandergelegten Kissen oder einer lose gerollten Matratze, die Sie auf eine weiche Unterlage gelegt haben.

Kissen oder zusammengerollte Schlafsäcke. Ein Kopfkissen oder ein zusammengerollter Schlafsack können einen Ball, ein Sofakissen oder eine zusammengerollte Turnmatratze ersetzen. Lassen Sie Ihren Partner ein Kopfkissen oder einen zusammengerollten Schlafsack in der richtigen Höhe halten und die vier verwundbaren Bereiche eines Mannes rufen. Sie können dann das Kissen mit voller Wucht und in schneller Folge quetschen, stoßen, ziehen, schlagen und treten *(siehe Abbildungen 10–16 bis 10–20)*.

Abb. 10–16: Übung des Augenquetschens an einem Kopfkissen

Abb. 10–17: Übung des Fingerstoßes an einem Kopfkissen

214

Abb. 10–18: Übung des Hodenquetschens/Zerrens an einem Kissen

Abb. 10–19: Übung des Doppelhandschlags an einem Kissen

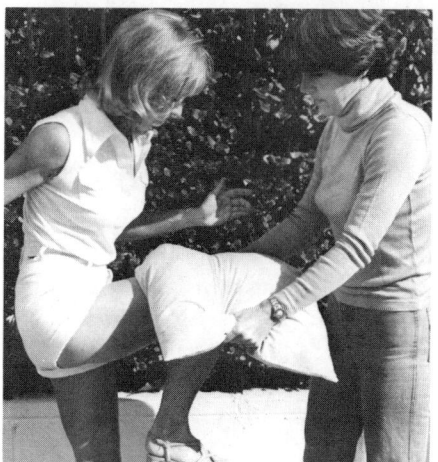

Abb. 10–20: Übung des Kniestoßes an einem Kissen

Hexenmaske. Vergrößern Sie die Augen einer Hexenmaske und bitten Sie einen Partner, Ihnen diese Maske hochzuhalten. Üben Sie daran Fingerstöße und Augenquetschen mit den Daumen.

Golfbälle. Diese Übung stammt von einer unserer phantasiebegabten Kursteilnehmerinnen. Legen Sie zwei Golfbälle in einen oben zugebundenen Strumpf. Bitten Sie einen Partner, das obere Ende des Strumpfes hinter den Gürtel zu stecken und üben Sie an den Golfbällen das Zupacken, das Quetschen und das nach Unten- und Wegziehen.

Das Nummernspiel. Geben Sie jeder Übung eine Nummer. Das Daumenquetschen, das Sie am besten beherrschen, erhält die Nummer 1. Das Zerren am Hodensack, Ihre zweitbeste Technik, erhält die Nummer 2. Der Fingerstoß ist Nummer 3; der Kniestoß gegen den Hodensack Nummer 4; der Doppelhandschlag gegen den Hals ist Nummer 5; der Tritt ist dann Nummer 6. Wenn ein Freund oder eine Freundin eine Nummer ausrufen, müssen Sie die richtige Technik zu dieser Nummer demonstrieren. Dieses Spiel kann weiter ausgebaut werden, indem man die Nummern durcheinander und sehr rasch hintereinander aufruft.

Ein weiteres Abruf-Spiel. Bitten Sie einen Freund oder eine Freundin, ein Kissen in der richtigen Höhe zu halten und die vier empfindlichen Bereiche des Körpers aufzuzählen (Augen, Hodensack, Hals und Knie). Sie müssen dann zu jedem dieser Bereiche die richtige Technik demonstrieren. Weil bei den Augen zwei Techniken korrekt sind, muß Ihr Freund rufen »Augen eins«, was zum Daumenquetschen gehört, und »Augen zwei« bedeutet den Fingerstoß. Das gleiche gilt für den Hodensack. »Hoden eins«, bedeutet Hodenquetschen und -zerren, während »Hoden zwei« den Kniestoß gegen den Hodensack verlangt. »Hals« oder »Genick« bedeutet den Doppelhandschlag und »Knie« einen Tritt. Der rufende Partner muß die leicht verwundbare Zone erregt und schnell nennen.

Mit der Hilfe von Freunden

Ein Partner spielt Ihren Angreifer. Ein Partner, der mit Ihnen übt, ist die beste Trainingshilfe für Sie. Seine Aufgabe besteht darin, Sie in einem unerwarteten Augenblick auf immer wieder andere Weise anzugreifen. Ihr Ziel muß es sein, unter Einsatz von mindestens fünf Gegenwehrtaktiken blitzschnell zu entkommen. Während Ihr Freund/Ihre Freundin Sie angreift, ist zu beachten: 1. Er oder sie muß aggressiv agieren und 2. er oder sie darf Sie nicht loslassen, bevor Sie nicht korrekt Quetschtechniken, Stöße, Schläge und Tritte simuliert haben. Ihr Partner braucht ein ausgeprägtes Vorstellungsvermögen und muß so mitspielen, als ob Ihre simulierten Tritte und Schläge wirklich wären.

Beobachten und Beschreiben. Üben Sie das genaue Beschreiben von Personen und ihre Identifizierung. Wenn Sie bei Freunden sind, üben Sie, mit einem einzigen Blick einen möglichst vollständigen Eindruck der äußeren Erscheinung einzelner Personen zu gewinnen. Schließen Sie dann Ihre Augen und beschreiben Sie jemandem die bewußte Person. Ihr Zuhörer soll dann die Genauigkeit Ihrer Personenbeschreibung beurteilen.

Mentales Training zur Selbstverteidigung

Das richtige »geistige Vorbereitetsein« ist eine wichtige Voraussetzung für die richtige körperliche Vorbereitung auf gefährliche Situationen. Im folgenden geben wir einige Hinweise zur Stärkung Ihres geistigen Vorbereitetseins.

Persönliche Umstände. Schreiben Sie auf realistische Weise nieder, wie Sie sich in den fünf gefährlichen Situationen selbst verteidigen würden, die Sie auf Seite 41 aufgelistet haben.

Fernsehen und Kino. Wenn Sie im Fernsehen oder im Kino Filme mit Gewaltszenen sehen, notieren Sie sich Situationen, in denen das Opfer den Fehler macht, Gefahrenquellen nicht zu eliminieren und Gefahren nicht zu erkennen und zu umgehen. Besprechen Sie mit Freunden, wie Sie in der gleichen Situation reagiert hätten, um Gefahrenquellen auszuschalten, drohende Gefahren zu erkennen und zu umgehen. Diskutieren Sie darüber, welche Taktiken Sie angewandt hätten, um zu kämpfen und zu entfliehen, falls die gefährliche Situation unausweichlich gewesen wäre.

Zeitungen und Zeitschriften. Sammeln Sie Zeitungs- und Zeitschriftenartikel über Eigentumsdelikte und Gewaltverbrechen. Unterstreichen Sie Beschreibungen von Verbrechen mit Verletzungsfolgen. Erstellen Sie dann eine getrennte Liste der Fehler, die die Opfer begangen haben. Denken Sie sich zu jedem Fehler eine realistische und wirksame Alternative und schreiben Sie diese nieder.

KAPITEL 11

20 Tage und Sie sind ein anderer Mensch

Täglicher Übungsplan

Aktivitäten		Kapitel

1. Tag

Lesen:	Einführung in das Problem der Selbstverteidigung	1
	Gefahrenquellen ausschalten	2
	Gefahren erkennen und vermeiden	2
	Gespräch	
	Rennen Sie weg	
	Schreien Sie	
	Kämpfen Sie – aber nur, wenn es notwendig ist	2
	Die vier empfindlichen Bereiche am Körper eines	4
	Mannes	4
	Die fünf stärksten Körperwaffen der Frau	1
	Die juristische Seite der Selbstverteidigung	
Aufgabe:	Erstellen Sie eine Liste von fünf gefährlichen Situationen, in die Sie geraten könnten	2

2. Tag

Übungen:	Kopfkreisen (4mal nach jeder Richtung)	10
	Armkreisen (10mal nach jeder Richtung)	
	Streckübungen mit gekreuzten Beinen	
	(4mal nach jeder Seite)	
	Rumpfbeugen seitwärts (4mal nach jeder Seite)	
	Grätschsitz (2mal nach jeder Seite)	
	Aufsetzen (10mal)	
	Auf die Arme fallen (3mal)	
	Liegestützen (3)	
Wiederholung:	Strategien zur Selbstverteidigung	
	Empfindliche Bereiche und die besten Waffen der Frau	
	Die juristische Seite der Selbstverteidigung	

Neue Fertig- *keiten:*	Sprechen Sie – »Was verlangen Sie von mir?«	
	Opfern Sie notfalls Wertgegenstände	6
	Schreien zur Verteidigung – »Feuer, Feuer«	4
	Schreien beim Angriff – »Aahhhhhh«	4
	Rennen Sie weg	2

Wenn Sie gepackt werden – halten Sie Ihren Körper locker, sperren Sie sich nicht.

Standardsituation 1: Sie gehen durch eine einsame Straße, ein Angreifer nähert sich Ihnen. Sie ändern Ihre Richtung um 90°. Rennen Sie weg, rufen Sie »Feuer«; lassen Sie Ihre Geldbörse fallen und bereiten Sie sich geistig auf einen Kampf vor.

Standardsituation 2: Sie werden von hinten in einer festen Bärenumarmung gepackt, sperren Sie sich nicht, lockern Sie Ihren Körper und fragen Sie »Was wollen Sie von mir?«

Aufgabe: Kleben Sie die für einen Notruf notwendigen Münzen in Ihre Brieftasche.

3. Tag

Übungen:	Kopfkreisen (4mal nach jeder Richtung)	10

Rumpfbeugen seitwärts (4mal nach jeder Seite)
Streckübungen mit gekreuzten Beinen
   (1mal nach jeder Seite)
Liegestützen (3)
Aufsetzen (10mal)
Streckübungen aus kniender Position (2mal)
Trittbewegungen aus dem Sprung (4mal nach jeder Seite)
Kerze (2mal)
Hochstrecken der Beine (3mal nach jeder Seite)
Sprinten Sie 25 Meter weit (2mal)

Wiederholung: Strategien zur Selbstverteidigung
Empfindliche Bereiche am Körper des Mannes und die besten Waffen der Frau
Die juristische Seite der Selbstverteidigung
Wenn Sie gepackt werden – sperren Sie sich nicht, lockern Sie Ihren Körper.
Standardsituation 1: (siehe zweiter Tag)
Standardsituation 2: (siehe zweiter Tag)

Neue Fertig- *keiten:*	Augenquetschen mit den Daumen	4

(arbeiten Sie mindestens 5 Angriffspositionen durch, in denen das Augenquetschen mit den Daumen zu einer erfolgreichen Gegenwehr führt.)

Lesen:	Psychologische Faktoren im Zusammenhang mit aggressivem Verhalten	1
	Die wichtigsten Komponenten eines erfolgreichen Gegenangriffs:	2
	Schnelligkeit Wucht	
	Genauigkeit Den Gegner kampfunfähig machen	
	Kämpfen Sie nie, wenn nicht Ihre Gesundheit oder Ihr Leben unmittelbar bedroht sind	1
Aufgabe:	Erstellen Sie eine Liste Ihrer Wertgegenstände	3

4. Tag

Übungen:	Kopfkreisen (4mal nach jeder Richtung)	10
	Rumpfbeugen seitwärts (4mal nach jeder Seite)	
	Streckübungen mit gekreuzten Beinen	
	(1mal nach jeder Seite)	
	Liegestützen (3)	
	Aufsetzen (10mal)	
	Streckübungen aus kniender Position (2mal)	
	Trittbewegungen aus dem Sprung (4mal nach jeder Seite)	
	Kerze (2mal)	
	Hochstrecken der Beine (8mal nach jeder Seite)	
	Sprinten Sie 25 Meter weit (2mal)	
Wiederholung:	Die wichtigsten Komponenten eines erfolgreichen Gegenangriffs	
	Kämpfen Sie nie, wenn nicht Ihre Gesundheit oder Ihr Leben unmittelbar bedroht sind	
	Standardsituation 1: (siehe zweiter Tag)	
	Standardsituation 2: (siehe zweiter Tag)	
Neue Fertigkeiten:	Zerren am Hodensack: Verwenden Sie zwei in einen Strumpf gesteckte Golfbälle.	4
	(Arbeiten Sie mindestens 5 Angriffspositionen durch, in denen das Zerren am Hodensack zu einer erfolgreichen Gegenwehr führt.)	
	Standardsituation 3: Ein Mann packt Sie von vorne mit beiden Händen an der Kehle. Quetschen Sie seine Augen mit den Daumen, zerren Sie am Hodensack und stoßen Sie dabei den Kampfschrei aus. Rennen Sie weg und rufen Sie dabei »Feuer, Feuer«.	
	Standardsituation 4: Ein Mann packt Sie von hinten in einer engen Bärenumarmung und versucht Sie die Klippen hinabzustürzen. Jetzt müssen Sie blitzschnell handeln, schreien Sie und zerren Sie am Hodensack, drehen Sie sich um und quetschen Sie die Augen mit den Daumen, rennen Sie weg und schreien Sie »Feuer, Feuer«.	

Lesen:	Furcht und Panik (wenn Sie in Panik geraten, machen Sie keine Körperbewegung. Warten Sie, bis Sie wieder kontrolliert reagieren können.)	2
Aufgabe:	Erstellen Sie zwei Listen mit Notrufnummern. Kleben Sie eine davon an Ihr Telefon und legen Sie die andere in Ihre Brieftasche.	3

5. Tag

Übungen:	Kopfkreisen (4mal nach jeder Richtung)	10
	Armkreisen (10mal nach jeder Richtung)	
	Kniebeugen (4)	
	Streckübungen aus kniender Position (2mal)	
	Liegestützen (4)	
	Aufsetzen (14mal)	
	Grätschsitz (2mal nach jeder Seite)	
	Trittbewegungen aus dem Sprung (4mal nach jeder Seite)	
	Sprinten Sie 25 Meter weit (2mal)	
Wiederholung:	Zerren am Hodensack	
	Standardsituationen 3 und 4 (siehe 4. Tag)	
	Furcht und Panik	
Neue Fertig- keiten:	Fingerstoß (arbeiten Sie mindestens 5 Angriffspositionen durch, in denen der Fingerstoß zu einer erfolgreichen Gegenwehr führt)	4
	»Spielen« Sie das Nummernspiel von Nr. 1 bis Nr. 3	10
	Gefahren bei einem Rendezvous	6
Aufgabe:	Erstellen Sie eine Liste mit zehn Regeln zur persönlichen Sicherheit, die Sie zu Hause, bei der Arbeit, in der Schule bzw. Universität und auf der Straße befolgen sollten.	3

6. Tag

Lesen:	Die Goldenen Regeln persönlicher Sicherheit	3
	Gefahrenquellen ausschalten: Schreiben Sie mit höchstens 5 Wörtern auf, wie man in mindestens 5 Fällen Gefahrenquellen ausschalten kann.	2
	Gefahren erkennen und vermeiden: Beschreiben Sie 5 potentiell gefährliche Situationen und denken Sie sich Methoden aus, diese zu vermeiden.	2

7. Tag

Übungen:	Kopfkreisen (4mal nach jeder Richtung) 10

Übungen: Kopfkreisen (4mal nach jeder Richtung)   10
Armkreisen (10mal in jede Richtung)
Rumpfbeugen seitwärts (4mal nach jeder Seite)
Kniebeugen (5)
Aufsetzen (16mal)
Liegestützen (4)
Streckübungen aus kniender Position (3mal)
Trittbewegungen aus dem Sprung (8mal nach jeder Seite)
Sprinten Sie 25 Meter weit (2mal)

Wiederholung: Fingerstoß
Standardsituation 3 und 4 (siehe 4. Tag)

Neue Fertig- Kniestoß nach dem Hodensack   4
keiten: Doppelhandschlag nach dem Genick   4
Standardsituation 5: Ein Mann steht direkt vor Ihnen und
packt Sie an beiden Handgelenken; schreien Sie und
stoßen Sie Ihm das Knie in die Hoden, bringen Sie
einen Doppelhandschlag gegen sein Genick an und
rennen Sie laut »Feuer« rufend weg. »Spielen« Sie das
Nummernspiel von Nr. 1 bis Nr. 5.   10
Standardsituation 6: Ein Mann in eng anliegenden Hosen
hat Sie am Arm gepackt und zerrt Sie zu seinem
Wagen. Schreien Sie, versetzen Sie ihm einen Fingerstoß gegen die Augen, einen Kniestoß gegen die Hoden. Rennen Sie weg und rufen Sie dabei laut »Feuer,
Feuer«.

Lesen: Wie man auf einen Exhibitionisten reagiert   3
»Geistiges Vorbereitetsein« – der Schlüssel zur erfolgreichen Selbstverteidigung   1

8. Tag

Übungen: Armkreisen (10mal in jede Richtung)   10
Grätschsitz (2mal nach jeder Seite)
Auf die Arme fallen (3mal)
Streckübungen mit gekreuzten Beinen
  (4mal nach jeder Seite)
Kerze (2mal)
Liegestützen (4)
Aufsetzen (16mal)
Sprinten Sie 25 Meter weit (2mal)

Wiederholung: Kniestoß gegen die Hoden
Doppelhandschlag gegen das Genick
Standardsituation 5 und 6 (siehe 7. Tag)

Neue Fertig-keiten:	Tritte – nach vorne, nach der Seite, nach hinten (treten Sie nach Kissen oder Sackbündeln).	4
	»Spielen« Sie das Nummernspiel von Nr. 1 bis Nr. 6	10
	Standardsituation 7: Ein Mann in eng anliegenden Hosen packt Sie von hinten mit beiden Händen an der Kehle. Schreien Sie und versetzen Sie ihm einen Tritt nach hinten, drehen Sie sich um und quetschen Sie seine Augen mit den Daumen. Versetzen Sie ihm einen Doppelhandschlag ins Genick und rennen Sie laut »Feuer, Feuer« schreiend weg.	
	Standardsituation 8: Ein sehr großer Mann in eng anliegenden Hosen würgt Sie von vorne mit beiden Händen an der Kehle. Seine Arme sind ziemlich ausgestreckt, sein Kopf etwas nach hinten gebeugt, sodaß Sie seine Augen nicht quetschen können. Schreien Sie und treten Sie ihm von vorne gegen das Knie. Sobald er Sie darauf losläßt, wenden Sie die Technik des Augenquetschens an.	
Lesen:	Gefahren, die von bissigen Hunden drohen	6

9. Tag

Übungen:	Kopfkreisen (2mal nach jeder Richtung)	10
	Streckübungen aus kniender Position (3mal)	
	Grätschsitz (2mal nach jeder Seite)	
	Kniebeugen (6)	
	Hochstrecken der Beine (8mal nach jeder Seite)	
	Liegestützen (5)	
	Aufsetzen (10mal)	
	Auf die Arme fallen (3mal)	
	Sprinten Sie 25 Meter weit (2mal)	
Wiederholung:	Tritte	
	»Spielen« Sie das Nummernspiel von Nr. 1 bis Nr. 6	10
Neue Fertig-keiten:	Tritte am Boden – wie man einen am Boden liegenden Angreifer tritt	4
	Wiederholen Sie die Standardsituationen 3 und 4 (siehe 4. Tag). Setzen Sie dann den Kampf mit Tritten gegen Kopf und Hals des am Boden liegenden Gegners fort und rennen Sie unter »Feuer«-Rufen weg.	
	Wiederholen Sie die Standardsituationen 5 und 6 (siehe 7. Tag). Setzen Sie dann den Kampf mit Tritten gegen Kopf und Hals des am Boden liegenden Gegners fort und rennen Sie unter »Feuer«-Rufen weg.	
Lesen:	In einer Auseinandersetzung mit einem Räuber oder Einbrecher sollten Sie immer Ihre Wertsachen opfern	6

10. Tag

Übungen:	Armkreisen (10mal in jede Richtung)	10
	Streckübungen mit gekreuzten Beinen (4mal nach jeder Seite)	
	Rumpfbeugen seitwärts (4mal nach jeder Seite)	
	Liegestützen (5)	
	Aufsetzen (18mal)	
	Trittbewegungen aus dem Sprung (8mal nach jeder Seite)	
	Auf die Arme fallen (3mal)	
	Sprinten Sie 25 Meter weit (2mal)	
Wiederholung:	Tritte am Boden	
	Standardsituationen 3 bis 6 (siehe 4. und 7. Tag)	
	Fortsetzung des Kampfes mit Bodentritten	
Neue Fertig-	Die Technik des Kniebrechens	4
keiten:	Sprung mit den Knien auf den Rücken des Angreifers	4
	Standardsituationen 3 bis 6 (siehe 4. und 7. Tag).	
	Setzen Sie den Kampf mit Tritten gegen den am Boden liegenden Angreifer fort. Sobald der Angreifer bewußtlos ist, machen Sie ihn mit der Taktik des Kniebrechens und/oder mit einem Sprung mit den Knien auf seinen Rücken endgültig bewegungsunfähig.	
Lesen:	Verteidigung gegen Kinderbanden	6
.	Verteidigung gegen gewalttätige Frauen	6
Aufgabe:	Leihen Sie sich einen elektronischen Markierungsstift aus. Gravieren Sie damit Ihre Angestelltenversicherungsnummer in alle Wertgegenstände. Bringen Sie mehrere Warnschilder an, z.B. mit dem Text: »alle wertvollen Gegenstände in dieser Wohnung sind zur sicheren Identifizierung durch die Justizbehörden markiert«.	

11. Tag

Übungen:	Armkreisen (10mal in jede Richtung)	10
	Rumpfbeugen seitwärts (4mal nach jeder Seite)	
	Kerze (2mal)	
	Trittbewegungen aus dem Sprung (8mal nach jeder Seite)	
	Auf die Arme fallen (3mal)	
	Hochstrecken der Beine (8mal nach jeder Seite)	
	Aufsetzen (16mal)	
	Liegestützen (4)	
	Sprinten Sie 25 Meter weit (2mal)	

Wiederholung:	Die Taktik des Kniebrechens	
	Der Sprung mit beiden Knien auf den Rücken des Angreifers	
	»Spielen« Sie das Nummernspiel von Nr. 1 bis Nr. 6	10
	»Spielen« Sie das Abrufspiel aus Kap. 10	10
	Verteidigung gegen einen Erstickungsangriff, den der Angreifer mit einem Kissen im Bett gegen Sie führt	4

Wiederholung: Die Taktik des Kniebrechens
Der Sprung mit beiden Knien auf den Rücken des Angreifers
»Spielen« Sie das Nummernspiel von Nr. 1 bis Nr. 6   10
»Spielen« Sie das Abrufspiel aus Kap. 10   10
Verteidigung gegen einen Erstickungsangriff, den der Angreifer mit einem Kissen im Bett gegen Sie führt   4
Standardsituation 9: ein Angreifer drückt Ihnen im Bett ein Kissen auf das Gesicht. Wehren Sie sich mit der Technik des Augenquetschens mit den Daumen und zerren Sie am Hodensack. Springen Sie auf die Beine und setzen Sie den Kampf mit Tritten fort. Rennen Sie unter lautem Rufen von »Feuer, Feuer« weg. Verteidigung, wenn Sie Ihr Angreifer stranguliert.
Standardsituation 10: Ein Angreifer stranguliert Sie von hinten mit einem Gegenstand wie einem Kissenbezug. Drehen Sie sich um, schreien Sie und wenden Sie die Technik des Augenquetschens mit den Daumen an. Stoßen Sie ihm das Knie in die Hoden, versetzen Sie ihm einen Doppelhandschlag ins Genick und machen Sie ihn am Boden mit Tritten gegen Kopf und Hals endgültig bewegungsunfähig. Rennen Sie mit lauten »Feuer, Feuer«-Rufen weg.

Lesen: Gewaltsamer Eindringling   6

12. Tag

Übungen: Grätschsitz (2mal nach jeder Seite)   10
Kerze (2mal)
Streckübungen aus kniender Position (3mal)
Streckübungen mit gekreuzten Beinen (4mal nach jeder Seite)
Hochstrecken der Beine (8mal nach jeder Seite)
Auf die Arme fallen (3mal)
Liegestützen (5)
Aufsetzen (20mal)
Sprinten Sie 25 m weit (2mal)

Wiederholung: Strangulierung mit einem Seil oder einer Krawatte

Neue Fertig-   Verteidigung gegen Waffen – Schußwaffen, Messer,
keiten: Schlaggegenstände   5
Standardsituation 11: Ein Angreifer bedrängt Sie mit einem Messer. Schreien Sie und stoßen Sie die richtige Hand quer über Ihren Körper, packen Sie so fest wie möglich sein Handgelenk und drücken Sie das Messer nach außen. Versetzen Sie ihm mit Ihrer freien Hand

einen Fingerstoß nach den Augen. Rennen Sie weg und rufen Sie »Feuer, Feuer«.

Standardsituation 12: Ein mit einer Schußwaffe bewaffneter Angreifer bedroht Sie aus einiger Entfernung; während Sie ihm Ihre Wertgegenstände anbieten, nähern Sie sich ihm langsam. Sobald Sie ihm sehr nahe sind, stoßen Sie einen Schrei aus, stoßen Ihren Arm quer über Ihren Körper, packen den Pistolen- bzw. Gewehrlauf und drücken ihn von Ihrem Körper weg. Gleichzeitig versetzen Sie ihm einen Fingerstoß gegen die Augen. Sofort danach stellen Sie sich hinter den Angreifer und laufen geräuschlos in Sicherheit weg.

Standardsituation 13: Ein Angreifer versucht, Sie mit einem Bandeisen zu treffen. Springen Sie ihn mit einem Kampfschrei an und wenden Sie sofort die Technik des Augenquetschens mit den Daumen an. Setzen Sie den Kampf mit einem Doppelhandschlag gegen das Genick und mit Tritten fort. Rennen Sie weg und rufen Sie »Feuer«.

Lesen:	Mord	6

13. Tag

Übungen:	Kopfkreisen (4mal nach jeder Richtung)	10
	Armkreisen (10mal in jede Richtung)	
	Liegestützen (5)	
	Aufsetzen (20mal)	
	Rumpfbeugen seitwärts (4mal nach jeder Seite)	
	Kerze (2mal)	
	Trittbewegungen aus dem Sprung (8mal nach jeder Seite)	
	Streckbewegungen mit gekreuzten Beinen (4mal nach jeder Seite)	
	Kniebeugen (8mal)	
	Sprinten Sie 25 Meter weit (2mal)	
Wiederholung:	Standardsituationen 11–13: siehe 12. Tag.	
	»Spielen« Sie das Nummernspiel von Nr. 1 bis Nr. 6	10
Neue Fertig-keiten:	Gegenwehr am Boden	4
	Standardsituation 14: Ein Mann hat Sie zu Boden geworfen und sitzt nun auf Ihnen. Mit einer Hand umklammert er eines Ihrer Handgelenke, während er mit der anderen an Ihrer Kleidung zerrt. Setzen Sie einen Fingerstoß nach seinen Augen an, rollen Sie ihn von sich herunter, springen Sie auf die Beine und setzen Sie den Kampf mit Tritten fort. Rennen Sie weg und rufen Sie dabei »Feuer, Feuer«.	

Standardsituation 15: Sie erwachen aus tiefem Schlaf, weil ein Mann plötzlich auf Ihnen liegt, der Sie mit beiden Händen würgt. Wenden Sie die Technik des Augenquetschens an rollen Sie ihn von sich herunter, noch während Sie ihm die Daumen in die Augenhöhlen drücken. Schreien Sie dabei »Feuer, Feuer«.

Lesen: Vergewaltigung (Mythen, Beratungsstellen, wann ist es besser nachzugeben, wie überzeugen Sie einen Angreifer, damit er Sie nicht vergewaltigt).   8

14. Tag

Übungen: Kopfkreisen (4mal nach jeder Richtung)   10
Armkreisen (10mal in jede Richtung)
Kniebeugen (6mal)
Streckübungen aus kniender Position (3mal)
Liegestützen (2)
Aufsetzen (22mal)
Trittbewegungen aus dem Sprung (8mal nach jeder Seite)
Sprinten Sie 25 Meter weit (2mal)

Wiederholung: Vergewaltigung, Gegenwehr am Boden
Standardsituationen 14 und 15 (siehe 13. Tag)

Neue Fertig- Gegenwehr, wenn Sie an den Haaren gepackt werden   4
keiten: Standardsituation 16: Ein Angreifer packt Sie an den Haaren und versucht, Sie ins Gebüsch zu zerren. Setzen Sie jetzt die Gegenwehrmaßnahmen ein, die wir in Kapitel 4 für diesen Fall beschrieben haben. Denken Sie auch jetzt daran: den Kampf erst beenden, wenn Sie den Angreifer mit Tritten kampfunfähig gemacht haben. Rennen Sie »Feuer, Feuer« rufend davon.

Lesen: Falscher Einsatz von Waffen (Haarsprays, Tränengas, Nagelfeilen, Taschenutensilien, Pfeifen, Pfeffer, Hutnadeln, abgebrochene Flaschenhälse, Messer, Schuß-   5
waffen)

15. Tag

Übungen: Kopfkreisen (4mal nach jeder Richtung)   10
Rumpfbeugen seitwärts (4mal nach jeder Seite)
Streckübungen aus kniender Position (3mal)
Aufsetzen (24mal)
Liegestützen (6)
Trittbewegungen aus dem Sprung (8mal)
Hochstrecken der Beine (8mal nach jeder Seite)
Auf die Arme fallen (3mal)
Sprinten Sie 25 Meter weit (2mal)

Wiederholung:	Gegenwehr, wenn Sie an den Haaren gepackt werden	
	Standardsituation 16 (siehe 14. Tag)	
	»Spielen« Sie das Nummernspiel von Nr. 1 bis Nr. 6	10
Neue Fertig-keiten:	Verteidigung gegen gewalttätige Frauen	6
Lesen:	Angriffe auf Kinder	7
	Angriffe durch Kinderbanden	6
	Mißbrauch von Kindern	7

16. Tag

Übungen:	Armkreisen (10mal in jede Richtung)	10
	Streckübungen mit gekreuzten Beinen (4mal nach jeder Seite)	
	Rumpfbeugen seitwärts (4mal nach jeder Seite)	
	Liegestützen (7)	
	Aufsetzen (24mal)	
	Streckübungen aus kniender Position (3mal)	
	Trittbewegungen aus dem Sprung (8mal nach jeder Seite)	
	Sprinten Sie 25 Meter weit (2mal)	
Wiederholung:	Verteidigung gegen gewalttätige Frauen	
	Standardsituation 14 bis 16 (siehe 13. und 14. Tag)	
	»Spielen« Sie das Nummernspiel von Nr. 1 bis Nr. 6	10
	»Spielen« Sie das Abrufspiel aus Kapitel 10 mit einem Kissen	
Neue Fertig-keiten:	Verteidigung gegen zwei oder mehr Angreifer	6
Lesen:	Wie man Verbrecher identifiziert	9
	Verbrechen bei der Polizei melden	9
	Der Strafprozeß	9

17. Tag

Gehen Sie das ganze Buch noch einmal sorgfältig durch, um sich auf Ihre schriftliche Abschlußprüfung vorzubereiten.

18. Tag

Übungen:	Kopfkreisen (4mal nach jeder Richtung)	10
	Armkreisen (10mal in jede Richtung)	
	Rumpfbeugen seitwärts (4mal nach jeder Seite)	
	Aufsetzen (25mal)	
	Liegestützen (8)	
	Trittbewegungen aus dem Sprung (8mal nach jeder Seite)	
	Grätschsitz (2mal nach jeder Seite)	
	Kerze (2mal)	
	Sprinten Sie 25 Meter weit (2mal)	

Wiederholung: Augenquetschen mit den Daumen, Zerren am Hodensack, Fingerstoß, Kniestoß nach den Hoden, Doppelhandschlag, Tritte, die Taktik des Kniebrechens, der Sprung mit beiden Knien in den Rücken eines Angreifers (mit Kissen, Rollen und/oder zusammengerollten Schlafsäcken üben).

Lesen:	Wenn Frauen geschlagen werden	6
	Wenn ein Angreifer mit Fesseln droht	6
	Betrug	6

19. Tag

Ihre schriftliche Abschlußprüfung: Füllen Sie die Liste der 35 Fragen aus, die entweder mit richtig/falsch bezeichnet werden müssen, oder in denen man eine oder mehrere Antworten ankreuzen bzw. angeben muß. Sie finden diese Fragenliste in Kapitel 11 dieses Buches. Für jede richtige Antwort erhalten Sie 1 Punkt, sodaß die schriftliche Prüfung insgesamt 35   11 Punkte ergibt.

Schlüssel für die Antworten:

1. F	16. R
2. R	17. c
3. R	18. a, b, d, e
4. R	19. a, b, c, d, e
5. R	20. a, b, c, d
6. R	21. a, c, d, e
7. F	22. c,
8. F	23. c
9. F	24. b, c, d, e
10. F	25. b, c, d, e
11. F	26. c
12. F	27. a, b, c, d, e
13. F	28. e
14. F	29. c, e
15. F	30. d

229

31. Schloß mit
    Verriegelungsbolzen
32. a) Knie
    b) Hodensack
    c) Kehle
    d) Augen
33. a) Stimme
    b) Finger und Daumen
    c) Hände
    d) Beine
    e) Knie

34. a) Schnelligkeit
    b) Kraft/Wucht
    c) Genauigkeit
    d) Fortsetzung des Kampfes
       bis Gegner unschädlich
35. a) Gefahrenquellen aus-
       schalten
    b) Gefahren erkennen und
       vermeiden
    c) Kämpfen

Aufgabe: Beschreiben Sie schriftlich die Strategien und Taktiken,
             die Sie in Ihren persönlichen 5 gefährlichen Situationen
             aus Kapitel 1 anwenden sollten. (Geben Sie sich für
             jede korrekte Situation 1 Punkt, maximal also 5
             Punkte)

20. Tag

Übungen: Armkreisen (10mal in jede Richtung)   10
             Hochstrecken der Beine (8mal nach jeder Seite)
             Streckübungen mit gekreuzten Beinen (4mal je Seite)
             Rumpfbeugen seitwärts (4mal nach jeder Seite)
             Aufsetzen (25mal)
             Liegestützen (6)
             Trittbewegungen aus dem Sprung (8mal nach jeder Seite)
             Auf die Arme fallen (3mal)
             Streckübungen aus kniender Position (3mal)
             Sprinten Sie 25 Meter weit (2mal)

Wiederholung: Wiederholen Sie alle Fertigkeiten, zu deren Übung man
             Kissen, Rollen oder zusammengerollte Schlafsäcke ver-
             wendet.
             Standardsituationen 1 bis 16: (siehe die betreffenden
             Tage vom 2. bis zum 14. Tag)

Ihre praktische Abschlußprüfung

Übungen: Kopfkreisen (4mal in jeder Richtung)   10
             Streckübungen mit gekreuzten Beinen (8mal je Seite)
             Aufsetzen (25mal)
             Kerze (2mal)
             Liegestützen (6mal)
             Trittbewegungen aus dem Sprung (8mal nach jeder Seite)
             Kniebeugen (8)
             Hochstrecken der Beine (8mal nach jeder Seite)
             Sprinten Sie 25 Meter weit (2mal)

Taktiken	Anzahl der Punkte pro Taktik	Gesamtzahl der Punkte für jede Übungssequenz
Trittkombination: von vorne/von der Seite oder nach hinten/nach der Seite. (Treten Sie nach Kissen oder zusammengerollten Schlafsäcken.)	5	25
Kombination von Bewegungen: Tritt nach hinten, Drehung, Doppelhandschlag gegen das Genick. (Treten Sie, Drehung und schlagen Sie das Kissen bzw. den zusammengerollten Schlafsack.)	5	
Augenquetschen mit den Daumen (benützen Sie ein Kissen); Kniestoß gegen den Hodensack; Doppelhandschlag ins Genick (benützen Sie Sofakissen.)	5	
Fingerstoß (benützen Sie ein Kissen); Zerren am Hodensack (benützen Sie zwei Golfbälle in einem Strumpf); Tritt nach der Seite (Kissen oder zusammengerollter Schlafsack.)	5	
Schreie	5	
Verteidigung in einer gefährlichen Situation: Wählen Sie sich unter den folgenden Beispielen zwei aus: gewaltsamer Eindringling, aufdringlicher Verehrer, bösartiger Hund, ein Exhibitionist, eine Kinderbande, Kindesmißhandlung, gewalttätige Frau, Räuber, zwei oder mehr Angreifer, Betrüger, Ihr Partner Sie schlägt, ein Angreifer droht mit Fesseln, ein Vergewaltigungstäter, ein Mörder.	5	10
Verteidigung gegen eine Waffe: Wählen Sie unter Schußwaffe, Messer, Schlaggegenstand.	5	10
Schlagkombinationen: Bitten Sie einen Freund, ein Kissen auf der jeweils richtigen Höhe zu halten und dabei die vier empfindlichen Bereiche zu rufen, die Sie dann in schneller Folge mit den korrekten Schlägen treffen müssen.	5	
Angriffe: Bitten Sie einen Freund, Sie auf drei verschiedene Arten anzugreifen. Dabei dürfen Sie im voraus nicht wissen, auf welche Art Sie gepackt werden. Unsere Vorschlagsliste umfaßt den Angriff von vorne oder von der Seite, eine Bärenumarmung von hinten, ein Würgegriff von vorne, von der Seite oder von hinten, Sie werden an den Haaren gepackt; Ihr Angreifer eines oder beide Handgelenke; er stranguliert Sie; er drückt Ihnen ein Kissen aufs Gesicht. Sie müssen bei jedem Angriff mindestens 5 Gegenwehrtaktiken einsetzen und danach 15 Schritte wegrennen und laut »Feuer, Feuer« rufen.	jeweils 5	15
	Gesamtpunkte	60

Beurteilen Sie sich selbst

Gesamtpunktezahl der schriftlichen Prüfung	35
Beschreibung von fünf für Sie persönlich gefährlichen Situationen	5
Gesamtpunktezahl für die praktische Prüfung	60
Gesamtprüfung	100

Testen Sie Ihr Wissen

(Die Antworten finden Sie in Kapitel 11, am 19. Tag des Trainingsprogramms)

	Richtig	Falsch
1. Eine achtsame Frau, die alle erdenklichen Gefahrenquellen ausgeschaltet, erkannt und vermieden hat, kann sich sicher fühlen.	☐	☐
2. Eine wertvolle Regel zur Selbstverteidigung lautet: »Vermeiden Sie nach Möglichkeit jeden Kampf – versuchen Sie es zunächst mit einem Gespräch oder rennen Sie weg.«	☐	☐
3. Die meisten Maßnahmen zu Ihrer eigenen Sicherheit verlangen keine körperlichen Fertigkeiten.	☐	☐
4. Schläge und Tritte müssen *immer* durch das Ziel hindurchgezielt werden, nicht genau auf das Ziel.	☐	☐
5. Ein Mann, der eine Frau vergewaltigt, hat sehr wahrscheinlich früher schon ein solches Verbrechen begangen.	☐	☐
6. Die meisten Vergewaltigungstäter suchen nicht sexuelle Befriedigung, sondern wollen Gewalt ausüben.	☐	☐
7. Der Hodensack ist die empfindlichste Stelle am Körper eines Mannes.	☐	☐
8. Um sich nicht selbst aus der eigenen Wohnung auszuschließen sollte man einen Hausschlüssel unter dem Schuhabstreifer oder im Briefkasten verstecken.	☐	☐
9. Sie fahren ohne Begleitung im Bus. Ein Mann belästigt Sie fortwährend. Ihre beste Taktik, Unannehmlichkeiten zu vermeiden, besteht darin, den Bus an der nächsten Haltestelle zu verlassen.	☐	☐
10. Der Schrei »Hilfe« ist besser als der Schrei »Feuer«, wenn es in der Nähe Leute gibt, die Ihnen helfen können.	☐	☐

11. Nach Möglichkeit sollte man einem Angreifer nur wehtun und ihn nicht schwer verletzen. Dies ist humaner und sicherer. ☐ ☐

12. Ihre Strategien zur Gegenwehr hängen nicht davon ab, ob es sich um einen männlichen oder weiblichen Angreifer handelt. ☐ ☐

13. Bei Ihrer Rückkehr nach Hause finden Sie die Eingangstür offen. Ihre beste Taktik ist: Das Haus nicht allein betreten. Sie bitten daher einen stämmigen und kräftigen Nachbarn, mit Ihnen zu gehen. ☐ ☐

14. Wenn man zwei kräftige Freunde bei einer Reise per Anhalter dabei hat, dann können Sie sich sehr sicher fühlen, denn die beiden können Sie ja beschützen, wenn es irgend welchen Ärger gibt. ☐ ☐

15. Sie gehen allein am Strand entlang. Plötzlich taucht ein Mann auf. Er belästigt Sie ständig, kneift Sie in den Po und macht unflätige Bemerkungen. Ihre beste Strategie besteht darin, ihm klarzumachen, daß Sie etwas von Selbstverteidigung verstehen. Wenn er Sie trotzdem weiter belästigt, schreien Sie und verrenken Sie ihm das Knie. Dann rennen Sie weg. ☐ ☐

16. Kämpfen Sie nie, wenn nicht Ihr Leben oder Ihre Gesundheit unmittelbar bedroht sind, da Ihre körperliche Gegenwehr ohne Erfolg bleiben könnte. ☐ ☐

Treffen Sie die richtige Wahl

Wählen Sie die richtige Antwort bzw. die richtigen Antworten. Wenn auch nur ein Teil Ihrer Antwort falsch ist, müssen Sie die Frage als unbeantwortet betrachten und dürfen sie nicht werten. Bitte lesen Sie alle Möglichkeiten gründlich durch, bevor Sie Ihre Wahl treffen.

17. Am sichersten ist es, wenn Sie – als alleinstehende Frau – sich im Telefonbuch eintragen lassen mit
a) nur Ihrem Nachnamen
b) Vor- und Nachnamen
c) den Anfangsbuchstaben Ihrer Vornamen und Ihrem vollen Nachnamen
d) nur Ihrem Vornamen
e) Ihrem zweiten Vornamen und Ihrem Nachnamen

18. Wenn Sie eine Vergewaltigung über sich ergehen lassen müssen, dann müssen Sie
a) ruhig bleiben
b) eine klare Beschreibung des Angreifers zu geben versuchen
c) duschen
d) die Polizei benachrichtigen
e) sich vom Arzt untersuchen lassen

19. Waffen, die Sie bei sich tragen, können häufig eher hindern als helfen, weil
    a) Sie wertvolle Zeit verlieren, wenn Sie nach einer solchen Waffe suchen
    b) man Sie Ihnen abnehmen kann
    c) man sie gegen Sie selbst einsetzen kann
    d) es schwieriger ist, einen Gegenstand zielsicher einzusetzen als Ihre Hand
    e) Sie Ihr Vertrauen in einen Gegenstand setzen statt sich selbst zu vertrauen

20. Die beste(n) Taktik(en), obszöne Telefongespräche abzustellen, ist (sind)
    a) einfach aufzulegen
    b) mit einer Trillerpfeife in das Mundstück hineinzupfeifen
    c) mit einem Bleistift auf das Mundstück zu klopfen und zu sagen, »Inspektor,
       dies ist der obszöne Anruf, von dem ich Ihnen erzählt habe. Sie können jetzt
       herausfinden, von wo der Anruf kam«
    d) die eigene Telefonnummer nicht im Telefonbuch verzeichnen zu lassen
    e) den Anrufer nach seinem Namen und seiner Adresse zu fragen und ihn dann
       der Polizei zu melden

21. Wenn Sie telefonisch der Polizei oder irgend einer Vermittlung oder Zentrale
    von einer Notsituation Meldung erstatten, nennen Sie
    a) Ihren Namen
    b) Ihr Alter
    c) die Telefonnummer, unter der Sie anrufen
    d) die Adresse, unter der die Notsituation eingetreten ist
    e) die Art der Notsituation

22. Sie besuchen ohne Begleitung ein Kino. Der Mann neben Ihnen legt seine Hand
    auf Ihr Knie. Sie müssen
    a) »Feuer« schreien, um ihn abzuschrecken und andere Zuschauer in Ihrer Nähe
       auf Ihre Situation aufmerksam zu machen
    b) einen Fingerstoß praktizieren, um ihm zu zeigen, daß er mit Ihnen kein
       leichtes Spiel hat
    c) den Platz wechseln
    d) Ihre Hand auf seinen Oberschenkel legen
    e) ihm androhen, daß Selbstverteidigung für Sie kein Fremdwort ist

23. Ihre Nachbarn befinden sich auf einer zweiwöchigen Urlaubsreise. Am achten
    Tag ihrer Abwesenheit fährt ein Möbelwagen in ihre Einfahrt und man beginnt,
    ihre Möbel einzuladen. Ihre beste Taktik(en) in dieser Situation ist (sind)
    a) zu verlangen, daß sich die Männer ausweisen
    b) Ihren Mann oder Freund zu holen, damit sich die Männer vor diesem aus-
       weisen
    c) die Polizei anzurufen
    d) die Vorgänge auf dem Nachbargrundstück gar nicht zu beachten, weil Sie das
       ganze nichts angeht
    e) den Männern klipp und klar zu sagen, daß sie Diebe seien und anzudrohen, die
       Polizei zu rufen

24. Auf der Straße werden Sie (über eine lange Distanz) von einem Mann verfolgt.
    Ihre beste(n) Taktik(en) in dieser Situation ist (sind)
    a) den Augenkontakt mit ihm zu vermeiden, damit er daraus nicht schließt, daß
       er Ihnen verdächtig vorkommt
    b) wegzulaufen

c) »Feuer, Feuer« zu schreien

d) Ihr Portemonnaie fallenzulassen

e) sich innerlich auf einen Gegenangriff vorzubereiten

25. Wenn sich die Gelegenheit bietet und es möglich ist, sollten Sie

a) eher den Fingerstoß praktizieren als das Augenquetschen mit den Daumen

b) eher am Hodensack zerren als einen Fingerstoß anbringen

c) eher »Feuer« rufen als »Hilfe«

d) eher sprechen als kämpfen

e) der Polizei eher das Äußere eines Angreifers beschreiben als sein Auftreten

26. Während Sie im Park spazierengehen, sehen Sie in 30 Meter Entfernung, wie eine Frau von einem Mann mit einem Messer angegriffen wird. Sie sollten

a) der Frau zu Hilfe eilen, indem Sie den Mann mit Schreien, Tritten und Schlägen angreifen

b) den ganzen Angriff genau beobachten, so daß Sie vor Gericht zuverlässig zu Gunsten der Frau aussagen können

c) die arme Frau mit ihrem Angreifer allein lassen und die Polizei holen

d) den Vorfall ignorieren, denn »Selbst«-Verteidigung bedeutet, auf seine eigene Sicherheit zu achten.

e) schnell einen kräftigen Passanten suchen, der den Kampf beenden soll

27. Sie sind allein zu Hause als die Türglocke geht. Sie schauen durch den Spion und bemerken einen ungebetenen Besucher in der Uniform eines Fernmeldetechnikers. Sie sollten

a) ein Gespräch mit einem imaginären Freund führen

b) den Mann nach seinen Wünschen fragen

c) sich den Ausweis des Mannes zeigen lassen

d) Ihre Telefongesellschaft anrufen, wenn Sie mißtrauisch sind

e) die Polizei benachrichtigen, wenn der Mann ein Betrüger ist

28. Außer den Fertigkeiten, die zur Selbstverteidigung benötigt werden, sollten Sie auf Empfehlung Ihres Buches folgende Dinge beherrschen lernen

a) den Umgang mit kleinen Handfeuerwaffen

b) wie man Gegenstände wie Lampen oder Wellholz zielsicher wirft

c) Karate, Judo oder andere Kampfsportarten

d) den Gebrauch von Taschengegenständen als Waffen wie z. B. ein Haarspray oder eine Nagelfeile

e) nichts von alledem

29. Ein Mann packt Sie mit beiden Händen von vorne an der Kehle und würgt Sie. Sie sollten

a) seine beiden kleinen Finger mit beiden Händen ergreifen, um den Würgedruck zu verringern, gleichzeitig einen Tritt gegen sein Knie anbringen und dann den Kampf mit einem Doppelhandschlag gegen sein Genick und Tritten, wenn er am Boden liegt, fortsetzen. Dann sollten Sie mit »Feuer, Feuer«-Rufen wegrennen

b) nichts tun, er könnte sonst wütend werden

c) mit einem Schrei die Technik des Augenquetschens mit den Daumen ansetzen, ihm einen Kniestoß gegen die Hoden versetzen, einen Doppelhandschlag gegen sein Genick führen und ihn am Boden mit Tritten endgültig kampfunfähig machen. Dann sollten Sie mit »Feuer, Feuer«-Rufen wegrennen

d) Ihre beiden Arme zwischen seinen Armen hochdrücken und den Würgedruck verringern, den Kampf mit der Technik des Augenquetschens mit den Daumen, mit Zerren am Hodensack und mit Tritten gegen den am Boden liegenden Angreifer solange fortsetzen, bis er kampfunfähig ist, und dann mit »Feuer, Feuer«-Rufen wegrennen
   e) den Angriff der Polizei melden

30. Ein Freund von Ihnen »flippt aus« und versucht, Sie zu schlagen. Sie sollten
   a) ihm gegen das Knie treten, damit er erkennt, daß Sie es ernst meinen
   b) zurückschlagen (jedoch nicht zu hart), damit er erkennt, daß Sie es ernst meinen
   c) sich mit kräftigen Tritten und Schlägen verteidigen
   d) wegrennen
   e) ihm sagen, daß Sie Selbstverteidigungstechniken beherrschen und gegen ihn einsetzen werden

Füllen Sie die leeren Spalten aus

Schreiben Sie klare Antworten. Wenn ein Teil der Antwort falsch oder unvollständig ist, dann wird die ganze Antwort nicht gewertet.

31. Das sicherste Schloß, das Sie kaufen können, ist ein ....

32. Nennen Sie die vier empfindlichsten Körperstellen bei einem Mann
   a) ....
   b) ....
   c) ....
   d) ....

33. Nennen Sie die fünf besten körperlichen Waffen, die eine Frau besitzt
   a) ....
   b) ....
   c) ....
   d) ....
   e) ....

34. Nennen Sie die in diesem Buch genannten notwendigen vier Bestandteile eines erfolgreichen Angriffs
   a) ....
   b) ....
   c) ....
   d) ....

35. Nennen Sie die drei Strategien der Selbstverteidigung
   a) ....
   b) ....
   c) ....

Die Autoren

Mary Conroy gilt als anerkannte Spezialistin auf dem Gebiet der Selbstverteidigung. Die Columbia Universität New York verlieh ihr den Doktorgrad für den Fachbereich Pädagogik. Sie hat heute als Professor einen Lehrstuhl für Körpererziehung an der California State Universität Los Angeles. Als Abiturientin wurde sie einmal mit Waffengewalt überfallen und machte in dieser Situation alles falsch, was man falsch machen kann. Von der Polizei handelte sie sich sogar noch eine Rüge für ihr leichtsinniges Verhalten ein. Daraufhin faßte sie den Entschluß, sich in Selbstverteidigung zu üben. Jetzt befaßt sie sich schon fast 18 Jahre mit diesem Metier, sie gibt Vorlesungen darüber, aber sie bildet sich selbst auch weiter und arbeitet wissenschaftlich daran. Ihre Lehrmeister waren ausnahmslos Männer – Experten in Karate, Judo, Kung Fu und Polizeikunde. Sie eignete sich ihre besten und wirksamsten Techniken an, klammerte die aus, die für Männer, nicht aber für Frauen anwendbar sind und steuerte ein paar raffinierte Kampfmethoden und eine Portion gesunden Menschenverstand bei. Mit diesen Zutaten entwickelte sie ein Selbstverteidigungsprogramm für Frauen, das Selbstverteidigungsprogramm, das sie in diesem Buch vorstellt.

Dr. Conroys einzigartiges Selbstverteidigungsprogramm wurde ins Lehrprogramm vieler amerikanischer Hochschulen und Universitäten aufgenommen. Ihre Fernsehserie über Selbstverteidigung dient dem Kalifornischen Erziehungsministerium als Lehrprogramm für Lehrer und Studenten in den 1300 kalifornischen Schulbezirken.

Besondere Anerkennung wurde Mary Conroy zuteil für die Selbstverteidigungskurse, die sie für Polizeibeamte, Lehrer, Studenten und Mitbürger abhält. Sie wirkt auch beratend mit bei der Kommission für die Gleichberechtigung der Frauen und bei den Polizeidienststellen von Los Angeles und San Francisco. Als Dozentin kennt sie von zahlreichen Vortragsreisen Schulen und Universitäten, Gemeinde- und Stadtverbände überall in Nord-

amerika. Man kennt sie aus vielen Talk Shows des Fernsehens, einschließlich der »John Davidson Show«, des »Hours Magazine«, der »Mike Douglas
Show« und aus »Good Morning America«. Eine Fernsehserie von Dr.
Conroy mit dem Titel »Emergency Minutes« wurde sogar für den Emmy-
Preis vorgeschlagen. Als Produzentin und Hauptdarstellerin wurde sie für
den Lehrfilm »Common Sense Self-Defense« ausgezeichnet, der nicht nur
in den Vereinigten Staaten, sondern auch im Ausland ein breites Publikum
fand. Ein zierliches Persönchen, nur 163 cm groß und knapp 48 kg schwer,
beweist Mary Conroy, daß jede Frau lernen kann, sich selbst zu schützen
und zu verteidigen.

Edward R. Ritvo, 1951 Absolvent des Harvard College und 1955 der
Medizinischen Fakultät Boston. Er gehört dem American Board of Psychia-
try und Neurology für Erwachsenen- und Kinderpsychologie an und ist
fachärztlicher Berater an Gerichtskliniken und bei Jugendbehörden in Mas-
sachusetts, Texas und Kalifornien. Er hat eine Professur für Kinderpsychia-
trie und geistige Retardation an der medizinischen Fakultät der UCLA.

Mehr erleben – Abenteuer bestehen

ANNAPURNA Die erste
**Frauenexpedition auf einen
der höchsten Gipfel der Erde
Von Arlene Blum**
Diesen gefährlichen Berg, den
8090 m hohen Annapurna I,
einen der höchsten Gipfel der
Erde, bezwang zum ersten Mal
eine Gruppe von Frauen.
**296 Seiten, 16 Farbbilder und
116 schwarz-weiß-Abbildungen,
gebunden, DM 39,–**

**SEGEL-ABENTEUER
KARIBIK**
**So planen Sie Ihren Törn
Von Hans-Georg Isenberg**
Am Beispiel von selbst durch-
geführten Atlantiküberquerun-
gen beschreibt der Autor alle
Voraussetzungen zur Durchfüh-
rung eines Segeltörns.
**176 Seiten, 15 Farbfotos, 32
schwarz-weiß-Abb., 13 Karten
und Zeichng., brosch., DM 26,–**

**AUF ZWEI FAHRRÄDERN
ANS ENDE DER WELT**
Von Alain Guigny
50 000 km und 3 Jahre quer
durch Amerika, Japan, China,
Rußland – und zurück nach
Frankreich
**256 Seiten, ca. 21 schwarz-weiß-
und 20 Farbfotos, 8 Zeichng.,
gebunden, DM 39,–**

**HANDBUCH FÜR DIE
RUCKSACK-KÜCHE**
Von Wolfgang Uhl
Die ideale Unterweisung für alle
Abenteuerurlauber, Wanderer,
Trekker, Rad- und Motorradfah-
rer, die sich unterwegs auf einer
Reise oder Tour selbst verpfle-
gen wollen oder müssen.
**304 Seiten, 97 Abbildungen,
broschiert, DM 28,–**

EXPEDITIONEN Hand-
buch für Planung und Praxis
Von Nigel Gifford
Alle Probleme, die im Zusammenhang mit einer Expedition
auftauchen, einschließlich der
menschlichen, werden ausführlich, fundiert und verständ-
lich behandelt.
**224 Seiten, 91 Abbildungen,
broschiert, DM 29,–**

ABENTEUERURLAUB
Von W.R. von Rhamm
Das neue Handbuch für Leute,
die individuellen Abenteuerurlaub erleben wollen. Wer es gelesen hat, kann seinen Urlaub
zum Abenteuer machen und
sich damit ein einzigartiges Erlebnis verschaffen.
**232 Seiten, 115 Abbildungen,
broschiert, DM 24,–**

POSTFACH 1370

PIETSCH VERLAG  STUTTGART

22.NOV.1993

12.01.1991   1980

41

20.APR.1992